부흥

28일 이사야 특별 새벽기도회

부흥

인도자용

kmc

| 서문 |

비전과 부흥을 잉태하며 해산하게 하는
28일 이사야 특별 새벽기도회

동기

2007년, 한국 교계는 그 어느 때보다 결의에 차 있으며 뜨겁습니다. 1907년 한반도의 하늘을 가르시고 강림하셨던 하나님의 평양 대부흥이 한반도를 강타하기 시작한 지 백년을 맞아 한국 교계는 많은 것을 거뒀습니다. 교계는 그때를 재현하고자 기도하고 있습니다. 한국 교계가 부흥에 대하여 그 어느 때보다 더욱 목말라하게 된 것은 부흥 백주년이란 연대기 때문만이 아닙니다. 지금 한국 교계는 그 동안 우리들의 성숙하지 못한 모습을 자주 보임으로써 국민들로부터 심한 질책과 적대감을 받으면서 타 종교에 비해 심각한 침체의 곡선을 그려가고 있습니다. 우리 스스로도 싫어졌고 지친 상태입니다. 이런 현상이 오래 되었고, 이 침체는 전 세계적으로 감지되고 있습니다. 야스퍼스의 말처럼 인간이 하나님의 자리를 빼앗았고 사회의 모든 터가 무너져 내리고 있습니다. 북미도 새로운 인권운동으로 성경 자체가 흔들리고 있는 상황입니다. 세계는 영적 혼돈, 도덕적 방황, 질서의 대변혁 앞에 신음하며 미래가 어떻게 될까 우려하고 있습니다.

그러나 이런 흐름은 화려한 이벤트와 프로그램, 캠페인으로 돌이키지 못합니다. 그렇다고 안일과 타성에 젖은 게으른 종이 될 수 없습니다. 우리에게 희망이 있습니다. 역사를 탐구해 볼 때, 하나님은 늘 이런 역류의 물결을 바꾸셨고 또 바꾸실 수 있습니다. 사회와 교계를 새롭게 되돌려 놓는 대 물결을 부흥운동이라고 일컫습니다. 위기와 침체가 깊을수록 역으로 하나님은 강하게 역사하셨습니다. 미국 1차 대각성운동(1775~1795)은 전인구 500만 명 중 30만 명이 술주정꾼일 때, 한국의 평양 부흥운동은 일제의 압박 하에 있을 때 일어났습니다. 하나님이 하늘을 가르고 강림하시자 교회와 백성들은 생기가 넘쳤고, 우상과 죄에서 떠나 사회가 갱신되었습니다. 시편 기자가 "저희가 주의 법을 폐하였사오니 지금은 여호와의 일하실 때니이다"(시 119:126)라고 기도한 것처럼 우리는 부르짖어야 합니다. 그런 점에서 이사야는 우리로 하여금 하나님을 사모하게 만들며, 그의 부흥의 본질을 이해하게 만듭니다. 이스라엘 역사상 가장 큰 암흑기에 쓰인 위로와 회개의 메시지는 오늘 한국 교회에 한국 대부흥 어게인을 일으키는 촉진제가 될 것입니다. 이사야 새벽기도회는 한국 교회의 영적 자산이며 부흥의 동력이었던 새벽기도회를 통해서 부흥을 사모하는 모든 이들과 교회에 하나님이 하시는 일들을 보게 만들 것입니다.

목적

우리가 부흥을 준비해야 하는 것은 역사를 비추어 볼 때 무지와 무관심으로 그때가 많이 간과되었기 때문입니다. 미국의 9 · 11 사태 이후 사람들이 삶의 존재와 영생을 묻기 위해 하나님을 찾았지만 교회는 깨어 있지 못했습니다. 로버트 건들은 미국이 성도에게 메시지(message)는 주지 않고 마사지(massage)만 해 주었다고 지적했습니다. 한국의 IMF(금융대란)로 많은 이들이 하나님을 찾을 때 한국 교회는 영적 양식보다 사회적 관심만 제공했습니다.

성경은 무너진 것을 새롭게 하시는 하나님의 이야기입니다. 하나님의 회복은 무너진 에덴동산에서 시작해 아브라함으로 진행되고 모세로 흘러가며, 예수 그리스도를 통해서 완성되었습니다. 이러한 회복은 교회를 통하여 이어 가다가 이사야 65~66장의 말씀처럼 새 예루살렘의 건설로 이어져야 합니다(사 66:9). 회복과 부흥을 원했지만 히스기야처럼 '아이를 낳으려 하나 해산할 힘이 없다' (사 37:3)고 탄식하며 절망하는 우리에게 이사야는 하나님이 이스라엘을 어떻게 회복하셨는지 알려줍니다. 하나님의 비전과 부흥을 준비하는 우리에게 이사야의 말씀은 길잡이가 될 것입니다.

이사야 이해하기

구약의 대표적 예언서인 이사야는 시편 다음으로 많은 분량(66장)을 담고 있습니다. 이사야는 왕국에 대한 경고와 멸망(1~39장), 그리고 회복과 완성(40~66장)으로 이루어졌습니다. 이사야 총 66장은 신 · 구약 66권의 축소판이라고도 합니다. 1~39장은 구약의 주제, 40~66장은 신약의 주제로 보기도 합니다. 특히 40~66장에는 세례 요한의 출현과 4개의 종의 노래(Songs of Servant), 하나님의 종의 죽음(메시아)을 통한 구속과 의로움이 예언되어 있습니다(53장). 성령의 임재(61장)와 새로운 구원공동체의 출현(이방선교), 새 하늘과 하나님의 나라가 실현된 새 땅이 요한계시록처럼 펼쳐 있습니다. 이사야 40~66장은 다시 위로와 귀환을 담은 부분(40~55장), 귀환 후 타락과 절망 속에 있는 자들에게 권고와 약속의 성취를 이루는 말씀(57~66장)으로 구분됩니다. {참고. John Watts는 이사야 40~66장의 구조를 '악인에게는 평강이 없다' 는 말씀으로 3등분(40~48:22, 49~57:21, 58~66:24)합니다.}

이사야는 창세기보다 '창조' 란 용어를 더 많이 사용합니다(창세기에 9번, 이사야에 19번). 세계를 창조하시며 역사를 주도하시는 창조의 하나님은 이사야 40~66장에서 이스라엘을 회복(부흥)시키겠다고 선언하십니다. 회복(부흥)의 내용은 '구원(salvation)과 의(righteousness)' 입니다. 구원과 의는 동전의 양면, 자전거의 두 바퀴와 같습니다. 즉 회복은 영혼의 소생이며 사회의 갱신입니다. 참 부흥은 '칭의와 성화' 며 '믿음과 사랑' 입니다. 한쪽이 떨어져 나갈 때 부흥은 더 이상 진행되지 못하고 맙니다(cf. 이사야 58장). 하나님은 이러한 부흥을 위해서 이스라엘의 회개를 요구하지 않습니다. 하나님을 잃은 저들은 회개할 힘조차 없었습니다. 하나님은 저들을 위로하시며, 비전을 제시하시며 은혜를 베푸시기 위해 먼저 강림하십니다. 저들의 복역이 끝났고 죄 값이 다 치러졌다고 일방적으로 선언합니다. 이것이 은혜며 복음입니다. 이 은혜를 경험한 저들은 비로소 삶을 돌이킵니다. 그 후 이사야의 메시지는 책망과 회개로 바뀝니다. 저들은 세상 중심으로 살았던 모습을 회개합니다. 저들의 부흥은 하늘에서 내린 비가 그대로 돌아가지 아니하고 결실을 맺듯 65~66장에서 거대하게 성취됩니다. 잉태케 하신 하나님께서 해산하게 하셨습니다.

눈으로 그리는 이사야 부흥

이스라엘은 모든 것을 잃었습니다. 하나님의 성전의 영광은 심판의 불로 사라지고, 경제의 기반도 무너지고 남의 지배 아래 떨어졌습니다. 38년 된 중풍병자가 "나를 못에 넣어 줄 사람이 없다"고 탄식한 것처럼 '이 현상이 이미 오래' (사 64:5)된 상태였습니다. 이때 하나님은 저들에게 부흥 메시지를 주셨습니다. 부흥(revival)은 두 가지 의미를 내포하고 있습니다. 첫째는 회복(다시 살아남)입니다. 로버트 콜만(Robert Coleman)은 마른 뼈들이 살아나는 것(Dry bones can live again)이 부흥을 의미한다고 했습니다. 둘째는 하나님의 재방문(re-visitation)입니다. 부흥을 말하는 라틴어 're-vivere' 는 '다시 살린다' 는 의미와 아울러 '하나님의 재방문' 을 내포하고 있습니다. 즉 부흥은 하나님께서 다시 오셔서 우리를 살리는 것입니다. 하지만 백성들의 반응은 두 가지입니다. 부흥을 기대하지만 열악한 현실적인 이유로 부인합니다. 성경은 이를 악인이라고 말하며, "악인에겐 평강이 없다"고 세 번이나 경고합니다. 그런가 하면 하나님 말씀 앞에 떨며 서서 주를 바라보는 남은 자도 있습니다.

부흥은 두 가지 경로로 실현됩니다. 하나는 하나님께서 고레스와 고난의 종, 그리고 신실한 신앙의 남은 자들을 통해서(through), 저들과 함께(with), 저들 안에서(in) 역사하셨습니다. 또 하나는 하나님이 친히 하늘을 가르고 강림하셔서 백성들을 괴롭히며 파괴하게 만들었던 열방을 패하시고, 흩어진 백성들을 모으심으로 실현합니다. 로이드 존스는 '부흥이란 성령님의 불가항력적인 권능이 우리를 지배하는 것이다' 라고 정의했습니다. 이사야 54장 1절에서 "잉태치 못하며 생산치 못한 너는 노래할찌어다 구로치 못한 너는 외쳐 노래할찌어다 홀로 된 여인의 자식이 남편 있는 자의 자식보다 많음이니라"고 말합니다. 부흥의 마지막 그림은 예루살렘의 회복을 넘어 열방이 주께 돌아와 하나님을 찬양하는 것입니다. 모든 약속들을 임산하게 하신 하나님은 해산하고 맙니다.

하나님(역사의 주)

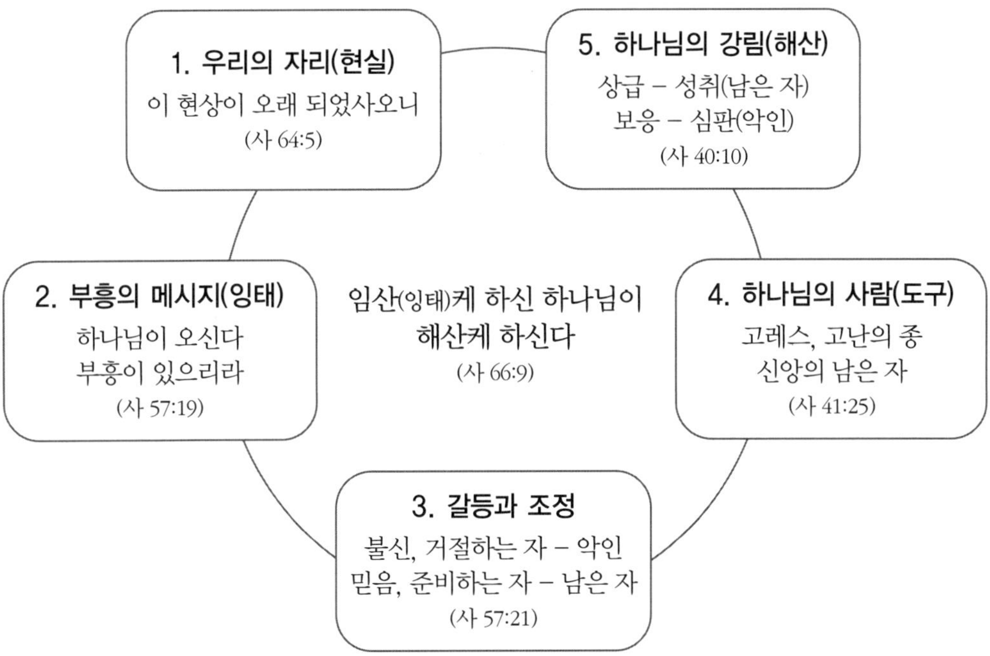

교재 구성

28일간의 이사야 부흥 새벽기도회는 이사야 40~66장(총 27장) 안에 있는 하나님의 비전이 우리의 심령과 교회 안에 일어나도록 부르짖는 신앙 회복운동입니다. 이사야 새벽기도회는 교회 부흥을 돕기 위해 만들어진 것이지만 그것 자체가 부흥의 수단과 도구는 아닙니다. 부흥은 하나님의 것이기에 이사야 새벽기도회는 하나님을 찾는 운동이며 하나님이 역사하시도록 돕는 운동입니다. 그러므로 진정하고 건강한 신학적 · 영적 부흥이 되도록 본 교재를 아래와 같이 구성했습니다.

부흥의 메시지 본 교재는 이스라엘 최대의 암흑기(바벨론 포로기)를 보내는 백성들에게 주신 이사야 40~66장을 연구한 것입니다. 본문 해석은 본 교재의 핵심입니다. 말씀을 통해 부흥은 우리의 소원이 아니라 하나님의 소원이며, 하나님이 이 거룩한 바람을 시작하셔서 진행하고 완성하신다는 것을 알게 될 것입니다.

역사 속의 부흥 인류는 하나님의 역사(History-His Story)입니다. 하나님의 성령은 다양한 시대에 다양한 방법으로 다양한 사람들에게 나타나 주의 백성들과 공동체를 회복시키며 오직 하나님이 하나님 되심을 드러냈습니다. 리처드 포스터는 '생수의 강'에서 성령의 다양성을 말했습니다. 때로는 우리의 이해와 경험 밖에서 일어난 경외로운 일들을 상고하면서 역사 속에 있었던 하나님의 크신 일들을 바로 지금 여기에서 고대하게 만들 것입니다.

부흥을 위한 기도 부흥은 기도운동입니다. 하나님의 비전은 기도를 타고 역사합니다. 새벽기도는 평양 대부흥의 시작이며 촉발제였습니다. 이사야 특별 새벽기도회는 한국 교회의 영적 유산인 새벽기도 활성화운동입니다. "나 주 여호와가 말하노라 그래도 이스라엘 족속이 이와 같이 자기들에게 이루어 주기를 내게 구하여야 할찌라 … 그리한즉 그들이 나를 여호와인 줄 알리라"(겔 36:37~38). 부흥과 회복은 하나님의 절대적 주권 아래 있지만 우리는 그래도 구해야 합니다.

묵상을 위한 질문 삶의 구체적 적용을 위해 필요한 질문을 제기했습니다. 이 질문은 교회 안에서 소그룹, 기타 성경공부, 그리고 제자훈련 그룹 토의용으로 사용할 수 있습니다.

교재 사용법

1. 성령을 사모하며 기도('새벽을 여는 기도')로 시작합니다

이사야 부흥을 성령님이 진행하시도록 기도합니다.

2. 본문 말씀을 읽습니다

말씀이 튀어나와 역사하도록 본문 말씀을 충분히 읽습니다. 가장 중요한 것은 심령과 골수를 찔러 쪼개기까지 하는 살았고 운동력 있는 하나님의 말씀입니다.

3. 본 교재 내용을 충분히 숙지합니다

각 장에 담겨 있는 말씀과 흐름을 파악하면 하나님의 부흥과 능력을 이해하기 쉽습니다.

4. 역사 속의 부흥 사례를 소개하며 사모합니다

부흥 사례는 한 교회의 괄목할 만한 성장이 아닌 부흥을 통하여 이웃(교회, 성도, 나라)이 함께 갱신된 사례들을 모았습니다. 부흥 사례는 우리 시대, 우리 교회에 그와 같은 운동이 일어나도록 사모하게 할 것입니다.

5. 기도운동으로 이끕니다

배우는 새벽(30분), 부르짖는 새벽(30분)이 되도록 교재를 편성했습니다. 말씀이 길어 기도 시간이 짧아지면 기도하기 원했던 이들이 흥미를 잃게 됩니다. 반대로 말씀 없이 기도만 강조하면 하나님의 변화를 맛볼 수 없습니다. 강력한 기도는 하나님의 강림을 심령, 가정, 교회 그리고 민족 위에 나타나게 할 것입니다.

6. 기타 사용법

묵상을 위한 질문은 새벽기도 후 셀과 소그룹, 혹은 저녁 특별모임에서 나누며 기도하도록 꾸몄습니다. 부흥 다이어리는 묵상하며 정리하는 데 필요합니다. 꼭 쓰도록 권장합니다. 새벽기도회 시간뿐만 아니라 집이나 직장에서 정리하다가 큰 은혜를 받기도 합니다.

부흥을 위한 다짐

My Covenant for God's Revival

나는 성령의 도움으로 28일 동안 내 삶과 환경,
그리고 교회에 대한 하나님의 비전과 부흥을 발견하는
일에 온 힘을 다하겠습니다.

☞ 가슴에 언약을 맺어 부흥을 사모하겠습니다.
☞ 눈에 언약을 맺어 죄를 멀리하겠습니다.
☞ 혀에 언약을 세워 부정적인 언어를 사용하지 않겠습니다.
☞ 발에 언약을 세워 열심히 참석하겠습니다.
☞ 무릎에 언약을 세워 부흥이 오기까지 기도를 쉬지 않겠습니다.

교회 ______________________

직분 ______________________

이름 ______________________

년 월 일

"두 사람이 한 사람보다 나음은 저희가 수고함으로 좋은 상을 얻을 것임이라
혹시 저희가 넘어지면 하나가 그 동무를 붙들어 일으키려니와 홀로 있어 넘어지고
붙들어 일으킬 자가 없는 자에게는 화가 있으리라"(전 4:9~10).

부흥을 위한 이사야 기도회 일정표

일정	본문	제목	주제	단원특징	역사 속의 부흥
1일	이사야 37:1-4	해산할 힘이 없도다	부흥의 통곡	위기, 전환	
2일	이사야 40:1-31	하나님이 오신다	부흥의 시작	위로, 강림	웨일즈 부흥운동
3일	이사야 41:1-29	나는 네 하나님이 됨이라	부흥의 이유	주권, 비전	제2차 영적 대각성운동
4일	이사야 42:1-25	이 사람을 보라	부흥의 믿음	비전, 임명	빌리 그래함 복음주의
5일	이사야 43:1-28	보라 새 일을 행하리라	부흥의 증인	소명, 예배	무디 대륙선교운동
6일	이사야 44:1-28	나 외에는 없다	부흥의 출처	우상, 반석	아르헨티나 영적 대각성
7일	이사야 45:1-25	숨어 계시는 하나님	부흥의 도구	구원, 침묵	중국 산동 부흥
8일	이사야 46:1-13	나의 뜻은 설 것이다	부흥의 용기	다짐, 구원	인도네시아 부흥
9일	이사야 47:1-15	바벨론이여, 무너졌도다	부흥의 장애	긍휼, 교만	에베소 성시화운동
10일	이사야 48:1-22	만일 들었더면	부흥의 역설	연단, 악인	니느웨의 영적 대각성
11일	이사야 49:1-26	하나님은 사랑이시다	부흥의 중심	예정, 사랑	인도 맥티 부흥운동
12일	이사야 50:1-11	종의 목소리를 들으라	부흥의 태도	능력, 태도	카리스마운동
13일	이사야 51:1-23	사람에게 속지 마라	부흥의 시련	창조, 고난	느헤미야의 영적 대각성
14일	이사야 52:1-12	준비하며 떠나라	부흥의 결단	준비, 출발	아주사 오순절운동
15일	이사야 52:13-53:12	그가 채찍에 맞음으로	부흥의 말씀	탄생, 생애, 죽음, 목적	캐더린 쿨만의 신유운동
16일	이사야 54:1-17	네 장막 터를 넓히라	부흥의 비전	비전, 확장	C.C.C 선교 영적운동
17일	이사야 55:1-13	여호와께 돌아오라	부흥의 초청	초대, 은혜	원산 부흥운동
18일	이사야 56:1-12	반드시 그날이 온다	부흥의 범위	은총, 마음	독일의 경건주의운동
19일	이사야 57:1-21	부흥을 원한다면서	부흥의 허상	우상, 은혜	플로렌스의 개혁운동
20일	이사야 58:1-14	무너진 곳을 보수하라	부흥의 책임	금식, 예배	존 웨슬리의 부흥운동
21일	이사야 59:1-21	중재자가 없음을 인하여	부흥의 위기	죄악, 회개	사막 교부의 성결운동
22일	이사야 60:1-22	일어나라 빛을 발하라	부흥의 새벽	회복, 풍요	평양 대부흥운동
23일	이사야 61:1-11	여호와의 신이 임했다	부흥의 동력	성령, 회복	오순절 대강림
24일	이사야 62:1-12	그로 쉬지 못하시게 하라	부흥의 간구	열정, 보호	펜사콜라 부흥운동
25일	이사야 63:1-19	주여, 어디 계십니까?	부흥의 경성	환난, 회개	제1차 영적 대각성운동
26일	이사야 64:1-12	이 현상이 이미 오래였으니	부흥의 소망	강림, 사모	에즈베리의 학생부흥
27일	이사야 65:1-25	새 하늘과 새 땅을 주소서	부흥의 완성	반복, 구별, 보응	과테말라 알모롱가
28일	이사야 66:1-24	잉태한 것이 해산되다	부흥의 파도	심판, 완성	YWAM의 물결

※ 모든 것이 하나님께 달린 것처럼 기도하고, 모든 것이 당신에게 달려 있는 것처럼 일하라.

| 차례 |

01일

부흥의 통곡

해산할 힘이 없도다

이사야 VISION

여호와께서 풍문을 주신다.
여호와의 사자가 강림하여 앗수르를 멸하신다.
히스기야가 열국 앞에서 존대하게 된다.

memo

새벽을 여는 기도

신실하고 자비로우신 하나님, 주님과 은혜를 사모하여 이 자리에 모였습니다.
하늘을 가르시고 강림하사 말씀을 깨달을 수 있도록 학자와 같은 귀를 주옵소서.
말씀 중에 우리 모두 비전과 꿈을 꾸게 하옵소서.
교회를 새롭게 하시고, 민족을 치유하시며 열방이 주께 돌아오게 하옵소서.
잉태한 것들이 해산되게 하옵소서.
예수님의 이름으로 기도합니다. 아멘.

- **오늘의 말씀** 이사야 37:1~4
- **외 울 말 씀** "히스기야의 말씀에 오늘은 환난과 책벌과 능욕의 날이라 아이를 낳으려 하나 해산할 힘이 없음 같도다"(3절).

하나님께 나아감

B.C 720년대 신흥대국 앗수르는 주변국을 점령한 후, 유다의 형제국인, 북 왕국 이스라엘을 함락시켰습니다. 그리고 엘드케 전투에서 이집트, 팔레스타인 연합군과 싸워 대승을 거뒀습니다. 히스기야 14년 B.C 701년 더욱 강성해진 앗수르 산헤립은 남 왕국 유다를 공격했습니다. 열왕기하 18장에 의하면 그는 유다의 견고한 성 46개를 빼앗고, 20만 명이 넘는 사람들을 포로로 잡아 갔다고 합니다. 히스기야는 은 300달란트와 금 30달란트를 해마다 앗수르에게 조공으로 바쳐야 했습니다. 그러나 앗수르의 산

헤립은 18만 5천 명의 정예부대를 이끌고 유다를 섬멸하려고 쳐들어왔습니다. 이런 위태로운 상황을 히스기야는 3절에서 이렇게 표현했습니다. "오늘은 환난(distress)과 책벌(rebuke)과 능욕(disgrace)의 날이라 아이를 낳으려 하나 해산할 힘이 없음 같도다." 아이를 가진 산모는 마지막 힘을 쏟아야 합니다. 만약 힘을 쏟지 못하면 아이와 산모의 생명은 위태롭게 됩니다. 유다가 그렇다는 것입니다. 너무 약해서, 너무 침체에 빠져서, 너무 많이 빼앗겨서, 어디부터 힘을 쏟아야 할지 모르는 상황이었습니다.

부흥의 메시지

고든 맥도날드는 이 시대를 가리켜 "함몰된 웅덩이"와 같다고 표현했습니다. 내구의 취약함으로 도로와 건물이 주저앉듯 인간의 거짓과 허영으로 지구가 무너지고 있습니다. 가정도 무너지고 있습니다. 1984년에 미국은 크리스천의 가정과 불신자의 가정 사이에 이혼, 폭력 등의 위험지수가 별 차이가 없다고 보고했습니다. 개인도 낙엽처럼 떨어지고 있습니다. 기독교도 침체에 처해 있습니다. 기독교에 대한 적대감이 점점 팽배해 있고 교회의 성장도 둔화되고 있습니다. 외국 곳곳에서 전날에 부흥을 일으켰던 큰 교회가 이젠 타종교 사원으로 팔리거나 아파트와 일반 건물로 대치되고 있는 상황입니다. 그나마 경건한 남은 자들이 교회를 일으켜 세워보려고 하지만 한결같이 이렇게 말합니다. "아이를 낳으려 하나 해산할 힘이 없음과 같도다." 우리도 뭔가 해보고 싶습니다. 그러나 돕는 사람이 없습니다. 모든 것을 다 잃어버리고 "해산할 힘이 없도다"라고 탄식합니다.

본문에서 랍사게는 이렇게 말합니다. "이 땅을 멸하는 것이 여호와의 뜻이 없음이겠느냐 여호와께서 내게 이르시기를 올라가 그 땅을 쳐서 멸하라 하셨느니라." 사단은 거짓말쟁이입니다. 사단은 "너희 사정이 여호와께 숨겨졌으며 원통한 것은 너희 하나님에게서 수리하심을 받지 못하리라"고 속입니다. 다윗도 "많은 사람이 있어 나를 가리켜 말하기를 저는 하나님께 도움을 얻지 못한다"(시 3:2)는 소리를 들었습니다. 어려움과 침체에 빠지는 것이 하나님의 뜻은 아닙니다. "도적이 오는 것은 도적질하고 죽이고 멸망시키는 것뿐이요 내가 온 것은 양으로 생명을 얻게 하고 더 풍성히 얻게 하려는 것이라"(요 10:10). 터가 무너지고 벼랑 끝에 섰을 때 히스기야(이름의 뜻은 '여호와는 나의 힘이시라')는 성전으로 올라갔습니다. 벼랑 끝에 섰다고 위험한 것이 아니라 벼랑 끝에서의 어정쩡한 태도가 위태롭게 만듭니다. 히스기야는 시선을 바꿨습니다. 문제만 보지 않았습니다. 끝났다는 비웃음과 조롱하는 소리, 앞뒤가 꽉 막혀 버린 상황 속에서 누구도 막을 수 없는 위를 보았습니다. 위기를 만날 때 어디로 갑니까? 우리의 움직임과 시선이 삶과 내일을 방향 짓습니다.

1. 서로 연합하라

히스기야는 참혹한 상황을 접하고 굵은 베옷을 입었습니다. 위기 속에서 '내일은 뭔가 달라지겠지' 하며 마냥 기다리는 것은 상황을 악화시킬 수 있습니다. 왕이 굵은 베옷을 입자, 궁내대신 엘리아김과 서기관 셉나와 제사장 중 어른들도 굵은 베를 입었습니다. 역사는 연합할 때 일어납니다. 우리는 많은 분야에서 갈라서는 일을 해 왔습니다. 신학적 차이로, 지역과 인종과 세대 차이로, 사소한 의견으로 분열했습니다. "모든 사람으로 더불어 화평함과 거룩함을 좇으라 이것이 없이는 아무도 주를 보지 못하리라"(히 12:14). 분열하며 서로 피차 물고 뜯는 곳에 성령이 역사할 수 없습니다. 피터 와그너가 뼈있는 말을 했습니다. "한국 교회가 개인주의, 개교회 중심으로 나간다면 미래가 없습니다." 이제 연합해야 삽니다.

악의 도성 니느웨를 향하여 요나는 "40일이 지나면 니느웨가 무너지리라"고 외쳤습니다. 그러자 왕이 보좌에서 일어나 굵은 베를 입고 재에 앉고는 "사람이나 짐승이나 소떼나 양떼나 아무것도 입에 대지 말찌니 … 사람이든지 짐승이든지 다 굵은 베를 입을 것이요 힘써 여호와께 부르짖을 것이며 각기 악한 길과 손으로 행한 강포에서 떠날 것이라"(욘 3:7~8)고 외쳤습니다. 온 백성이 힘을 모아 하나님께 구했습니다. 하나님이 들으셨고 뜻을 돌이키셨고 구원하셨습니다. 오늘 우리에게 필요한 것은 연합입니다. 높은 마음과 헛된 영광으로 갈라졌던 마음을 모아야 합니다. 개인과 개인이 연합해야 합니다. 교단과 교단이 연합해야 합니다. 부흥은 연합할 때 일어납니다. 1903~1907년 한국 감리교와 장로교가 하나로 연합할 때,

큰 부흥이 있었습니다. 세계 부흥도 연합할 때 일어났습니다. 지금이 바로 연합할 때입니다.

2. 하나님을 힘써 찾으라

히스기야는 수모와 포위로 어려움에 처하게 되었을 때 이렇게 외쳤습니다. "너희는 마음을 강하게 하며 담대히 하고 앗수르 왕과 그 좇는 온 무리로 인하여 두려워 말며 놀라지 말라 우리와 함께 하는 자가 저와 함께 하는 자보다 크니 저와 함께 하는 자는 육신의 팔이요 우리와 함께 하는 자는 우리의 하나님 여호와시라 반드시 우리를 도우시고 우리를 대신하여 싸우시리라"(대하 32:7~8). 그러자 랍사게 역시 "히스기야를 믿지 말라. 너는 너의 의뢰하는 하나님이 예루살렘을 건져주시리라는 말을 믿지 말라"고 소리쳤습니다. 사단은 믿음의 말보다 불신의 말을 퍼뜨립니다. 우리는 자주 속습니다. 하나님의 음성보다 세상의 반응에 민감합니다. 신앙의 소리보다 불신앙의 소리에 더 귀 기울입니다.

히스기야는 이사야에게 남은 자를 위하여 기도해 달라고 부탁한 후 성전에 올라가서 랍사게가 보낸 편지를 펴 놓고 기도했습니다. "그룹 사이에 계신 이스라엘 하나님 만군의 여호와여 주는 천하만국의 유일하신 하나님이시라 주께서 천지를 조성하셨나이다 여호와여 귀를 기울여 들으시옵소서 여호와여 눈을 떠 보시옵소서 산헤립이 사자로 사시는 하나님을 훼방한 모든 말을 들으시옵소서 여호와여 앗수르 왕들이 과연 열국과 그 땅을 황폐케 하였고 그들의 신들을 불에 던졌사오나 이들은 참 신이 아니라 사람의 손으로 만든 것뿐이요 나무와 돌이라 그러므로 멸망을 당하였나이다 우리 하나님 여호와여 이제 우리를 그의 손에서 구원하사 천하만국으로 주만 여호와이신 줄을 알게 하옵소서"(사 37:16~20). 하나님을 움직이는 것은 기도입니다. 히스기야는 기도했습니다. 그가 기도할 때 하나님의 응답이 이사야에게 전해졌습니다. "내가 나를 위하며 내 종 다윗을 위하여 이 성을 보호하며 구원하리라"(35절). "앗수르 왕이 이 성에 이르지 못하며 한 살도 이리로 쏘지 못하며 방패를 가지고 성에 가까이 오지도 못하며 흉벽을 쌓고 치지도 못할 것이요 그가 오던 길 곧 그 길로 돌아가고 이 성에 이르지 못하리라 여호와의 말이니라. 만군의 여호와의 열심이 이를 이루시리라."

하나님의 역사는 두 가지로 나타났습니다. 첫째는 앗수르 왕 산헤립이 풍문(a certain report)을 듣게 된 것입니다. 구스 왕 디르하가가 앗수르와 싸우기 위해서 병력을 몰고 온다는 것입니다. 하나님은 독특한 방법으로 역사하십니다. 포로 이스라엘을 구원하기 위해 페르시아 황제 고레스를 쓰셨고, 핍박으로 고생하던 성도들을 위해 콘스탄티누스 황제를 쓰셨습니다. 지금도 하나님의 사람들이 기도하면 하나님은 다양한 방법과 사람들을 사용하십니다. 그러나 더 놀라운 것은 자기 힘만 믿고 오만했던 앗수르에게 이사야 64장 1절의 말씀처럼 하나님이 친히 하늘을 가르시고 강림하신 것입니다. "히스기야 왕이 아모스의 아들 선지자 이사야로 더불어 하늘을 향하여 부르짖어 기도하였더니 여호와께서 한 천사를 보내어 앗수르 왕의 영에서 모든 큰 용사와 대장과 장관들을 멸하신지라 앗수르 왕이 얼굴이 뜨뜻하여 그 고국으로 돌아갔더니 그 신의 전에 들어갔을 때에 그 틈에서 난 자들이 거기서 칼로 죽였더라"(대하 32:20~21). "여호와의 사자가 나가서 앗수르 진중에서 십팔만 오천 인을 쳤으므로 아침에 일찌기 일어나 본즉 시체뿐이라"(사 37:36). 하나님이 앗수르를 물리치셨습니다. 퇴각한 산헤립은 자기 신전에서 예배드리다가 암살당합니다. 신흥대국 앗수르는 더 이상 힘을 펴보지 못하고 역사 속으로 사라졌습니다. 그러나 히스기야는 "열국의 눈에 존대하게"(대하 32:23) 되었습니다.

3. 지금은 기도할 때다

1944년 4월 21일 주기철 목사님이 순교한 후, 오정모 사모는 산정현교회 성도들에게 말했습니다. "여러분! 지금은 울 때가 아닙니다. 지금은 기도할 때입니다. 주 목사님은 나약해서, 힘이 모자라서, 무식해서 죽은 것이 아닙니다. 당연히 말해야 할 때 벙어리가 될 수 없어서, 당연히 가야 할 길을 도망치거나 피하고 싶지 않아서, 당연히 죽어야 할 이 시간에 살아남을 수 없어서 죽었을 뿐입니다."

우리는 그 어느 때보다 큰 위기를 맞고 있습니다. 우리는 많은 것을 잃었습니다. 교회는 위기 속에 있습니다. 그렇다고 절망하기에는 너무 이릅니다. 우리도 기도하러 성전으로 올라가야 합니다. 형식의 옷이 아닌 마음을 찢으며 하나님을 찾아야 합니다. 전심으로 하나님을 찾으면, 전날에 하늘을 가르시고 강림하셨던 그 하나님께서 우리 가운데 다시 임할 것입니다. "여호와께서 가라사대 내가 임산케 하였은즉 해산케 아니하겠느냐"(사 66:9).

▶ 부록 1) '이사야의 Revival Story' 참조.(186쪽)

부흥을 위한 기도

1. 이사야 부흥 새벽기도회가 성공적으로 진행되도록 기도합시다.
이 운동을 임산케 하신 하나님이 부흥으로 해산케 하시도록 기도합시다.
2. 하나님의 부흥과 역사를 기대합시다.
하나님은 우리의 위기를 새롭게 하실 수 있습니다.
우리 가정, 자녀들, 교회와 국가에 하나님의 부흥을 기대하며 기도합시다.

묵상을 위한 질문

1. 회복하며 극복해야 하는데 해산할 힘이 없습니다. 어떻게 해야 합니까?
2. 한국 교회들이 잘 연합하지 못하는 이유는 무엇입니까?
3. 벼랑 끝에 선 것이 위험한 것이 아니라 어정쩡한 태도가 위태롭게 한다는 말은 무슨 의미입니까?
4. 히스기야에게 배울 수 있는 것은 무엇입니까?

02일 부흥의 시작

하나님이 오신다

이사야 VISION

하나님이 위로하라 명하신다.
여호와께서 그의 황폐한 곳에 오신다.
여호와가 강한 자로 임하실 때 모든 육체가 그 영광을 볼 것이다.

memo

새벽을 여는 기도

신실하고 자비로우신 하나님, 주님과 은혜를 사모하여 이 자리에 모였습니다.
하늘을 가르시고 강림하사 말씀을 깨달을 수 있도록 학자와 같은 귀를 주옵소서.
말씀 중에 우리 모두 비전과 꿈을 꾸게 하옵소서.
교회를 새롭게 하시고, 민족을 치유하시며 열방이 주께 돌아오게 하옵소서.
잉태한 것들이 해산되게 하옵소서.
예수님의 이름으로 기도합니다. 아멘.

- **오늘의 말씀** 이사야 40:1~31
- **외 울 말 씀** "너희 하나님이 가라사대 너희는 위로하라 내 백성을 위로하라"(1절).

하나님께 나아감

B.C 587년 바벨론에 멸망한 이스라엘 백성들은 포로가 되어 죄의식과 회복 불능이란 패배의식 속에서 살았습니다. 이스라엘 백성들은 "내 사정은 여호와께 숨겨졌으며 원통한 것은 내 하나님에게서 수리하심을 받지 못한다"고 생각했습니다(27절). 이런 깊은 좌절의 늪에 있는 자들에게 하나님은 어떤 분이십니까?

부흥의 메시지

1. 하나님은 위로하신다(comfort, 1~2절)

지치고 상처투성이인 자에게는 위로가 약입니다. 오랫동안 어려움에 처해 있는 자에게는 광대한 비전보다 위로가 선행되어야 합니다. 죄와 허물에 대한 책망보다 위로가 선행되어야 합니다. 이사야 40장은 패역한 이스라엘이라 할지라도 책망하기보다는 위로하라는 말씀으로 시작됩니다. 이것이 복음이며 은혜입니다. "너희는 정다이 예루살렘에 말하며 그것에게 외쳐 고하라 그 복역(hard service, warfare)의 때가 끝났고 그 죄악의 사함을 입었느니라 그 모든 죄를 인하여 여호와의 손에서 배나 받았느니라 할찌니라"(2절). 하나님의 말씀 자체는 강력한 위로입니다. 우리의 원통함이 수리하심을 받지 못하는 것이 아닙니다(27절). 예레미야의 예언대로 70년의 포로생활이 꽉 찼습니다. 전지하신 하나님이 그들에게 형벌을 다 받았다고 선언하십니다. 충분한 대가가 지불되었기에 하나님께서 그의 백성들을 위로하시고 용서하시기로 결정하셨습니다. 이제 희망의 때가 도래한 것입니다. 전에 위로와 평안을 임의로 외쳤던 자들이 거짓 선지자로 규탄받았지만 이제는 하나님께서 친히 용서와 위로와 평안을 외치라고 명령하셨습니다. 하나님의 용서(영적)가 선언되면 우리의 환경(물질적, 사회적)은 변하게 됩니다. 기독교는 오랫동안 적대감과 침체를 경험했습니다. 환경에 갇혔고, 소생할 힘마저 잃었습니다. 하나님은 동일하게 선포하십니다. "너희 복역이 끝났다." 왜냐하면 이제 그리스도 안에서 새로운 은혜의 시대가 펼쳐지기 때문입니다.

2. 강한 자로 하나님이 오신다(5, 12~26, 27~31절)

소년이라도 피곤하며 곤비하며 장정이라도 넘어지며 자빠집니다. 피곤한 자에게 능력을 주시며 무능한 자에게 힘을 더하시는 하나님은 영원한 여호와이시며 명철이 한이 없는 창조주이십니다(28절). 세상 힘이 커 보여도 모든 수효를 만상대로 창조하신 하나님과 비교할 수 있는 것은 아무것도 없습니다. 풀은 마르고 꽃은 시듭니다. 하나님은 땅에 있는 강한 통치

자들을 허수아비로 만들고, 땅의 지배자들을 순식간에 쓸모없는 사람으로 만드시는 분입니다. "보라 그에게는 열방은 통의 한 방울 물(a drop in a bucket) 같고 저울의 적은 티끌 같으며 섬들은 떠오르는 먼지 같으니"(15절). "그 앞에는 모든 열방이 아무것도 아니라(nothing). 그는 그들을 없애는 것같이(worthless), 빈(less than nothing) 것같이 여기시느니라"(17절). 그러므로 이스라엘은 열강들의 위협에 두려워 떨 필요가 없습니다. 상황이 급박하고 문제에 싸여 하나님을 놓치고 원망과 절망에 빠져 있는 포로 이스라엘에게 하나님은 강한 자로 오십니다(9~10절). 오시는 그분에게는 상급과 보응이 있습니다. 그는 목자같이 양무리를 먹이시며 어린양을 그 팔로 품에 안으시며 젖먹이는 암컷들을 온순히 인도하십니다. 모든 것을 새롭게 창조할 강한 여호와는 우리를 포로와 절망에서 뽑아낼 뿐만 아니라 그분을 앙망하며 바라보는 순간, 독수리가 바람타고 날개 치며 올라가는 것같이 새 힘을 얻게 만드십니다. 다윗은 "내가 주를 의뢰하고 적군에 달리며 내 하나님을 의지하고 성벽을 뛰어 넘나이다"고 고백했습니다(삼하 22:30).

3. 그 길을 예비하라(3~11절)

희망의 메시지는 강하신 하나님이 강림하신다는 것입니다. 부흥은 하나님의 강림에서 시작됩니다(9~10절). 그러므로 하나님의 영광을 맞이할 준비가 필요합니다. 이 길이 준비되면 여호와께서 새 힘을 주시는 큰 능력을 안고 백성들 앞서 오실 것입니다. 세상의 생명과 영화는 풀과 같이 마르고 시들지만 하나님이 강한 자로 오신다는 여호와의 말씀은 영영히 서게 됩니다(8절). 이 비전을 들은 자들은 길을 닦으며 예비하는 자가 되어야 합니다. 이 아름다운 소식을 백성들에게 전해야 합니다. "아름다운 소식을 시온에 전하는 자여 너는 높은 산에 오르라 아름다운 소식을 예루살렘에 전하는 자여 너는 힘써 소리를 높이라"(9절). 이 소식을 가진 자는 두려워할 필요가 없습니다. 강하신 하나님은 능히 복역하는 백성을 빼내실 수 있기 때문입니다. 저들은 하나님의 영광을 맞이할 준비를 해야 합니다. 백성들은 복역과 형벌로 마음이 거칠어져 있었습니다. 지나친 어려움은 애굽의 노예근성으로 남기 쉽습니다. 강한 자로 임하시는 하나님을 맞이하도록 서로 위로하는 것은 주의 길을 예비하는 것입니다(Westermann). 준비된 자만이 오시는 하나님을 맞이할 수 있습니다. 희망과 부흥으로 가는 길은 험난하기에 메시지를 들은 자는 세례 요한처럼 상처와 실패로 깊게 패인 모든 계곡을 메우고, 우리 마음속에 치솟은 교만의 산과 언덕을 깎아 내리고, 앞을 보지 못하게 만드는 험한 곳을 평지로 만들어야 합니다. 강한 자로 그의 백성에게 임하신다는 하나님의 말씀은 반드시 이루어집니다(8절). 하나님의 부흥도 준비된 자만이 누릴 수 있습니다. 힘들어도 준비해야 하는 것은 분명하고 영원한 말씀이 주어졌기 때문입니다. 다가올 하나님의 강림이 있습니다. 하나님의 영광이 나타나고 모든 육체가 그것을 볼 것입니다. 그러므로 부흥을 예비해야 합니다.

역사 속의 부흥

웨일즈 부흥운동

(Wales Revival, 1904)

웨일즈(Wales) 로우골(Loughor)의 이반 로버츠(Evan Roberts)는 '삶의 모든 면에서 하나님을 영화롭게 하고 싶은' 강한 욕망을 갖고 있었습니다. 그리고 그는 오랫동안 기독교의 실패와 무기력을 염려하며 웨일즈 부흥을 위해 10년 동안 기도했습니다. 1904년 9월 22일(목) 바랜난널치 칼빈주의 감리교 향상운동회 집회에서 조슈아가 "주님, 우리를 굴복시키소서"라고 외치며 기도하자 로버츠는 "바로 이것이 내가 필요로 한 것이야. 오, 주님 나를 굴복시키소서"라고 외쳤습니다. 그날 하나님께서 그를 굴복시키셨고 평화의 물결을 그에게 넘치도록 부어주셨습니다.

1904년 10월 31일, 로버츠는 로우골 모리아(Moriah)교회로 돌아가, 다니엘 존스(Daniel Jones) 목사에게 작은 집회 공간을 허락받았습니다. 존스는 "하도 땅이 단단해 과업을 완수하기가 어려울 것이네"라고 말했습니다. 로버츠는 모임에 참석한 사람들에게 "성령님께 순종할 의사가 없는 사람은 떠나도 좋습니다"라고 말했습니다. 남은 17명은 3시간 동안 부흥을 방해하는 강박한 마음을 깨뜨려 달라고 기도하며 회개와 찬양하는 시간을 가졌습니다. 다음날 저녁에는 더 많은 사람들이 모여 회개, 기도, 그리고 간증의 시간을 가졌습니다. 11월 3일(목) 로버츠는 촛불이 타오르고 그 배후에 태양이 영광 가운데 떠오르는 환상을 보며 대 부흥을 확신했습니다. 그는 부흥을 위해 1) 회개하지 않은 죄가 있다면 성령을 받을 수 없다. 2) 모든 의심을 제거하라. 3) 성령께 즉시 순종하라. 4) 그리스도를 공적으로 시인하라고 외쳤습니다. 청년들이 변했고, 부모들이 놀랐습니다. 로버츠가 성령 충만을 위해 기도에 집중하라고 권면할 때 성령이 강하게 임했습니다. 주일 밤, 성령 충만으로 사람들이 주체하지 못하고 울부짖었으며 "오, 주님, 그만 채워 주세요! 죽을 것만 같습니다"라고 외쳤고, 땅바닥에 쓰러지며, 찬양했습니다. 역사가 에이피온 에반스는 '그것은 전례 없이 믿을 수 없는 일'이라고 말했습니다. 11월 7일(월), 400여 명이 입추의 여지없이 교회를 채웠습니다. 부흥의 물결이 11월 말, 남 웨일즈, 그래몰간 탄광 지역을 파도처럼 휩쓸어갔습니다. 광부들 사이에 많은 기도회가 있었고, 축복이 부어졌습니다. 광부들의 노동이 질적으로 개선되었고, 낭비벽이 줄며, 노동의 즐거움을 누리며, 술과 게으름과 도박이 줄고, 욕설도 줄었습니다. 교회로 통하는 길은 사람들로 줄지었고, 교회의 자리를 차지하기 위해 상점들은 문을 일찍 닫았으며, 철강공장 노동자들은 작업복을 입은 채로 교회에 왔습니다. 많은 사람들이 멀리서 참석했습니다.

부흥은 웨일즈 전 지역에서 나타났습니다. 토마스 프랜시스(Thomas Francis)의 집회와 조슈아(Seth Joshua)의 집회에서도 일어났습니다. 같은 날 R. B. 존스(Jones) 목사는 북 웨일즈에 있는 로스교회에서 10번 연속 집회를 가졌습니다. 그날 로버츠는 회중교회에서 8시간의 집회를 가졌습니다. 「The Western Mail」 신문은 이렇게 기록했습니다. "로버츠는 성경을 들고 의자 사이를 왔다 갔다 하며 말씀을 전했고 한 젊은 여인이 일어나 찬송을 불렀을 때 사람들은 마치 한 대 얻어맞은 것처럼 의자에서 픽픽 쓰러져서 용서해 달라고 울부짖었다." 사람들은 로버츠를 '웨일즈의 존 웨슬리'라고 불렀습니다. 신문 기자들, 종교 지도자들, 호기심에 찬 탐구가들 그리고 많은 사람들이 웨일즈를 방문했고, 이 운동은 영국, 미국, 캐나다, 인도, 미얀마, 한국, 중국, 아프리카, 남미 등 많은 나라에 영향을 주었습니다. 로버츠는 웨일즈 부흥운동이 사도행전 2장에서 말하는 '오순절의 계속'이기를 바랐습니다. 그러나 1905년 1월 31일 회중교회 피터 프라이스(Peter Price) 목사가 로버츠의 부흥운동은 가짜라고 기고하면서 부흥의 불길에 찬물을 끼얹었습니다. 뜨거운 부흥이 분열과 다툼으로 사라져 간 것입니다. 하지만 성령의 역사는 언제든지 타오를 준비를 하고 있었습니다.

부흥을 위한 기도

1. 위로받고 위로합시다.

하나님의 위로를 받으십시오. 서로 위로하는 자가 되도록 기도합시다.

2. 성령 하나님을 맞이합시다(27~31절).

독수리가 바람을 타고 솟아오르듯 성령의 바람을 타도록 기도합시다.

3. 부흥을 사모합시다.

이반 로버츠를 통해 웨일즈에 일어났던 큰 부흥을 사모하며 기도합시다.

묵상을 위한 질문

1. 하나님의 위로가 필요합니까?
2. '이제 복역이 끝났다'는 말씀이 당신에게 어떻게 적용됩니까?
3. 웨일즈 부흥에서 "나를 굴복시키소서"라는 말이 왜 중요했습니까?
4. 부흥을 방해하는 요소로 강박한 마음, 그리고 또 어떤 것들이 있습니까? 이것들을 깨뜨려 달라고 기도합시다.

03일 부흥의 이유

나는 네 하나님이 됨이라

이사야 VISION

지렁이가 새 타작기가 된다.
광야에 못이 생기고 마른 땅에 샘이 솟아난다.
기쁜 소식이 예루살렘에게 전해진다.

memo

새벽을 여는 기도

신실하고 자비로우신 하나님, 주님과 은혜를 사모하여 이 자리에 모였습니다.
하늘을 가르시고 강림하사 말씀을 깨달을 수 있도록 학자와 같은 귀를 주옵소서.
말씀 중에 우리 모두 비전과 꿈을 꾸게 하옵소서.
교회를 새롭게 하시고, 민족을 치유하시며 열방이 주께 돌아오게 하옵소서.
잉태한 것들이 해산되게 하옵소서.
예수님의 이름으로 기도합니다. 아멘.

- **오늘의 말씀** 이사야 41:1~29
- **외 울 말 씀** "두려워 말라 내가 너와 함께 함이니라 놀라지 말라 나는 네 하나님이 됨이니라. 내가 너를 굳세게 하리라 참으로 너를 도와주리라 참으로 나의 의로운 오른손으로 너를 붙들리라"(10절).

하나님께 나아감

사방으로 우겨 싸임을 당하고 상황이 답답할 때, 믿음과 하나님의 은혜가 없다면 절망과 두려움뿐입니다. 팔레스타인과 바벨론이 화약고가 되면서 고래싸움에 새우등 터지듯 하나님의 백성들은 지렁이처럼 힘없이 짓밟혔습니다. '힘이 없는 백성들에게 희망이 있는가?' 두려움으로 가득 찬 백성들에게 하나님은 "소망이 있다. 두려워하지 말라"고 권고하십니다. 두려움은 상황에 푹 빠져 집착할 때 일어납니다. 하지만 온전한 믿음과 명확

한 비전은 두려움을 삶에서 쫓아내 버립니다. 부흥은 우리의 능력에 따른 결과가 아니라 하나님의 절대 개입입니다. 불가능하게 보이는 어두운 현실이 하나님의 부흥을 제한할 수 없습니다. 반복되는 희망의 말씀으로 의식을 바꾸십시오. "나의 대적이여 나로 인하여 기뻐하지 말찌어다 나는 엎드러질찌라도 일어날 것이요 어두운데 앉을찌라도 여호와께서 나의 빛이 되실 것임이로라"(미 7:8).

부흥의 메시지

1. 하나님이 역사의 주권자이시다(Sovereignty, 1~7절)

아놀드 토인비(Arnold Toynbee)는 "역사는 스스로 흘러가는 것이 아니라 절대자의 손에 이끌려간다"고 했습니다. 이스라엘을 바벨론의 느부갓네살 손에 붙이신 것은 하나님이십니다(단 1:2). 그리고 이스라엘을 쥐어 잡았던 바벨론의 흥망도 하나님의 손에 있습니다. 동방에서 사람을 일으키며(a victor from the east) 열국을 그에게 넘겨주어 모든 왕들을 다스리게 하시는 이도 하나님이십니다(2절). 하나님은 모든 역사의 주이십니다. 인간의 모든 역사는 하나님의 손 안에서 이루어집니다(시 31:15). 세상에 많은 주와 신이 있어도 그것은 아무런 힘도 없는 우상에 지나지 않습니다. 꼼짝 못하는 우상을 의지하면 꼼짝 못하는 인생이 됩니다. 우리 삶에 발생하는 모든 일들은 하나님 손 안에서 전개됩니다. 만대를 명정하신 분은 하나님이십니다(4절). "참새 두 마리가 한 앗사리온에 팔리는 것이 아니냐 그러나 너희 아버지께서 허락지 아니하시면 그 하나라도 땅에 떨어지지 아니하리라"(마 10:29). 인간은 하나님께서 허락하신 기간만큼 생명을 가지며 하나님께서 정하신 경계선까지 힘을 발할 따름입니다. 우리도 그분 안에 있음을 기억해야 합니다. 처음과 나중이신 여호와가 모든 역사의 처음과 끝이 되시기 때문입니다(4절).

2. 하나님이 붙잡아 주신다(8~13절)

창조의 하나님은 이스라엘을 하나님의 종(the servant of God)으로 선택하였습니다. 종은 하나님께 속해 있으며 그분 안에 있을 때 존재 가치가 있습니다(렘 18:6). 연필도 손에 잡으면 글을 쓰는 도구가 되지만 놓으면 쓰러지듯이 우리도 하나님을 떠나면 방황하며 쓰러집니다. 의로운 하나님의 오른손이 우리의 오른손을 붙잡아 주십니다(13절). 하나님은 친히 만세 전부터 택하신 그의 백성들을 붙드시고 영원한 사랑으로 품으십니다. 이스라엘이 택함을 받은 것은 이방인들보다 나은 본성이나, 하나님을 향한 열심 때문이 아닙니다. 그들을 싫어하여 버리지 아니하고(9절) 구원하기로 작정하신 하나님의 은혜로운 언약 때문입니다. 그러므로 하나님은 이스라엘을 희망의 끝점인 땅 모퉁이(the end of the earth)로부터 부르셨습니다(9절). 더 이상 희망이 없는 인생도 그분이 부르시면 희망이 있는 인생이 됩니다. 이제 이스라엘에게 노하던 자들이 수치와 욕을 당하게 되고, 아무것도 아닌 자(as nothing at all)가 되며, 화를 내던 자들이 벌을 받게 됩니다(11~12절). 아브라함에게 "너를 축복하는 자에게 복을 주고 너를 저주하는 자에게 저주를 내린다"고 말씀하신 하나님은 "두려워 말라 내가 너와 함께 함이니라 놀라지 말라 나는 네 하나님이 됨이니라 내가 너를 굳세게 하리라 참으로 너를 도와주리라 참으로 나의 의로운 오른손으로 너를 붙들리라"고 선언하십니다(10절).

3. 하나님이 강한 자로 바꾸신다(14~20절)

지렁이는 쉬 밟히는 한없이 약한 존재입니다(14절). 그 동안 이스라엘은 지렁이처럼 열국 앞에 짓밟히며 당하기만 했습니다. 그러나 하나님의 은혜가 임하면 열국을 타작하는 타작기(a threshing sledge)로 바뀌게 됩니다(15절). 하만으로 인하여 짓밟혔던 유다인들이 하나님의 은혜로 도리어 열국을 두렵게 했던 것처럼 하나님의 백성들을 가로막았던 큰 산들, 열국과 나라들이 하나님의 회리바람(the wind) 앞에 가루처럼 부서져 평지로 바뀌게 됩니다(슥 4:7). 존 번연의 「천로역정」에서 기독자가 천성을 향해 가는 길에 수없이 많은 장애물들이 있어 순례자를 위협하고 있었지만 그것들은 성도들에게 감히 미치지 못하는 위장된 것에 불과하듯, 우리에게 허용된 모든 장애물은 위장된 것이며 능히 감당할 수 있는 것들입니다(고전 10:13). 장애물이 하나하나 제거되는 것을 본 무리는 여호와를 알고 헤아리며 깨닫게 됩니다(20절). "네 구속자는 이스라엘의 거룩한 자니라"(14절). 하나님은 어려움을 당하는 주의 백성들을 결코 버리지 않고(will not forsake them) 갈증으로 혀가 마를 때 응답하며 광야로 못이 되게 하며 마른 땅으로 샘 근원이 되게 하십니다(17~18절).

4. 세상의 힘은 아무것도 아니다(21~29절)

사람들은 과거, 현재, 그리고 미래를 알고 싶어 하며 복 얻기 원하여 우상 앞에 절합니다. 하지만 우상은 그들의 기대와 소원을 충족시켜 주지 못합니다(24절). 우상은 당한 일뿐만 아니라 장차 당할 일을 진술하지 못합니다(22절). 우상은 묶여진 존재에 불과합니다. 유한한 사람과 제조된 우상을 의지하는 자는 결국 허탄(confusion or less than a passing breeze)해질 뿐입니다(29절). 창조의 하나님만이 역사의 장래사를 말할 수 있습니다. 하나님은 새 역사를 위해 쓰실 한 사람(고레스)을 일으켜 세우셨습니다(25, 27절). 세움 받은 그는 토기장이가 진흙을 밟아 이기듯 바벨론의 통치자들을 진흙처럼 밟을 것입니다. 그는 예루살렘을 위협하는 자가 아니라 하나님의 도구가 되어 믿는 자들에게 기쁜 소식을 전해 주는 자가 됩니다. 우리의 밝은 소식과 희망은 오직 여호와께로부터 옵니다. 그러므로 세상사의 변화와 힘과 권력을 두려워하지 마십시오. 오직 우리가 두려워할 분은 하나님 한 분밖에 없습니다. 하나님 한 분을 두려워하면 세상은 결코 두렵지 않습니다. 하나님은 우리에게 기쁜 소식을 주셨습니다. 기쁜 소식은 그분의 역사, 그분의 은혜가 온다는 것입니다.

제2차 영적 대각성운동

제2차 영적 대각성은 찰스 피니(Charles Finney, 1792~1875)의 등장으로 절정을 이루어 반세기 동안 지속되었습니다. 미국에서 일어난 제2차 대각성운동은 선교사를 외국에 파송하고, 학교와 대학을 세우고, 반 노예운동, 여권 신장, 형무소 개선, 금주운동 등을 일으켰습니다. 피니는 1821년 10월 10일 자신이 근무하는 법률 사무소에서 임재하신 예수님을 만났습니다. "나는 주님의 발 앞에 쓰러져 나의 영혼을 주님께 쏟아 놓았다. 어린아이처럼 큰 소리로 울면서 목 메인 소리로 내가 할 수 있는 모든 회개를 다하였다. 주님의 두 발을 나의 눈물로 다 적시어 놓았다. 성령이 마치 전류의 파장처럼 내 온 몸을 꿰뚫고 흐르고 또 흐르는 듯했다. 성령은 사랑의 물결처럼 밀려왔다. 성령의 파도가 계속 밀어닥칠 때 나는 감당할 수 없어 죽을 것만 같았다. 나는 기쁨과 사랑으로 크게 울었다. 그 물결은 나를 덮고, 계속해서 덮고 있었다." 사람들이 "피니, 무슨 일입니까? 어디 아프세요?"라고 묻자 그는 "아닙니다. 너무 행복해서 죽을 것 같습니다"라고 말했습니다.

이런 영적 체험 후, 그의 복음전도 사역은 화산처럼 폭발하기 시작하여 미국의 제2차 영적 대각성운동의 거장으로 서게 했습니다. 젊은 사람들과 기도할 때 성령이 임해, 모였던 젊은이들은 온 몸에 힘이 다 빠져 일어설 수가 없었습니다. 또 마룻바닥에 엎드려 말로 표현되지 않는 소리로 기도했습니다. 소돔이란 마을에서는 집회 15분도 지나지 않아서 사람들이 앉은 자리에서 넘어지면서 자비를 베풀어 달라고 울부짖었습니다. 2분도 못되어 모든 회중이 주저앉거나 넘어졌습니다. 유티카(Utica)의 집회에서는 그를 격렬하게 비난하던 목사가 다음날 아침, 침대에서 시체로 발견됐습니다. 피니가 뉴욕 방직공장을 견학하는 동안 일하던 한 처녀는 피니가 다가가자 손을 부들부들 떨면서 푹 쓰러졌습니다. 소녀의 통회와 함께 화약이 폭발하듯 그 방에서 일하던 모든 사람들이 통회했습니다. 공장 주인은 "공장 일보다 영혼 구원의 일이 더 중요하다"라며 공장 문을 닫고 집회를 열었습니다. 모든 직공들이 예수를 믿었습니다. 그는 뉴욕에서 7년 동안 집회를 가졌습니다.

피니의 반대자들은 그에 대한 거짓 풍문을 퍼뜨리며, 그의 활동을 정탐하여 방해 공작을 펼쳤습니다. 수많은 교회가 그에게 강단을 내주지 않았습니다. 그는 숱한 반대와 조롱을 받았습니다. 그러나 조금도 두려워하지 않고 복음을 전한 것은 주님으로부터 반대 세력이 결코 이기지 못할 것이라는 음성을 들었기 때문입니다. 그는 방해 공작이 심하면 심할수록 더 열심히 기도하고 하나님과 더욱 가까워지는 영적 체험을 했습니다. 그 결과 부흥운동은 불길처럼 타오르고 반대자들은 약해졌습니다. 뉴잉글랜드 부흥이 절정에 달했을 때 일년에 10만 명의 개종자가 생겼습니다. 그의 부흥운동으로 약 50만 명이 회심했습니다. 그의 신앙운동은 반 노예운동, 여권운동, 형무소 개혁, 금주와 절제운동 등 많은 사회적인 개혁운동을 동반했습니다.

그가 설교하던 지역에서는 술집이 장사가 되지 않아 문을 닫았고, 범죄율이 낮아졌습니다. 그의 집회에 참석했던 사람들 중에 85%는 끝까지 신앙을 지켰다고 합니다. 빌리 그래함은 "피니의 성령 충만한 사역을 통해서 수많은 사람들이 19세기에 그리스도를 알게 되었고, 결과적으로 미국 역사상 가장 위대한 부흥 중 하나가 되었다"고 말했습니다.

부흥을 위한 기도

1. 역사의 주가 하나님이심을 굳게 믿읍시다.

모든 역사의 배후에서 섭리하시는 하나님께 절대 굴복이 되도록 기도합시다.

2. 하나님의 손에 붙잡힘 받읍시다.

하나님은 지금도 쓰실 사람을 찾고 계십니다. 그분의 손에 붙잡히도록 기도합시다.

3. 성령운동의 실체가 됩시다.

하나님은 모든 사람을 사용하십니다. 영적 일에 조롱하는 자와 무지자가 되지 말고 하나님의 영에 붙잡혀 쓰임 받는 자가 되도록 기도합시다.

묵상을 위한 질문

1. 우리의 우상은 무엇입니까?
2. 당신이 두려워하고 있는 것은 무엇입니까?
3. 지렁이 같은 자가 새 타작기로 사용될 수 있는 것은 무엇 때문입니까?
   당신에게 어떻게 적용됩니까?
4. 영적 방해를 받을 때 어떻게 임해야 합니까?

04일 부흥의 믿음

이 사람을 보라

이사야 VISION

구원자가 세움을 받는다.
여호와께서 용사같이 나가신다.
지름길이 나타난다.

memo

새벽을 여는 기도

신실하고 자비로우신 하나님, 주님과 은혜를 사모하여 이 자리에 모였습니다.
하늘을 가르시고 강림하사 말씀을 깨달을 수 있도록 학자와 같은 귀를 주옵소서.
말씀 중에 우리 모두 비전과 꿈을 꾸게 하옵소서.
교회를 새롭게 하시고, 민족을 치유하시며 열방이 주께 돌아오게 하옵소서.
잉태한 것들이 해산되게 하옵소서.
예수님의 이름으로 기도합니다. 아멘.

- **오늘의 말씀** 이사야 42:1~25
- **외 울 말 씀** "내가 붙드는 나의 종, 내 마음에 기뻐하는 나의 택한 사람을 보라 내가 나의 신을 그에게 주었은즉 그가 이방에 공의를 베풀리라"(1절).

하나님께 나아감

헬렌 켈러는 "시력과 청력을 잃은 사람이 불쌍한 것이 아니라 눈과 귀를 가지고도 비전이 없는 사람이 불쌍하다"고 말했습니다. 하나님은 소경과 귀머거리 같은 이스라엘을 책망하십니다. 왜냐하면 역사 속에 일어나는 일들을 보고 들으면서 하나님을 깨닫지 못하기 때문입니다. 인류 역사는 인간의 힘에 의해서 움직이는 것이 아니라 하나님에 의해서 움직입니다. 하나님은 이스라엘의 준비와 상관없이 하나님의 주권에 의해서 그의 목적

(이스라엘의 부흥과 회복)을 성취하십니다. 하나님은 이스라엘을 위하여 저들이 아닌 뜻밖의 사람(고레스)을 사용하십니다.

부흥의 메시지

1. 하나님이 택한 종을 보라(1~7절)

하나님은 이스라엘의 회복을 위하여 한 사람을 택하셨습니다(1절). 그는 하나님의 구원의 대행자입니다. 그는 '하나님의 마음에 기뻐하는 자' 이며 '하나님의 신을 받은 자' 입니다(1, 5절). 학자들은 그의 신분과 행위로 당시 이스라엘을 바벨론에서 이끌어 낼 페르시아 왕 고레스(Cyrus)라고 말합니다. 하지만 그는 장차 나타날 그리스도의 그림자입니다. 그는 '상한 갈대를 꺾지 아니 하며 꺼져가는 등불도 끄지 아니하시는 분' 이십니다(마 12:18~21). 그는 허는 자가 아니라 상한 갈대와 같은 자들을 세우는 자입니다. 그는 '백성의 언약과 이방인의 빛(a covenant for people and a light for nations)' 이 되어 눈 먼 자들의 눈을 밝히시며 갇힌 자를 나오게 합니다(7절, 사 61:1). 하나님은 온 인류의 구원과 회복을 위해서 메시아를 이미 작정하여 보내셨습니다. 이 사람(그리스도)을 보면 우리의 삶에 하나님의 회복과 부흥이 시작됩니다(요 19:4). 이 예수를 바라보면, 텅 빈 배가 차기 시작하며, 떨어진 포도주도 차게 되며, 꺼져가던 삶도 다시 타오르게 됩니다.

2. 찬양하라(8~13절)

이사야는 포로지에 있는 동족들에게 이제 경험하게 될 사건에 대하여 당장 환호하라고 외칩니다. 이 일은 '아직(Not yet)' 우리에게 이루어지지 않았지만 하나님 안에서 '이미(already)' 이루어졌기 때문입니다. 작정된 일(예언, 약속)이 이제 역사 속에 개입(성취)될 것입니다. 이사야는 "이제 내가 새 일을 고하노라 그 일이 시작되기 전이라도 너희에게 이르노라"(9절)고 말합니다. 지금 아무것도 보이지 않는 상태에서 찬양하며 감사하는 것을 히브리서에서는 '믿음' (히 11:1), 로마서에서는 '소망' (롬 8:24~25)이라고 합니다. 우리의 환경을 볼 때 감사하지 못하지만 우리의 소망되시며 구원이 되시는 하나님을 바라볼 때 그분 자체를 찬양할 수 있습니다. 인생의 절망적인 문제를 아시고 미래의 영광스런 구원의 계획을 알리시며 또 그것을 성취하시는 분은 여호와 하나님이십니다. 하나님은 이스라엘이 세계를 제패하도록 부르시지 않았습니다. 그 일은 특정한 사람(고레스)에게 주어진 것입니다. 이스라엘은 하나님을 경배하도록 부름 받았습니다. 하나님은 그 영광에 대한 찬송을 다른 우상에게 주지 않으십니다(I won't let idols or humans share my glory and praise). 진정한 회복과 부흥은 근심과 걱정 속에 있는 백성들이 찬양하는 것입니다. 찬양할 때 하나님은 하늘을 가르고 강림하시며 우리 안에 임재하십니다. 찬양할 때 그 위대하신 분은 행진하십니다. 여호와께서 전사처럼 오셔서 우리의 대적을 물리치십니다(대하 20:20~23).

3. 드디어 하나님이 개입하신다(14~17절)

하나님의 침묵은 하나님께서 우리를 완전히 잊으신 것을 의미하지 않습니다(16절). 하나님의 침묵의 시간에 우리는 하나님의 거룩한 뜻을 위하여 참고 그분의 때를 기다려야 합니다. 오랫동안 침묵하셨던 하나님께서 백성들의 삶 속에 드디어 개입하십니다. 그 백성들을 위하여 산들과 언덕들(방해물)을 소멸시키십니다(15절). 하나님 없이 세워진 모든 초목(인간 번영, 적의 번영)은 마르게 되며(사 40:8), 강들은 물이 없는 섬처럼 황폐해집니다. 자랑스럽던 인간의 부귀와 권세는 하나님이 오실 때 그림자처럼 지나갈 뿐입니다(15절). 그러므로 우리는 인간의 지혜, 용맹, 부함을 자랑할 것이 아니라 하나님을 아는 것을 자랑해야 합니다(렘 9:23~24). 역사 속에 개입하신 하나님이 이제 일어나셔서 포로생활로 고통당하며 앞을 볼 줄 몰랐던 백성들을 첩경과 광명의 길로 인도하십니다(16절).

4. 깨닫지 못하면 다시 맞는다(18~25절)

하나님이 이스라엘을 부르신 목적은 그들을 크게 하여 존귀하게 하는데 있습니다. 그분은 무궁한 소원을 두고 행하십니다(빌 2:13). 그러나 이스라엘은 아무것도 없는 자처럼 도둑맞고, 탈취당한 것처럼 이리저리 끌려다녔습니다. 이것은 범죄함으로 내어준 바 되었기 때문입니다(24절, 단 9:7).

하지만 백성들은 하박국에 던져진 의문처럼 패역한 이방인들에 대하여 방관하시는 하나님에 대하여 오해합니다. 이방인들이 범죄할 때는 침묵하시던 하나님이 그의 백성들의 죄를 징계하시는 것은, 그들이 그의 택한 거룩한 공동체요 예배하는 백성들이요 그의 사랑 안에 있는 자들이기 때문입니다(히 12:6~7). 백성들은 귀머거리와 소경처럼 듣지 못하며 보지 못하고 깨닫지 못합니다(25절). 깨닫지 못하면 다시 맞습니다. 이사야는 "너희가 어찌하여 매를 더 맞으려고 더욱 더욱 패역하느냐 온 머리는 병들었고 온 마음은 피곤하여졌다"고 경고합니다(사 1:5). 매는 바른 길로 인도하지만 거듭 맞는 매는 유익도, 덕도 이루지 못합니다. 깨닫는 자는 다시 넘어지는 길을 걷지 않습니다.

역사 속의 부흥

빌리 그래함 복음주의

미국의 한 주지사는 "빌리 그래함은 멋진 사람이다. 다른 사람들이 최선을 다하도록 격려할 수 있는 추진력과 열정과 헌신으로 충만한 사람이다. 그는 가난한 사람들 사이에서는 겸손하게 걷고, 높은 지위에 있거나 힘 있는 사람들과 함께 있을 때는 담대한 자세로 걸었다"고 말했습니다. 빌리 그래함은 1846년 스티븐 올포드가 "술 취하지 말라. 이는 방탕한 것이니 오직 성령의 충만을 받으라"는 말씀을 전할 때 큰 감명을 받았습니다. 빌리는 스티븐 올포드와 '신자들의 삶에 있어 성령님의 충만함'에 대해서 대화를 나누었습니다. 스티븐은 그때를 회상하며 이렇게 말했습니다. "나는 그에게 하나님께서 어떻게 내 삶을 내면으로부터 완전히 변화시키셨는지에 대해 증거했다. 성령님의 충만함과 기름 부으심에 대한 경험을 나눴다. 나는 이야기하면서 눈물로 반짝이는 그의 아름다운 두 눈을 볼 수 있었다. 그는 '스티븐, 그것이 제가 바로 원하는 것입니다. 제 인생에서 필요한 것이 바로 그것입니다'라고 말했다." 그들은 무릎을 꿇고 기도했고 빌리는 "내 마음이 성령님으로 충만합니다"라고 말했습니다. 이 사건은 빌리 그래함의 삶에 전환점이 되었습니다. 스티븐 올포드는 "그날 밤 빌리가 설교하려고 일어섰을 때 그는 완전히 기름부음 받은 사람이었다"고 전했습니다.

하나님은 그를 복음전도자로 부르셨습니다. 1949년 빌리는 로스앤젤레스에서 집회를 시작했습니다. 3주 동안 6,100명이 모인 텐트 안에서 설교할 때 텍사스 라디오 진행자이자 도박꾼이며 음주가인 스튜어트 햄블런이 변화 받았습니다. 그는 그리스도께 헌신했습니다. 이 변화는 신선한 충격이 되어 수백 명의 새신자들을 텐트로 이끌었습니다. 악명 높은 범죄자, 짐 바우스도 집회에 참석했다가 회심했습니다. 그의 텐트는 더 넓혀야 했고, 하나님은 그를 통해 열방이 돌아오게 했습니다. 1954년 빌리는 런던 북쪽에 있는 12,000석의 운동장을 3개월 동안 임대했습니다. 운동장 주인은 빌리가 2주일 이내에 계약을 취소할 것이라고 생각했으며 언론은 적대적이었습니다. 한 신문에는 '어리석은 빌리'라는 제목의 기사를 실었습니다. 첫날 궂은 날씨에도 운동장은 사람들로 가득 찼습니다. 시간이 갈수록 영국은 기쁨이 넘쳤고 비판하던 언론들이 태도를 바꾸어 찬사와 지지를 보냈습니다. 1954년 5월 22일 웸블리 집회에 캔터베리 대주교, 런던시장, 국회의원 등 12만 명이 모여 2천 명이 결단했습니다. 캔터베리 대주교인 제프리 피셔는 "천국의 한 단면과도 같은 이런 장면을 다시는 보지 못할지도 모릅니다"라고 말했습니다.

그의 집회는 전 세계로 번졌습니다. 빌리 그래함은 지금까지 2천만 명이 넘는 영혼들에게 예수 그리스도를 전했고, 방송 미디어를 통해 25억의 인구에게 복음을 전하고 있습니다. 그는 복음을 위해서라면 언제나 어디든지 갔습니다. 그리고 해마다 수천 명의 목회자들을 그의 복음주의 학교(Billy Graham Evangelical School-지금까지 10만 명이 넘는 목회자와 평신도 지도자들이 훈련 받음)에 초대하여 위로하며 복음의 중요성을 가르치고 있습니다. 그의 설교의 주제는 "하나님은 우리를 사랑하신다. 하나님은 모든 사람들이 구원 받기를 원하신다. 그것은 회개로 이루어진다"였습니다. 그는 성경 외에는 증거하지 않았으며 통계를 좋아하지 않았습니다. "화해로 이루어진 가정, 변화된 술주정뱅이, 그리고 새로운 삶을 어떻게 통계로 말할 수 있습니까?" 복음만이 세상을 바꿀 수 있습니다. 복음만이 세상을 살릴 수 있습니다. 그는 평범한 사람이었습니다. 그러나 성령께 사로잡혔을 때, 그의 꿈은 세계로 뻗어 나가 열방을 얻으며 황폐한 성읍들로 사람 살 곳이 되게 했습니다(사 54:3).

부흥을 위한 기도

1. 이 사람, 예수 그리스도를 바라봅시다.

그리스도는 하늘의 비밀입니다. 우리 삶의 회복과 부흥의 근원이 되시는 예수 그리스도를 삶의 중심으로 모셔 들이는 기도를 합시다.

2. 하나님을 찬양합시다.

성도는 하나님을 찬양하도록 지음 받은 자입니다.

찬양의 능력으로 하나님을 높이는 기도를 합시다.

3. 눈을 들어 하나님의 섭리를 바라봅시다.

우리에게 일어나는 모든 일을 하나님의 섭리로 볼 수 있는 눈을 갖도록 기도합시다.

4. 성령 충만은 우리가 원하는 것입니다.

빌리 그래함은 "성령 충만, 그것은 제가 원하는 것입니다"라며 무릎 꿇었습니다. 성령 충만을 구합시다.

묵상을 위한 질문

1. 현실화되지 않았지만 믿음으로 바라보는 실상이 있습니까?
2. 하나님의 약속에 언제나 인내가 필요한 이유는 무엇입니까?
3. 반복적인 책망을 받다가 깨닫고 회개한 경험을 나눕시다. 지금 깨닫고 돌이켜야 할 것이 있다면 과감히 돌이킵시다.
4. 오늘 배운 내용 중에 당신에게 가장 감동적인 것은 무엇입니까?
5. 빌리 그래함이 끼친 영향력은 무엇입니까?

05일 부흥의 증인

보라 새 일을 행하리라

이사야 VISION

너는 내 것이라.
동서남북 사방에서 택한 백성들이 돌아온다.
부귀와 존귀가 사방에 임한다.
보라 내가 새 일을 행하리라.

memo

새벽을 여는 기도

신실하고 자비로우신 하나님, 주님과 은혜를 사모하여 이 자리에 모였습니다.
하늘을 가르시고 강림하사 말씀을 깨달을 수 있도록 학자와 같은 귀를 주옵소서.
말씀 중에 우리 모두 비전과 꿈을 꾸게 하옵소서.
교회를 새롭게 하시고, 민족을 치유하시며 열방이 주께 돌아오게 하옵소서.
잉태한 것들이 해산되게 하옵소서.
예수님의 이름으로 기도합니다. 아멘.

- **오늘의 말씀** 이사야 43:1~28
- **외 울 말 씀** "너희는 이전 일을 기억하지 말며 옛적 일을 생각하지 말라 보라 내가 새 일을 행하리니 이제 나타낼 것이라 너희가 그것을 알지 못하겠느냐 정녕히 내가 광야에 길과 사막에 강을 내리니"(18~19절).

하나님께 나아감

큰 위기는 어려운 환경보다 자신의 정체성과 역사의 주이신 여호와 하나님을 잊는 것입니다. 백성들은 환경의 높은 담으로 인해 하나님을 보지 못했습니다. 입술로는 하나님을 고백하면서 상황의 처절함을 인하여 부르짖지 않았습니다. 불의한 재판관의 비유에서 한 과부처럼 이스라엘은 자신들의 사정을 하나님께 아뢰며 부르짖어야 했습니다. 그런데 여호와께 부르짖기는커녕 서로 치고 받고, 세상과 사람을 의지했습니다. 그럼에도 불구하고 하나님은 백성들에게 그의 이름을 위하여 새 일을 행하십니다. 그것은 그들이 가치 있는 백성이기 때문이 아니라 그의 구원으로 가치 있는 백성이 되게 하려 하심입니다.

부흥의 메시지

1. 너는 내 것이다(1~7절)

하나님은 죄의 종에 팔려 있는 자들을 지명하여 구속(redeemer)하십니다(1절). 흩으셨던 하나님이 그들을 다시 사심으로 그들이 동서남북에서 불려 나와 주의 것이 됩니다. 하나님은 많고 많은 민족과 백성 가운데 나약하기 한이 없는 우리를 가리켜 이렇게 말합니다. "너는 내 것이라(you are mine)." 하나님이 택한 자를 해할 자가 없습니다(2절). 하나님이 함께 하심(Be with you)으로 물의 위협(홍해를 건너는 이스라엘)과 불의 위협(사드락, 메삭과 아벳느고)에서도 건짐을 받기 때문입니다. 사도 바울은 "누가 우리를 그리스도의 사랑에서 끊으리요 환난이나 곤고나 핍박이나 기근이나 적신이나 위험이나 칼이랴 … 다른 아무 피조물이라도 우리를 우리 주 그리스도 예수 안에 있는 하나님의 사랑에서 끊을 수 없으리라"(롬 8:35, 39). 이 모든 일에 우리를 사랑하시는 이로 말미암아 우리가 넉넉히 이기느니라"(롬 8:37)고 선언했습니다. 백성과 함께 하신 하나님은 강국 애굽을 이스라엘의 속량물(ransom－몸값 및 매를 대신 맞다)로, 그들 대신(exchange) 구스와 스바를 내어주고 이스라엘을 불러 내 것이라고 하셨습니다. 하나님은 모든 민족의 자랑과 부러움이었던 애굽과 스바(Seba)를 그의 영광이라 하지 않습니다. 오히려 반역자, 실패자, 포로민을 나의 영광이라고 선언하십니다. 하찮은 존재였던 그들을 보배롭고 존귀한 자로 여기시며 잠잠히 사랑하십니다("너는 눈에 넣어도 아프지 않는 나의 귀염둥이 나의 사랑이다"－공동번역 습 3:17). 왜냐하면 우리는 하나님의 목적과 영광을 위하여 창조된 자들이기 때문입니다(7절).

2. 오직 하나님뿐이다(8~13절)

급변하는 세계정세 속에 열방과 민족들은 장차 무슨 일이 일어날지 궁

금해 하지만 끝내 알지 못합니다. 그러나 하나님의 백성들은 장래사를 알 수 있습니다. 왜냐하면 유일하신 하나님이 알려주고 구원하고 보여주시기 때문입니다(12절). 그러므로 백성들은 하나님을 알고, 믿고 하나님만이 역사의 주가 되시는 것을 깨달아야 합니다(10절). 또 백성들은 하나님의 증인이 되어 열방을 구원하는 사명자, 여호와의 종으로 서야 합니다(10, 12절). 그들은 외쳐야 합니다. "다른 신은 없다(There is no God, savior)." 그분의 손에 잡힌 것은 아무도 빼내지 못하며, 그분이 하시는 것을 막을 자가 없습니다(13절). 우리는 이 시대에 그의 산 증인(witnesses)입니다. 열방을 다스리며 세계를 이끄는 분이 여호와이심을 소경과 귀머거리인 자들에게 알려 그들을 이끌어 내야 합니다(8절, 요 9:41).

3. 하나님이 새 일을 행하신다(14~21절)

하나님이 그의 백성들에게 새 일을 행하십니다. 하나님의 백성들은 자신의 현실과 과거에 얽매일 필요가 없습니다. 하나님이 한 사람, 고레스를 바벨론으로 보내면 갈대아 사람들은 혼비백산이 되어 그들이 연락하던 배를 타고 도망가게 될 것입니다(14절). 이 와중에서 하나님은 그의 택한 백성들에게 새로운 출애굽을 단행하십니다. 새 출애굽을 앞둔 그들은 옛 출애굽을 생각만 해도 신이 납니다. 길이 없고 사방이 막혔을 때 바다 가운데서 길(a way)을 내시고, 환난 가운데 지름길(a path-첩경)을 내며, 대적자를 섬멸시키고 구원하신 분이 바로 하나님이시기 때문입니다. 사방으로 우겨 싸임을 당해도 하나님은 우리에게 숨통이 되십니다. 막힌 환경에서 하나님을 바라볼 때 그분은 "내가 길이다(I am the Way)"(요 11:6)라고 말씀하십니다. 이제 하나님은 새 일을 행하십니다. 새 일(a new thing)이란 애굽이나 바벨론이 멸망하고 바사가 다시 세움을 받는 것이 아니라, 여호와께서 광야에 길을, 사막에 강을 내어 그의 백성, 택한 자들로 마시게 하는 일입니다. 새 길은 구원의 길이며 회복의 길입니다. 그 길에 있는 자들은 하나님을 위하여 지어졌으며 하나님을 찬송하도록 지어진 자들입니다(21절). 예배하기를 원하는 자들에게 귀환 명령이 떨어졌듯이 하나님을 위해 살려는 자들에게 새로운 구원의 길이 열립니다. 존 파이퍼는 "우리가 하나님 안에서 만족할 때 하나님은 가장 큰 영광을 받으신다"고 하였습니다. 오늘날 우리에게 행하시는 하나님의 구원은 언제나 새롭습니다. 하나님께서 미래에 우리에게 행하실 영광스럽고 놀라운 구원을 바라보며, 이 세상의 헛된 영광과 부귀에 마음을 둠으로 격동하고 투기하지 말아야 할 것입니다(갈 5:26).

4. 하나님은 용서하신다(22~28절)

주의 백성들이 하나님께 대한 것은 참된 경배가 아니라 형식뿐이었습니다. 그것은 역겨울 뿐입니다(사 1:11~14). 오히려 죄 짐으로 하나님을 수고롭게 하며, 죄악으로 하나님을 괴롭게 하였습니다(24절). 저들은 하나님을 불러야 하며 온전한 예배와 찬양을 드렸어야 했습니다. 하지만 여호와는 그들을 더 이상 책망하지 않습니다. 하나님은 자신을 위하여(for my own sake) 한 구원자를 통해서 그들의 허물(transgressions)을 도말하며, 그들의 죄(sins)를 더 이상 기억하지 않기로 작정하셨습니다(시 103:12). 하나님은 이스라엘의 죄를 변론하여 깨끗이 씻어 버리십니다. "오라 우리가 서로 변론하자 너희 죄가 주홍 같을찌라도 눈과 같이 희어질 것이요 진홍같이 붉을찌라도 양털같이 되리라"(사 1:18). "네 죄를 기억지 아니하리라"(25절). 하나님의 거룩한 이름을 속되게 하지 않으려는 죄 용서가 이사야에서 새로운 하나님의 일로 등장합니다.

역사 속의 부흥

무디 대륙선교운동

약한 자를 들어 강한 자를 부끄럽게 하시는 하나님은 드와이트 무디(D. L. Moody, 1837~1899)를 그렇게 하셨습니다. 무디만큼 20세기에 큰 영향을 미친 사람도 드뭅니다. 그로 말미암아 많은 외국 선교회가 조직되었으며 세계 선교가 일어났습니다. 무디는 매사추세츠 노스필드에서 가난한 농부의 아들로 태어나(1837), 4세 때 아버지를 잃고 교육을 중단한 채 일터로 나가야 했습니다. 보스턴의 구둣가게에서 일할 때(1855. 4. 21) 교회학교 교사 에드워드 킴볼(Edward Kimball)의 방문으로 그는 중생을 체험했습니다. 무디는 어머니에게 "1837년 2월 5일은 제 생일이지요? 18년이 지난 4월 21일은 제가 성령으로 거듭난 생일입니다. 나는 이전에 지상을 비추는 밝은 태양을 그토록 사랑해 본 적이 없습니다. 지저귀는 새 소리를 들을 때 내 마음은 사랑으로 찼습니다. 모든 것이 달라졌습니다"라는 글을 썼습니다. 무디는 또 한번의 성령 체험 후 "성령께서 나에게 충만하게 되신 일이다. 그 후로 성령께서는 나를 떠나지 않으셨다"고 고백했습니다.

사망 선고를 받은 여선생님이 마지막으로 학생들의 집을 방문하며 복음을 전하는 데 감동을 받은 무디는 그때부터 잃어버린 자를 구원하는 데 뜨거웠습니다. 그는 하루 24시간 동안 적어도 한 영혼에게 복음을 증거하지 않고는 자지 않기로 작정했습니다. 하루는 그가 돌아와 자리에 눕고자 할 때 한 영혼을 전도하지 못함이 생각났습니다. '그래, 지금 거리에 나가봤자 소낙비 내리는 깊은 밤에 사람을 만나지는 못할 것이다.' 그러나 그는 일어났고 우산을 들고 길 가는 사람에게 접근하여 "폭풍이 일어날 때 피할 수 있는 피난처를 당신은 가지고 계십니까?"라며 예수님을 증거했습니다. 또 한번은 건초더미 창고에서, 헨리 바알리(Henry Varley)의 "이 세상은 아직 온전히 헌신된 한 사람이 없습니다. 그 온전히 헌신된 한 사람이 나타나면 하나님께서 그를 통해서, 그와 함께, 그를 위해, 그 안에서 일하실 것입니다"라는 말을 듣고 "나를 보내주소서 나를 써주소서"라고 헌신했습니다.

유명한 음악가 생키(Ira D. Sankey)와의 만남은 그를 부흥사로 이끌었습니다. 생키의 찬양을 통해 마음의 문을 활짝 연 회중은 3R, 곧 죄로 인한 타락(Ruin by Sin), 예수 그리스도에 의한 구속(Redemption by Christ), 성령에 의한 중생(Regeneration by the Holy Spirit)을 증거하는 무디의 설교 앞에 고꾸라졌습니다. 생키의 은혜로운 찬양과 무디의 강력한 복음은 영국 리버풀, 요크, 뉴캐슬, 런던에 이어 스코틀랜드와 아일랜드를 강타했습니다. 한 영국인은 "그리스도를 사랑하고 알겠다는 매우 뜨거운 열정을 느끼지 않고는 결코 무디의 설교를 들을 수 없었다"고 고백했습니다. 무디의 설교를 듣고 젊은이들이 해외 선교에 헌신했습니다. 그때 캠브리지 학생 7명이 중국 선교로 나섰습니다. 영국 집회 수는 285차에 달했으며, 동원된 연인원은 259만 명이나 되었습니다. 무디의 방문을 통하여 영국에서 복음주의의 부흥이 일어나 수천 명의 불신자와 타락했던 그리스도인들이 돌아와 하나님과 친밀한 교제를 나누었습니다. 많은 도시 선교단체와 활동적인 단체들이 설립되었으며 교파 간의 불일치 현상이 현저하게 없어졌습니다.

브룩클린에서 그의 미국 1차 전도집회(1875. 11)를 필두로 필라델피아, 뉴욕, 시카고, 보스턴으로 이어졌습니다. 무디의 명성은 시카고 만국박람회(1893) 동안에 있었던 전도집회를 통해서 세계에 알려졌습니다. 그는 배우지 못했지만 노스필드여학교(1879)와 남자를 위한 헬몬신학교(1881)를 설립했고, 후에 무디성경학원이 된 미국 최초 성경 교육기관, 시카고 복음전도회(1886)를 열어 학생자원운동을 일으켰습니다. 많은 젊은이가 무디의 설교를 듣고 5대양 6대주로 달려갔습니다. 은혜 받은 게일이 조선으로(1888) 가기 전 무디는 그의 어깨를 만지며 말했습니다. "조선으로 간다지. 내 자네를 위해 기도할 걸세." 평양 대부흥운동의 주역 마포삼열, 윌리엄 블레어, 그레이엄 리도 무디의 영향을 받았습니다. 한 사람 위에 하나님이 하늘을 가르고 강림하시자 전 세계뿐만 아니라 식민지 지배로 신음하는 한국이 위로를 받았습니다. 무디는 캔자스 시(1899. 11. 8) 집회 중 건강 악화로 토레이(R. A. Torrey)에게 모든 것을 맡기고 작은 고향(노드필드)에서 큰 고향 하늘나라로 떠났습니다(1899. 12. 22). 교육도, 목사 안수도 받지 않은 지극히 평범한 그를 하나님은 비범한 사람으로 만들었습니다.

부흥을 위한 기도

1. 우리는 하나님의 것입니다.

두려워 말고 놀라지 맙시다.

우리를 지명하여 부르신 하나님을 전적으로 의지하는 기도를 드립시다.

2. 여호와의 용서를 믿고 받읍시다.

진실된 죄의 고백과 예수 그리스도를 통한 하나님의 용서를 믿고 기도합시다.

3. 새 일을 바라봅시다.

우리를 위해서 새 일을 계획하시는 하나님을 찾읍시다.

4. 무디처럼 결단합시다.

"이 세상은 아직 온전히 헌신된 한 사람이 없습니다. 그 온전히 헌신된 한 사람이 나타나면 하나님께서 그를 통해서, 그와 함께, 그를 위해, 그 안에서 일하실 것입니다."

무디는 이 말을 듣고 "나를 보내주소서. 나를 써주소서"라고 헌신했습니다.

우리가 오늘의 무디가 됩시다.

묵상을 위한 질문

1. 이전 일을 기억하지 말고 옛적 일을 생각하지 말아야 하는 이유는 무엇입니까?
2. 광야에서 물을, 사막에서 강이 발하는 기적이 당신의 삶에서 나타나길 기대하고 있습니까?
3. 사단이 참소하는 허물과 죄가 있습니까? 어떻게 물리쳐야 합니까?
4. 무디의 변화에는 어떤 만남이 있었습니까?

06일 부흥의 출처

나 외에는 없다

이사야 VISION

나의 신이 네 자손에 내리리라.
무리가 하나님의 백성이 되기를 즐거워한다.
이스라엘로 여호와를 영화롭게 하신다.
하나님의 백성과 성읍이 중건된다.

memo

새벽을 여는 기도

신실하고 자비로우신 하나님, 주님과 은혜를 사모하여 이 자리에 모였습니다.
하늘을 가르시고 강림하사 말씀을 깨달을 수 있도록 학자와 같은 귀를 주옵소서.
말씀 중에 우리 모두 비전과 꿈을 꾸게 하옵소서.
교회를 새롭게 하시고, 민족을 치유하시며 열방이 주께 돌아오게 하옵소서.
잉태한 것들이 해산되게 하옵소서.
예수님의 이름으로 기도합니다. 아멘.

- **오늘의 말씀** 이사야 44:1~28
- **외 울 말 씀** "이스라엘의 왕인 여호와, 이스라엘의 구속자인 만군의 여호와가 말하노라 나는 처음이요 나는 마지막이라 나 외에 다른 신이 없느니라"(6절).

하나님께 나아감

고난으로 이스라엘은 몹시 흔들렸습니다. 포로들은 조상의 하나님보다 정복자의 신과 신전(마르둑-바벨론의 창조신)을 보며 바벨론화되어 하나님을 떠났고 하나님의 말씀을 믿지 않았습니다. 왜냐하면 역사가 하나님의 손이 아니라 열강의 손에 의해 움직이는 것처럼 보였고, 그분의 스토리(His + Story)가 아니라 강한 왕의 스토리(his + stories)처럼 보였기 때문입니다. 그런데 그들은 고레스(B.C 539)가 바벨론으로 쳐들어올 때 바벨론의 나보니

두스(Nabonidus) 왕이 아무런 저항도 하지 못한 채 도망가는 것을 보았습니다. 이 일로 그들의 익숙한 환경이 다시 한 번 크게 흔들렸습니다. 세상에서 완전한 반석은 무엇입니까? 이스라엘에게 하나님은 "나 외에는 없다(first and last=God alone is unique)"고 힘 있게 외치십니다.

부흥의 메시지

1. 하나님은 처음이자 마지막이다(1~7절)

여러 가지 시련을 만나는 순간, 즉각적으로 해야 할 일은 당황하거나 다른 도움의 길을 찾아 헤매지 말고 자신과 하나님이 누구신가를 돌아보는 것입니다. 바벨론의 마르둑이 아니라 여호와만이 홀로 하늘과 땅을 펼치신 창조의 하나님이십니다(24절). 하나님은 이스라엘 백성들에게 "나는 너를 만들었고, 너를 모태에서 지어낸 자"라고 하셨습니다. 창조의 하나님은 역사를 주관하시고, 성도가 시련을 당할 때 갈한 목에 물을 주어 해갈하게 하시며, 마른 땅에 시내를 만들어 아름다운 환경으로 만드는 분이십니다(4절). 하나님께서 말씀하셨으니 그들은 간조한 땅에서 풀처럼 솟아나며, 시냇가의 버들처럼 번성하게 될 것입니다. 백성들의 마음도 새로워질 것입니다. 하나님 믿는 것을 부끄러워하던 이들이 하나님의 영광을 보고 스스로 자기들은 여호와께 속하였다고 자랑합니다(cf. 스 8:15~17). 하나님은 온 세상의 존재, 역사의 시작과 과정과 끝이십니다(6절). 그분과 같으신 이가 없습니다. 그러므로 말씀에 대한 의심과 삶의 두려움은 하나님의 약속에 대한 불신앙이며 더 나아가 하나님의 유일성과 권능을 부정하는 것입니다. 그것은 우리로 하여금 우상숭배자들처럼 도움이 결코 될 수 없는 주변의 것에 기웃거리게 만들 뿐입니다.

2. 세상에 반석은 없다(no rock, 8~20절)

하나님의 영광을 아는 지식은 필연적으로 우상의 허망함(nothing)을 알게 합니다. 우상은 인간이 만든 조각에 불과합니다. 그것은 생각도, 지식도, 총명도 없는 나무로 만들어진 것에 지나지 않습니다. 하지만 사람들은 눈이 가리어져서 하나님을 보지 못하고 마음이 어두워져서 하나님을 깨닫지 못합니다(18절). 미혹되어 우상 앞에 절합니다. 우상 앞에 선 자들은 환난 때 도움을 얻지 못하고 두려움과 수치를 당합니다(11절). 반석은 어디에도 없습니다(There is no rock 8절, cf. 고전 10:4). 오직 우리가 의지할 수 있는 유일한 반석은 하나님(그리스도)뿐이십니다(찬송가 539장). 코리 텐 붐(Corrie Boom)은 "만일 세상을 보면 우리는 절망할 것이다. 만일 우리 내부를 들여다보면 낙담할 것이다. 하지만 그리스도를 바라보면 안식할 수 있다"고 하였습니다. 천하 인간에 구원을 주실 만한 다른 이름을 주신 적이 없습니다(cf. 행 4:12). 우리의 참 반석은 주님밖에 없습니다. 베데스다 연못가에서 38년 동안 누워 있는 자는 모든 기회와 도움을 박탈당했습니다. 희망을 포기했던 자에게 "네가 낫고자 하느냐"고 물으신 주님은, 기회를 잃고 지친 우리에게 "네가 회복되고자 하느냐"고 묻습니다. 반석이신 그분을 믿는 자는 결코 부끄러움을 당하지 않을 것입니다(cf. 사 45:17, 롬 10:11).

3. 하나님은 그의 백성을 잊지 않는다(21~22절)

과거가 어떠하든 간에 하나님 안에서 용서 받지 못할 큰 죄는 없습니다. 하나님께서 우리의 허물을 빽빽한 구름의 사라짐같이, 죄를 안개의 사라짐같이 도말하였으니 돌아오라고 초청하십니다. 왜냐하면 우리를 구속하셨기 때문입니다(현재완료사용 22절). 탕자가 아버지의 집으로 되돌아갈 때 과거의 잃었던 모든 것들이 회복되었듯이, 우리가 구속자 하나님께로 되돌아가면 우리 아버지는 아무것도 묻지 않고, 우리를 그의 자녀로 회복시켜 주십니다. 아버지 하나님은 우리를 결코 잊지 않습니다. 형제와 부모는 우리를 잊는다 할지라도 하나님은 그의 택하신 백성들을 결코 잊지 않으십니다(창세기의 요셉, 사 49:14~15).

4. 하나님의 말씀은 성취된다(23~28절)

이사야의 영원한 복음(The everlasting Gospel)은 "여호와가 야곱을 구속하셨다(Yahweh has redeemed Jacob)"입니다. 하나님은 그 종의 말(servant's saying)을 세워 주며, 그의 사자들(messengers)의 계획을 성취하십니다(will accomplish–강한 의지 26절). 예루살렘에 다시 사람들이 북적거리게 되리라는 말씀은 반드시 성취될 것입니다(겔 36:33~38). 예배하는 백성들이 몰려오며 유다 성읍과 예루살렘 성읍은 새롭게 중건될 것입니다. 힘이 없어 끝났다고 믿는 자들에게 중건의 역사가 펼쳐집니다. 하나님은 하나님의 기뻐하는 것(28절-회복과 귀환)을 뜻밖의 도구인, 사람(고레스 왕)을 통해서 이루십니다. 부흥과 회복은 우리를 위한 것이지만 그것을 이루시는 방법은 하나님에게 달려 있습니다. 뜻을 이루시는 하나님은 역사 속에 그의 약속을 반드시 이루십니다. 우리가 부흥의 열쇠와 조건을 가지고 있는 것이 아닙니다. 오직 여호와만이 부흥의 키(key)가 되십니다. 그분이 역사하시면 황무지 같았던 우리 교회와 가정이 에덴동산처럼 될 것입니다.

역사 속의 부흥

아르헨티나 영적 대각성

지금 남미는 유례없는 성령의 바람으로 새로운 추수가 임하고 있습니다. 하나님의 성령의 기름 부으심이 강타하자 10여 년 동안 개신교 신자가 1,860만 명에서 5,940만 명으로 증가했습니다. 아르헨티나의 부흥은 남미 부흥의 견인이 되었습니다. 1982년, 영국과의 포클랜드 전쟁에서 패한 아르헨티나는 새로운 변화를 찾아 나섰습니다. 이때 하나님의 부흥이 카를로스 아나콘디아를 통해서 일어났습니다. 그는 1944년 아르헨티나 제1의 맥주회사의 본산인 부에노스아이레스 주 낄메스(Quimes)에서 태어났습니다. 볼트와 낫트(bolts & nuts)공장의 사장인 그는 1979년 5월, 한 부흥회에 참석하여 그리스도를 영접했습니다. 영접한 지 몇 년 후, 그는 아르헨티나 지도를 펴 그 위에 손을 얹고, 주(州)마다 믿는 이들을 달라고 기도했습니다. "주여! 당신의 손으로 나를 떠밀어 일하게 하소서." 그 기도를 하나님은 외면하지 않으시고 그를 위대한 종으로 사용하셨습니다.

평신도 설교자인 카를로스 아나콘디아(Carlos Anacondia)는 라 플라타에서 열린 석 달 동안의 집회에서 4만 명을 그리스도께 헌신하도록 이끌었습니다. 마르 델 플라타에서 9만 명, 산 주스토(San Justo)에서 7만 명이 회심했습니다. 그를 통해 200만 명 이상이 그리스도를 영접했습니다. 그의 집회 장소를 지나던 버스 승객들이 한꺼번에 와르르 쓰러지는 일도 일어났습니다. 집회에 모든 종류의 기적이 일어났습니다. 신기한 것은 새로운 이가 난 것입니다. 아르헨티나의 교회는 영적으로 깨기 시작했고, 교회들이 폭발적으로 성장했습니다. 많은 목사들은 아르헨티나 교회를 '아나콘디아 이전'과 '아나콘디아 이후'로 구분했습니다. 한 예로 6년 동안 교인이 10명도 되지 않아 목회를 포기하려 했던 클로디오 프레이전 목사는 아나콘디아와의 만남을 통해 사역이 달라졌습니다. 어느 날 아나콘디아의 부재로 "네가 대신하라"는 주의 음성을 듣고 프레이전 목사가 강단에 서자 아나콘디아와 같은 역사가 일어났습니다. 그 교회는 1만 명 이상 모이는 교회로 성장했습니다. 오마르 카브레라의 '미래의 비전 교회(The Vision of the Future Church)'는 한국의 여의도순복음교회, 칠레의 조타베체교회에 이어 세계 제3대 교회로 부흥하고 있습니다. 아르헨티나의 부흥의 불길은 그곳에 머물지 않고 미국 펜사콜라 브론스빌교회와 캐나다 토론토 블레싱의 불을 지펴 나갔습니다.

아르헨티나는 13년 동안 부흥을 경험했습니다. 수천 개의 교회들이 개척되었고 오래된 극장이나 폐쇄된 영화관이 교회로 바뀌었습니다. 아르헨티나에서 가장 악명 높은 부에노스아이레스의 올모스감옥에 교회가 세워졌고 죄수의 40%가 회심했으며 교도소 내의 폭력은 극적으로 감소되었습니다. 한 죄수는 "어머니도 전기 고문도 경찰의 구타도 내 삶을 변화시키지 못했습니다. 오직 예수만이 나를 변화시킬 수 있었습니다"라고 말했습니다. 아르헨티나의 부흥은 독특합니다. 아나콘디아나의 전도 방법은 '능력 전도(power evangelism)'와 오랫동안 지역을 관장하는 지역 귀신(territorial spirits)을 결박하는 전투 기도(warfare prayer)였습니다. 귀신 추방과 교회 성장이 신학적으로 잘 정립되지 않은 점이 있지만 아르헨티나의 수많은 영혼들이 이 능력 전도로 멍에와 속박에서 자유를 경험했습니다. 그들은 신자 중심의 축복성회가 아니라 전도 중심의 부흥운동에 힘쓰고 있습니다. 아나콘디아 목사는 "교회가 하나가 되어 잃어버린 자에 대한 관심을 기울이며 만약 한 도시에서 30~40개의 교회가 연합하여 부흥을 위해 기도하면 그곳에서 하나님은 크게 역사하실 것"이라고 말했습니다. 하나님은 평범한 사람을 쓰십니다. 주님의 나라를 위해서 간절한 마음을 갖고 기도하는 한 사람을 들어 비범하게 사용하십니다. 하나님의 역사를 일으키려는 마음 하나면 족합니다.

부흥을 위한 기도

1. 오직 주만 의지합시다.

세상을 의지하면 실망하지만 반석이신 예수님을 의지하면 기쁨이 넘칩니다.

오직 주님만을 의지하며 기도합시다(cf. 요 15:1~5).

2. 하나님의 약속을 신뢰합시다.

하나님의 약속은 반드시 성취됩니다.

환경을 붙잡지 말고 말씀을 붙잡으면 그 말씀이 우리와 우리의 환경을 붙잡아줄 것을 믿고 기도합시다.

3. 능력 전도를 구합시다.

우리의 힘이 아닌 성령께서 전도하시도록 능력 전도를 구합시다.

묵상을 위한 질문

1. 하나님이 아닌 다른 것을 반석으로 삼고 있습니까?
2. '하나님의 약속은 반드시 성취된다' 고 믿고 기다리는 것이 있습니까?
3. 신앙 승리를 위해 치러야 할 영적 전쟁이 있습니까?
4. 오늘 배운 내용 중에 당신에게 가장 감동적인 것은 무엇입니까?

07 일

부흥의 도구

숨어 계시는 하나님

이사야 VISION

부흥을 위해 한 시대의 사람을 일으켜 기름 붓는다.

하나님의 은혜는 거저 주어진다.

모든 민족이 하나님을 인정하며 구원을 받는다.

memo

새벽을 여는 기도

신실하고 자비로우신 하나님, 주님과 은혜를 사모하여 이 자리에 모였습니다.
하늘을 가르시고 강림하사 말씀을 깨달을 수 있도록 학자와 같은 귀를 주옵소서.
말씀 중에 우리 모두 비전과 꿈을 꾸게 하옵소서.
교회를 새롭게 하시고, 민족을 치유하시며 열방이 주께 돌아오게 하옵소서.
잉태한 것들이 해산되게 하옵소서.
예수님의 이름으로 기도합니다. 아멘.

- **오늘의 말씀** 이사야 45:1~25
- **외 울 말 씀** "구원자 이스라엘의 하나님이여 진실로 주는 스스로 숨어 계시는 하나님이시니이다"(15절).

하나님께 나아감

영화 '피아니스트' 에서 나치의 잔인함에 한 유대인이 이렇게 중얼거렸습니다. "이제 하나님을 믿는 것을 중단하겠소." "하나님이 어디 계신지 보여주십시오. 그러면 믿겠습니다." 창세기의 창조의 하나님, 출애굽의 구속의 하나님, 가나안 정복과 왕국시대의 만군의 하나님이 포로들에게 "나는 스스로 숨어 계시는 하나님이라" 고 말씀하였습니다. 침묵 속에서도 그의 손길은 여전히 세계를 주관하십니다. 바벨론의 마르둑(Marduk) 제사장들은 고레스가 리디아에게 패할 것을 예언했습니다. 그러나 하나님은 반대로 고레스에게 열국을 붙여주셨습니다. 마르둑의 실패는 바벨론의 실패가 되었습니다. 영적 실패는 정치적 실패가 되며, 믿음의 실패는 삶의 실패로 이어집니다. 보이지 않아도 하나님이 우리를 사랑하며 돕고 계심을 믿는 자들은 결코 실망하지 않게 될 것입니다.

부흥의 메시지

1. 하나님이 사람을 통해 역사하신다(1~5절)

바사(페르시아)의 고레스는 중동 일대를 통일합니다. 하나님께서 그의 손을 잡고 머리 위에 기름(anointed)을 부어 종으로 삼아줍니다(1절). 그리고 그가 가는 곳마다 앞서 행하시며 놋 문을 쳐서 부수며 쇠빗장을 꺾고 열국의 항복을 받아 메데, 리디아, 바벨론을 정복하게 하셨습니다(2절). 그러므로 고레스는 싸우지도 않고 거저 바벨론의 항복을 받아 입성하게 됩니다. 그는 계속해서 애굽으로 원정하여 흑진주와 숨은 재물들을 빼앗았습니다. 고레스는 왜 이렇게 일이 잘 되는지 몰랐습니다. 이에 하나님은 "너는 나를 알지 못하였을찌라도 나는 네 띠를 동일 것이요"라고 말씀하셨습니다(5절). 고레스가 이렇게 복을 받은 것은 하나님께서 나의 종 나의 택한 자 이스라엘을 위하여 그의 이름을 불렀기 때문입니다(4절). 하나님이 고레스를 번성하게 한 이유는 예루살렘 회복과 부흥을 위한 준비 때문이었습니다. 하나님은 고레스를 도구(Yahweh's tool)로 사용하셨습니다. 이사야는 13절에서 "그가 나의 성읍을 건축할 것이며 나의 사로잡힌 자들을 값이나 갚음 없이 놓으리라"라고 말했습니다. 때가 차매(kairos) 고레스는 이스라엘에게 좋은 소식을 전해 주는 자로 쓰임 받았습니다. "바사 왕 고레스 원년에 여호와께서 예레미야의 입으로 하신 말씀을 응하게 하시려고 바사 왕 고레스의 마음을 감동시키시매 저가 온 나라에 공포도 하고 조서도 내려 가로되 바사 왕 고레스는 말하노니 하늘의 신 여호와께서 세상 만국으로 내게 주셨고 나를 명하사 유다 예루살렘에 전을 건축하라 하셨나니"(스 1:1~2 B.C 538). 한 시대 속에 쓰임 받는 모든 자는 하나님의 손 안에서 그의 나라와 의와 목적을 위하여 있을 뿐입니다.

2. 모든 주권이 하나님께 있다(6~12절)

바다의 풍랑을 잔잔하게 하신 예수님이 군대 귀신 들린 자를 고쳐줌으로써 영의 세계까지 다스리시듯이, 하나님은 빛과 어둠을 창조하며 평안과 환난도 창조하는 분이십니다(7절). 어둠은 빛으로 가는 과정 속에 있습니다. 모든 주권이 다 그의 손 안에 있습니다. 우리 눈에 보이지 않아도 그 손에서 벗어난 것이 하나도 없습니다. 어둠과 환난마저 여호와의 말씀 앞에 복종합니다. 그분이 행하시는 일은 진흙이 토기장이를 이해하지 못함과 같이 인간이 이해하지 못합니다. 토기장이가 진흙을 마음대로 만들 수 있는 것처럼 하나님은 인류의 역사를 그분 뜻대로 만드십니다(9절). 고레스가 하나님의 뜻을 이루는 일에 쓰임 받는 데 비해서 이스라엘은 하나님의 계획을 이해하지 못하며 거부합니다. 이런 불신으로 이스라엘은 거친 그릇으로 빚어지고, 고레스는 귀하게 쓰임을 받습니다. 우리가 나타난 결과에 항변할 것이 아니라 그 하나님께 절대 복종하면 자신의 존재와 장래사를 새롭게 알게 됩니다. 우리의 내일은 오직 그분에게 있습니다. 여호와께서 고레스의 손마저 잡고 있음을 알 때, 이 세상도 잡고 계심을 믿을 수 있습니다. 우리는 하나님의 주권이 거룩하고 공의로운 것임을 인정하고 겸손해야 합니다. 그분의 행하심은 항상 옳고 정확합니다.

3. 구원을 위해 숨어 역사하신다(13~19절)

이스라엘의 구원과 부흥을 위해 하나님은 숨어서 정밀하게 주도하고 계십니다(A God hiding himself-15절). 비록 눈에 아무 증거가 보이지 않아도 하나님은 역사하시며 그분의 뜻대로 이끌어 나가고 계십니다. 하나님은 역사 이편(이스라엘)을 구원하기 위해 역사 저편(고레스)에서 일하셨습니다(13절). 이제 모든 길이 곧게 되며 성이 건축되고 백성이 자유롭게 될 것입니다. 우리가 힘들어하는 하나님의 침묵의 시간에 하나님은 가장 위엄 있고 멋진 일을 하십니다. 아들이 십자가에서 절규하며 외칠 때 숨어 계신 하나님은 부활과 인류 구원의 문을 활짝 열어 놓으셨습니다. 지식의 하나님은 인생의 행동을 달아보시며 역사를 계산하고 계십니다. 요셉의 13년, 모세의 40년은 기다릴 가치가 있는 시간이었습니다. 다른 신에게 절하는 자나 하나님 의지하기를 포기한 자들은 부끄러움을 당하게 됩니다. 그러나 믿는 자는 여호와로 말미암아 의롭다 함을 얻고 자랑하게 될 것입니다(창 15:5~6; 사 45:16~17). 이스라엘의 구속은 값없이 주어집니다. 구원은 저들의 수고와는 전혀 상관없이 스스로 숨어서 역사하시는 하나님으로부터 거저 주어집니다. "너희가 그 은혜(예수 그리스도)를 인하여 믿음으로 말미암아 구원을 얻었나니 이것이 너희에게서 난 것이 아니요 하나님의 선물이라 행위에서 난 것이 아니니 이는 누구든지 자랑치 못하게 함이니라"(엡 2:8~9).

4. 돌아온 민족은 구원을 받는다(20~25절)

하나님의 구원은 이스라엘 자손에게 먼저 주어집니다(20절). 예수님도 길 잃어버린 이스라엘을 먼저 구원하라고 명령하셨습니다. 먼저 나의 가족과 이웃을 구원하도록 노력해야 합니다. 그러나 내 이웃에 초점을 맞추다 보면 하나님의 큰 구원의 그림 세계를 놓쳐 버립니다. 이것을 놓쳐 버렸던 예루살렘 교회는 흩어짐을 당했습니다. 이제 구원이 땅 끝에까지 울려 퍼집니다. 여호와를 앙망하면 구원을 받게 됩니다(22절). 누구든지 주의 이름을 부르는 자는 구원을 얻게 됩니다. 만민들이 이제 의와 힘은 여호와께 있음을 알게 됩니다. 왜냐하면 여호와 외에 다른 신이 없기 때문입니다. 그럼에도 불구하고 다른 신에게 절하는 자나 하나님을 의지하기를 포기한 자들은 부끄러움을 당하게 됩니다. 이에 비해서 믿는 자는 여호와로 말미암아 의롭다 함을 얻고 자랑하게 됩니다(창 15:5~6; 사 45:16~17).

중국 산동 부흥

평양 대부흥이 진행되고 있던 어느 날 한 중국인은 1,000여 명의 한국 교인들 앞에서 이렇게 호소했습니다. "이 나라에서 하나님의 역사를 보고 내 마음은 기뻤습니다. 여러분 앞에는 여러분의 조국뿐만 아니라 위대한 선교지 중국이 놓여 있습니다. 나는 여러분이 내 조국에 선교사들을 파송해 복음을 전해줄 날이 오기를 기대합니다." 1908년 부흥과 은혜를 사모하는 만주와 중국에 하나님은 큰 불을 던지셨습니다. 이 불은 1909년 산동대학교에서 붙어 산동성에서 푸젠성, 장시성, 산시성, 그리고 후난성 등 중국 각 지역으로 번졌습니다. 미국과 캐나다의 선교사들은 "우리가 오랫동안 노력하면서 기도해 왔던 그 시간이 우리의 믿음을 능가하는 규모와 추진력을 동반하고 드디어 찾아온 것 같다"고 기술했습니다. 이전까지 굳게 닫혔던 중국인들의 마음이 열리면서 그리스도를 찾는 부흥운동이 도시뿐만 아니라 시골 지역까지 광범위하게 일어났습니다.

그러나 부흥운동은 중국의 급변하는 정세와 여러 가지 일들로 약해졌습니다. 선교사들은 중국 교회의 영적 침체를 슬퍼했습니다. 사람들이 영적인 민감성이나 영적인 것에 대해 관심이 전혀 없는 듯 보였습니다. 사람들은 기독교를 받아들였지만 결코 거듭나지 않았습니다. 1920년에 선교사들은 한 달에 한 번씩 영적 부흥을 위해 기도하기로 헌신했습니다. 그러나 1927년 3월 남부 혁명군대가 남경을 불살랐습니다. 선교본부는 선교사들에게 철수 명령을 내렸습니다. 중국 선교가 위태롭게 되자 선교사들은 왜 사역이 중단되었는지 하나님께 물었습니다. 그중 침례교 선교사 그룹이 노르웨이 출신의 복음주의 루터교 선교사인 마리 몬센을 그들의 기도모임에 초청했습니다. 하나님은 마리 몬센을 사용하셨습니다. 마리 몬센은 모두에게 먼저 하나님과 바른 관계를 맺도록 인도했습니다. 마리는 선교사들에게 질문했습니다. "당신은 성령으로 거듭났는가?" "당신이 거듭났다는 어떤 증거가 있는가?" "당신은 성령 충만을 받았는가?"

선교사들은 자신들이 알고 있는 모든 죄를 고백했습니다. 선교하면서 교단 간 서로 반목했던 마음도 고백했습니다. 그들은 서로 용서하며 화해했고 하나님과 올바른 관계를 맺도록 힘썼습니다. 그러자 하나님의 은혜가 그들에게 임했습니다. 지도자들은 영적으로 성숙했고, 성령과 능력으로 채워졌습니다. 그 후 1932년 중국에 영적 부흥이 번지기 시작했습니다. 머리로만 그리스도를 알고 있던 자들이 그리스도를 신뢰하지 않았음을 깨달았습니다. 복음주의자 초우(Chow)는 자신이 그리스도보다 자신의 선한 구원 사역을 믿고 의지했음을 고백했습니다. 간호 선교사 루시 라이트(Lucy Wright)는 자신은 교회에 참석만 할 뿐이었다고 고백했습니다. 저들은 형식적인 신앙과 사역을 고백했고, 오랜 타성에 젖은 구태의연한 신앙이 중국의 부흥을 가로막았음을 발견했습니다. 저들이 전심으로 회개하며 방향 수정을 결행하자 하나님이 하늘을 가르며 강림하셨습니다.

하나님께서 많은 사람이 주께 돌아오도록 문을 여셨습니다. 어떤 학교에서 600명의 여학생 전부가 그리스도를 영접했습니다. 열흘간의 기도 모임에서 남학생 1,000명 중 900명이 그리스도를 믿었습니다. 그 동안 섬겼던 헛된 우상을 버리고 불태웠습니다. 2~3시간씩 기도하는 일들은 흔해졌고, 저들의 마음은 찬양과 감사로 가득 찼습니다. 즐거운 찬양이 예배시간을 가득 채웠으며, 저들은 매일 밤마다 성경공부 모임을 가졌습니다. 성경학교와 세미나에 등록한 사람이 날마다 성령의 위로로 그 수가 증가했습니다. 교회 출석이 늘어났습니다. 새로운 근대화의 물결과 가치관의 혼돈으로 깨어진 가정들이 회복되었습니다. 저들의 부흥이 훨훨 타오르는 동안 산동 지역에서 하나님의 이름이 영화롭게 되었습니다.

부흥을 위한 기도

1. 보이지 않을지라도 하나님은 계십니다.
'스스로 숨어 계시는 하나님' 이 우리와 함께 하심을 믿고 기도합시다.

2. 구원은 하나님의 선물입니다.
누구든지 주의 이름을 부르는 자는 구원을 얻습니다.
하나님의 선물, 구원의 확신과 기쁨을 위해 기도합시다.

3. 부흥이 안 되는 이유를 하나님께 물읍시다.
우리가 가슴을 찢고 부흥을 사모하면 하나님께서 부흥을 주십니다.
그 동안 형식적인 모습을 내려놓고 온전히 헌신된 그 한 사람이 되기 위해 기도합시다.

묵상을 위한 질문

1. 하나님은 당신에게 숨어 계시는 분이십니까?
2. 역사를 주관하시는 하나님이 왜 숨어 계십니까?
3. 당신이 온전히 하나님을 의지하지 못했던 이유는 무엇입니까?
4. 부흥 사례 중 연속 집회와 연속 기도가 주는 의미는 무엇입니까?
5. 오늘 배운 내용 중에 당신에게 가장 감동적인 것은 무엇입니까?

08일 부흥의 용기

나의 뜻은 설 것이다

이사야 VISION

여호와는 그의 백성을 품고 다니신다.
동방에서 독수리가 오며 먼 나라에서 모략을 이룰 자가 온다.

memo

새벽을 여는 기도

신실하고 자비로우신 하나님, 주님과 은혜를 사모하여 이 자리에 모였습니다.
하늘을 가르시고 강림하사 말씀을 깨달을 수 있도록 학자와 같은 귀를 주옵소서.
말씀 중에 우리 모두 비전과 꿈을 꾸게 하옵소서.
교회를 새롭게 하시고, 민족을 치유하시며 열방이 주께 돌아오게 하옵소서.
잉태한 것들이 해산되게 하옵소서.
예수님의 이름으로 기도합니다. 아멘.

- **오늘의 말씀** 이사야 46:1~13
- **외 울 말 씀** "내가 동방에서 독수리를 부르며 먼 나라에서 나의 모략을 이룰 사람을 부를 것이라 내가 말하였은즉 정녕 이룰 것이요 경영하였은즉 정녕 행하리라"(11절).

하나님께 나아감

마음은 원이나 육신이 약하여 뜻하는 바와 좋은 계획을 이루지 못할 때가 많습니다. 그러나 하나님의 계획과 뜻은 반드시 이루어집니다. 믿음이 지속되기 위해서는 환경을 보기 전에 약속을 보아야 합니다. 아브라함은 "백세나 되어 자기 몸의 죽은 것 같음과 사라의 태의 죽은 것 같음을 알고도 믿음이 약하여지지 아니하고 믿음이 없어 하나님의 약속을 의심치 않고 믿음에 견고하여져서 하나님께 영광을 돌리며 약속하신 그것을 또한 능히 이루실 줄을 확신하였으니"라고 했습니다(롬 4:19~21). 바울도 "나는 내게 말씀하신 그대로 되리라고 하나님을 믿노라"고 말했습니다(행 27:25). 이스라엘에 대한 하나님의 뜻은 바벨론이 무너져도 반드시 이루어질 것입니다.

부흥의 메시지

1. 바벨론의 신들은 패망한다(1~2절)

성경은 우상(세상 것)을 의지하는 자는 부끄러움을 당한다고 경고합니다. 바벨론이 페르시아에게 패하자 그들의 신전은 약탈당하고 신상(벨과 느보)은 가축에 실려 페르시아로 실려 갔습니다. 인간을 도와주며 구해 주어야 할 신상들이 아이러니컬하게 도리어 짐처럼 실려 갑니다(2절). 이스라엘이 잘 되는 것을 막고, 압제하고 괴롭히며 저주하던 자들이 무너졌습니다. 여호와의 법궤가 블레셋의 다곤 신당에서 역사하여 재앙을 내린 것처럼(삼상 5장) 이스라엘이 전쟁에서 졌지만 결국 여호와는 세상 신들의 전쟁에서 이겼습니다. 전혀 도움을 줄 수 없는 것을 버리는 자는 현명한 자이며, 도움이 되지 않는 세상을 의지하는 자는 어리석은 자입니다. "혹은 병거, 혹은 말을 의지하나 우리는 여호와 우리 하나님의 이름을 자랑하리로다"(시 20:7). 우리의 의지는 여호와 하나님이십니다.

2. 너희를 품을 것이라(3~7절)

우상과 세속의 것들을 의지했던 자들은 부르짖어도 응답받지 못했습니다(7절). 이에 비해서 하나님은 말씀을 의지하는 이스라엘의 남은 모든 자들에게 노년에 이르기까지 평생 품겠다고 약속하셨습니다(사 40:28, "너희가 비록 백발이 성성해도 나는 여전히 너희를 업고 다니리라"– 공동번역 사 46:4). 지난 날들을 돌이켜 보면 홀로 거닌 것 같지만 어려울 때마다 하나님이 품으셨음을 발견합니다. 모세는 "앞서 행하시는 너희 하나님 여호와께서 애굽에서 너희를 위하여 너희 목전에서 모든 일을 행하신 것같이 이제도 너희를 위하여 싸우실 것이며 광야에서도 너희가 당하였거니와 사람이 자기 아들을 안음같이 너희 하나님 여호와께서 너희의 행로 중에 너희를 안으사 이

곳까지 이르게 하셨느니라"고 하였습니다(신 1:30~31). 이방인 고레스마저 이끄신 하나님께서 하물며 우리를 품지 않겠습니까? 암탉이 병아리를 품는 것과 같이 예수님은 "수고하고 무거운 짐 진 자들아 다 내게로 오라 내가 너희를 쉬게 하리라"고 초대하시며 품으십니다. 그의 가슴은 사랑의 안식처이며 능력의 충전소입니다.

3. 장부가 되라(8절)

현실에 깊게 빠지면 환경에 자주 속습니다. 우리에게 펼쳐진 환경은 하나님의 뜻과 진리가 아닙니다. 그러므로 환경이 우리를 속일 때 하나님이 말씀하신 원래의 약속으로 돌아가야 합니다. 순간의 어려움은 진리를 잃어버리게 만들 수 있습니다. 참된 진리는 우리를 사랑하시며 우리의 허물 때문에 십자가에 달리신 그리스도이십니다. 이 사실을 알면 장부가 됩니다. 왜냐하면 환경을 이길 큰 능력이 우리 안에 있기 때문입니다(고후 4:7~10; 요일 4:4). 신앙의 대장부는 약속을 믿고 행동하기에 늘 담대합니다. 힘들고 지칠 때마다 하나님은 출애굽의 사건을 되돌아보라고 권합니다. 하나님을 망각하지 말고 우리를 절망케 하는 세상을 망각해야 합니다. 하나님을 잊으면 잊어버려야 할 현실에 도리어 빠지게 됩니다. 바로와 애굽의 군대에게 큰일을 행하신 여호와가 오늘날 우리 환경에서도 큰일을 행하십니다. 우리의 환경이 곤할 때 그 환경을 십자가에서 떼어 놓고 해석하지 마십시오. 아들이라도 고난으로 순종함을 배웠고 우리를 향하신 하나님의 사랑은 십자가에서 이미 완벽하게 나타났습니다(히 5:8). 단지 고난의 현실은 장차 나타날 영광을 더욱 빛나게 장식할 무대일 뿐입니다(롬 8:18).

4. 하나님의 뜻은 반드시 이루어진다(My purpose will stand, 9~13절)

하나님의 뜻과 그의 기뻐하시는 것은 반드시 이루어집니다. 하나님은 그의 영광인 이스라엘을 위하여 구원을 시온에게 베풀 것이라고 말씀하였습니다(13절). 하나님은 믿지 않는 자들과 논쟁하지 않습니다. 그들이 깨달을 때까지 지체하지 않습니다. 이미 하나님의 약속은 예레미야를 통해서 주어졌고, 때가 차매 그 일을 이루기 위해서 동방에서 독수리(바벨론을 심판을 위해)를 부르며 먼 나라에서 그분의 모략을 세울 사람을 부를 것입니다(11절). 그분이 계획하였은즉 정녕 행하십니다(What He has planned, that will He do. 11절). 마음이 완악하여 의에서 떠난 자들에게 이사야는 다시 외칩니다. "내가 나의 의를 가깝게 할 것인즉 상거가 멀지 아니하니 나의 구원이 지체치 아니할 것이라 내가 나의 영광인 이스라엘을 위하여 구원을 시온에 베풀리라"(13절). 하박국도 "이 묵시는 정한 때가 있나니 그 종말이 속히 이르겠고 결코 거짓되지 아니하리라 비록 더딜찌라도 기다리라 지체되지 않고 정녕 응하리라"고 했습니다(합 2:3). 하나님의 계획이 더딘 것 같으나 그의 때는 항상 옳습니다. 하나님의 모든 약속은 반드시 성취됩니다.

역사 속의 부흥

인도네시아 부흥

교회를 왕래하시며 역사하시는 그리스도의 영, 성령께서 정치적 혼란을 맞고 있는 인도네시아를 돌아보기 시작하셨습니다. 회교도가 대부분인 인도네시아를 건지기 위해서 하나님은 교회를 갱신시키시며 새롭게 하셨습니다. 부흥의 시작은 한 작은 신학교에서 있었습니다. 1960년 동 자바(East Java)에 있는 한 신학교에서 뼈아픈 회개와 자백, 비술행위 거부, 주물과 부적 소각, 그리고 서로 반목되며 높아졌던 직원들과 학생들이 겸양한 모습으로 연합의 새로운 경험을 가졌을 때 하나님은 하늘을 가르고 강림하사 저들을 통해 인도네시아를 추수하도록 하셨습니다.

1965년 9월 신학교 전도 팀들은 티몰에서 역사하시는 하나님의 일에 합류했습니다. 당시 인도네시아는 군사 쿠데타로 혼돈 속에 있었습니다. 역사의 장래사를 알리시며 주관하시는 하나님은 인도네시아의 쿠데타가 일어나기 나흘 전에 소에(Soe)에서 일하셨습니다. 한 젊은 폭군에게 하나님은 환상을 보여주시면서 회개하고 주물들을 소각한 후에 개혁교회로 가서 죄를 고백하라고 명령하셨습니다. 그 청년은 순종했습니다. 주일, 그는 자신이 본 환상대로 자신의 허물과 죄를 자백하며 다른 이들에게 그와 같이 할 것을 초청했습니다. 그 자리에 있던 수백 명이 회개하며 기도하기에 전혀 힘쓸 때, 오순절의 성령이 저들 위에 임했습니다. 하늘에서 급하고 강한 회오리바람 같은 소리가 들려왔고, 방언이 터져 나왔으며, 영어로 말하는 이들도 있었습니다. 오순절의 사건처럼 불길이 교회 안에 가득했습니다. 경찰은 화재경보기를 작동시키며 소방 자원자들을 소집했습니다. 사람들은 불을 구경하기 위해 모였지만 교회는 불에 타지 않았습니다. 이 광경을 본 사람들이 회심했습니다. 저들은 90개의 전도 팀을 구성해서 지역을 순회했습니다.

전적으로 헌신된 팀들은 지역 교회들을 도왔으며 마을과 마을을 찾아 전도했습니다. 수천 명의 회심자들이 주님께 돌아왔고 수많은 사람들이 치유 받고 구원 받았습니다. 하나님은 회교도들의 강력한 진을 깨뜨리기 위해서 강력한 방법으로 역사하셨습니다. 각종 신유와 기적이 전도대에 따랐습니다. 성찬식에 포도주가 없어 대신 사용한 물이 알코올이 없는 포도주로 변했습니다. 각종 신유가 일어났으며 마술과 악령에 사로잡힌 자들이 극적으로 구원을 받았습니다. 죽은 자를 위하여 기도할 때 살아나기도 했습니다. 캄캄한 정글을 거닐 때 초자연적 빛의 인도도 받았습니다. 기근으로 극성을 이룰 때 떨어져 가는 식량독이 불어나 가득 차는 것도 목격했습니다. 기도할 때 능력 대결로 인해 주술사들 속에 있던 귀신들이 도망가고 힘을 잃었습니다. 한 마을에서는 두 주 동안 9,000명의 영혼들이 개종됐습니다. 그해 5,000명의 병든 자들이 완전히 치유를 받았습니다. 티몰에 있는 개혁교회의 기록에 의하면 부흥의 불길이 그곳을 휩쓴 첫 해만 8만 명의 영혼들이 주님께 돌아왔습니다. 개종자들의 절반은 과거에 공산주의자들이었습니다. 3년이 지난 후 그 지역의 개종자 수가 20만 명이 넘었습니다. 그리스도인이 매우 적었던 어떤 섬은 이 부흥의 불길로 3년 안에 2만 명의 믿는 자들이 발생했습니다.

주님은 대 환난, 정치적 혼란과 살육으로 어려웠던 인도네시아에서 강력하게 역사하셨습니다. 환경이 문제가 아닙니다. 수가 문제가 아닙니다. 그것은 도리어 하나님의 재방문의 기회가 됩니다. 인도네시아 성령운동의 지속은 전도 팀에 있었습니다. 저들은 "성령이 너희에게 임하시면 너희가 권능을 받고 예루살렘과 온 유대와 사마리아와 땅 끝까지 이르러 나의 증인이 되리라"는 말씀을 알고 있었습니다. 저들은 3년 동안 200개의 전도 팀을 형성했고 그 결과 인도네시아는 세계 기독교 가운데 가장 빠르게 성장하는 지역이 되었습니다.

부흥을 위한 기도

1. 믿음의 대장부가 됩시다.

환경에 푹 빠져 실족되지 말고 신실하신 약속을 붙잡는 믿음의 장부가 되도록 기도합시다.

2. 하나님의 뜻과 계획은 반드시 이루어집니다.

우리의 뜻은 무너질 수 있지만 우리에게 보여주신 하나님의 뜻은 결코 무너지지 않고 성취됩니다. 부흥에 대한 확신을 갖고 기도합시다.

3. 우리 교회에 전도의 문이 열리도록 기도합시다.

바울은 '전도의 문이 열리도록' 기도할 것을 성도들에게 요청했습니다.

부흥을 사모하면 전도로 헌신해야 합니다. 전도의 문이 열리도록 기도합시다.

묵상을 위한 질문

1. 환경이 곤고할 때 말씀으로 돌아가는 것이 어렵습니까? 왜 그렇습니까?
2. 하나님의 뜻이 반드시 성취되는 근거는 무엇입니까?
3. 하나님은 왜 동방에서 독수리를 부르며, 그 모략을 이룰 사람을 부르십니까? 당신을 그렇게 부르신다면 어떻게 하겠습니까?
4. 인도네시아 부흥의 키는 무엇이었습니까?
5. 오늘 배운 내용 중에 당신에게 가장 감동적인 것은 무엇입니까?

09일 부흥의 장애

바벨론이여, 무너졌도다

이사야 VISION

한 제국(개인)이 교만해지면
졸지에 망한다.

악이 하나님의 심판을 받아
멸망한다.

memo

새벽을 여는 기도

신실하고 자비로우신 하나님, 주님과 은혜를 사모하여 이 자리에 모였습니다.
하늘을 가르시고 강림하사 말씀을 깨달을 수 있도록 학자와 같은 귀를 주옵소서.
말씀 중에 우리 모두 비전과 꿈을 꾸게 하옵소서.
교회를 새롭게 하시고, 민족을 치유하시며 열방이 주께 돌아오게 하옵소서.
잉태한 것들이 해산되게 하옵소서.
예수님의 이름으로 기도합니다. 아멘.

- **오늘의 말씀** 이사야 47:1~15
- **외울 말씀** "네가 네 악을 의지하고 스스로 이르기를 나를 보는 자가 없다 하나니 네 지혜와 네 지식이 너를 유혹하였음이니라 네 마음에 이르기를 나뿐이라 나 외에 다른 이가 없다 하였으므로 재앙이 네게 임하리라"(10~11a절).

하나님께 나아감

바벨론 느부갓네살의 영광은 70년을 넘기지 못했습니다(이스라엘 70년 포로기와 일치). 힘이 없어서가 아니요 재력이 없어서도 아닙니다. 메대의 한 봉신국가인 페르시아에게 속수무책으로 당한 것입니다. 바벨론은 왜 이런 일이 일어났는지 도무지 알지 못합니다. 나름대로 그들 신을 의지하며 헤어날 방법을 모색하지만 도와줄 자가 없습니다(cf. 단 11:45). 추락하는 새에게 이유가 있듯이 바벨론의 멸망에는 이유가 있었습니다. 이 일은 역사의 거울이 되어 우리에게 교훈을 줍니다. 남이 넘어질 때 기뻐할 것이 아니라 자신을 살펴보아야 합니다. 성경은 "네 원수가 넘어질 때에 즐거워하지 말며 그가 엎드러질 때에 마음에 기뻐하지 말라 여호와께서 이것을 보시고 기뻐 아니하사 그 진노를 그에게서 옮기실까 두려우니라"고 하였습니다(잠 24:17~18; 갈 6:1). 이유 없는 고통도 있지만 이유 있는 재앙도 있습니다.

부흥의 메시지

1. 바벨론은 긍휼 없이 행동했다(1~7절)

역사의 주이신 하나님은 열왕을 지배하는 힘과 능력을 앗시리아에서 바벨론으로 옮기셨습니다. 그리고 바벨론에게 유다를 내어주었습니다. 하나님은 바벨론을 도리깨로 사용하여 유다 백성의 죄를 징계하며 그들의 기업을 욕되게 하셨습니다. 그러나 바벨론 왕들은 이런 하나님의 뜻을 깨닫지 못하고 하나님의 백성, 이스라엘을 긍휼 없이 임의로 대했습니다. 채찍으로 쳐야 할 것을 쇠몽둥이로 쳤습니다(6절). 긍휼이 없는 저들의 포학과 가혹한 멍에를 하나님이 보셨습니다. 연약한 자를 무시하며 하나님이 정하신 분량 이상으로 가혹하게 하는 것은 마치 자신을 심판자이신 하나님처럼 여기는 것과 같습니다. 우리는 공의를 빌미로 종종 심판자이신 하나님의 몫을 넘보곤 합니다. 그들은 자신들의 종말을 생각했어야 했습니다. 헨리 나웬은 "긍휼 없는 인생은 인간이 아니며, 긍휼 없는 사회는 병적 사회다"라고 경고했습니다. 성경은 "긍휼을 행하지 아니하는 자에게는 긍휼 없는 심판이 있으리라 긍휼은 심판을 이기고 자랑하느니라"(약 2:13)고 했습니다. 불쌍히 여기는 마음이 없을 때 흥왕했던 불꽃들은 곧 사라져 버리게 됩니다. 하나님은 긍휼 없는 행동을 용서치 않으십니다(마 25:41~46). 우리에게 긍휼이 없다면 바벨론의 길을 가게 될 것입니다.

2. 바벨론은 교만하게 행동했다(8~10절)

바벨론은 자아 중심, 힘에 취함, 사치와 성공에 대한 숭배의 상징(self-centered, power-crazed, worship of success and luxury)입니다. 요한계시록에 그

들은 교만과 유혹의 상징으로 등장합니다(계 16:19, 17:5). 저들은 날로 번영하며 어떤 고난도 없는 듯했습니다. 자신의 악을 의지하고 스스로 이르기를 "나를 보는 자가 없다. 나 외에 다른 이가 없다"고 말합니다. 그들의 죄는 조상의 죄를 따르고 있습니다. 조상들은 시날 평지에서 성과 대를 하늘에 닿게 하여 그들의 이름을 온 지면에 내어 흩어짐을 면하게 하려고 바벨탑을 쌓았습니다(창 11:4). 그러나 교만한 바벨탑이 무너졌듯이, 교만한 바벨론도 무너졌습니다. 한 날에 홀연히 자녀를 잃고 과부가 되었습니다. 성경은 "교만은 패망의 선봉이요 거만한 마음은 넘어짐의 앞잡이"(잠 16:18), "주께서 곤고한 백성은 구원하시고 교만한 자를 살피사 낮추시리이다"(삼하 22:28)라고 하였습니다. 하나님은 교만한 자를 물리치시고 겸손한 자에게 은혜를 베푸십니다(약 4:6). 힘은 있을 때 조심해야 하며, 삶의 영역이 커질 때 조심해야 합니다. 잘 될 때 자기를 지나치게 의지하면 남을 무시하기 쉽습니다. 그들은 교만하여 파멸이 홀연히 임하는 것을 알지 못했습니다.

3. 바벨론은 위기에 어떻게 처신해야 할지 몰랐다(11~15절)

가장 큰 불행은 위기가 아니라 위기에 무엇을 해야 할지 모르는 것입니다. 벼랑 끝에 선 것이 위험한 것이 아니라 벼랑 끝에서 어정쩡한 태도가 위태롭게 만듭니다. 바벨론은 왜 위기가 왔는지 전혀 깨닫지 못했습니다. 그 근본을 알지 못했으며, 물리칠 능력도 없었습니다(11절). 게다가 어떻게 해야 할지도 몰랐습니다. 젊어서부터 힘쓰던 진언과 많은 사술(점성술)도 바벨론을 구원하지 못했습니다(12~13절). 히틀러가 그의 마지막 날 별의 위치를 연구하는 점성술(horoscope)을 의지하다가 불행을 당하듯, 바벨론도 점성술을 의지하지만 도움을 받지 못했습니다. 바벨론은 알지 못하는 손에 망하게 됩니다. 그 알지 못하는 손은 바사가 아니라 바사를 들어 쓰신 하나님입니다. 하나님의 손에서 꺼지지 않는 불이 나와서 그들을 태우게 된 것입니다(14절). 누가 이 시대의 바벨론입니까? 서로 반목하며 긍휼 없던 마음과 자신의 악에 교만했던 우리가 바벨론입니다. 예수 그리스도는 새 명령을 주셨습니다. 회개입니다. 지금은 가슴을 찢고 참된 심정으로 여호와께 돌아갈 때입니다. 그러면 우리의 구속자이신 만군의 여호와께서 우리를 거룩하게 세워주실 것입니다(4절).

역사 속의 부흥

에베소 성시화운동

인구가 집중되는 곳은 새로운 선교 전략지입니다. 소아시아 에베소는 사방 큰 도로로 연결된 항구도시로서 고대부터 무역이 발달했습니다. 로마의 아우구스투스 황제 때 인구 20만이 넘던 그곳에 올림픽경기에 버금가는 판-이오니아(Pan-Ionian) 경기가 5월마다 있었습니다. 에베소에는 127개 기둥으로(길이 425피트, 넓이 220피트, 높이 60피트) 되어 있는 세계 7대 불가사의 중 하나인 아데미 신전(다이애나 신전-현재 7대 불가사의 건축물에서 빠짐)이 있습니다. 아데미 여신상은 그들에게 종교와 돈벌이로 중요했습니다. 에베소인들은 변덕스럽고 미신적이며 비도덕적인 평판을 받았습니다. 시인들은 에베소를 고대의 허영도시라고 불렀습니다.

이 허영의 도시에 바울을 통한 성령의 역사가 준비되고 있었습니다. 바울이 에베소에 당도한 것은 제2차 전도여행 중입니다. 잠깐 머물고 그는 안디옥으로 돌아갔습니다. 그의 제3차 전도여행 중 에베소 방문은 그곳을 새롭게 하는 부흥의 도화선이 되었습니다.

에베소는 우상과 물질의 부유함으로 영적인 일에 무관심했습니다. 문명과 우상으로 가득한 에베소는 탁월한 말씀 사역자 아볼로의 열심에도 부흥되지 않았습니다. 세속의 힘에 눌려 살았다 하는 이름은 가졌으나 실상은 죽은 교회며, 첫 사랑을 잃은 교회였습니다.

부흥되기 어려운 곳에 성령이 더욱 임합니다. 왜냐하면 성령이 아니고서는 달라질 수 없기 때문입니다. 바울이 "너희가 믿을 때에 성령을 받았느냐"고 질문하자 "성령이 있음도 듣지 못했다"고 대답합니다. 그들은 요한의 물세례만 알 뿐이었습니다. 그들은 하나님과 그리스도에 의해서 부어지는 성령에 대하여 몰랐습니다. 그들은 오순절 성령의 역사에 대하여, 예루살렘교회를 교회답게 만들며 성도를 성도답게 만들었던 성령의 역사에 대하여 무지했습니다. 모인 사람은 고작 12명이었습니다. 바울이 성령세례의 중요성을 말하며 안수하자 성령이 강하게 임하여 방언과 예언이 터졌습니다. 오순절 성령의 역사가 동일하게 나타났습니다. 오순절의 숫자(120명)보다 10배나 적은(12명) 숫자였지만 성령 받은 자들 안에 나타나는 일들은 어떤 수로 평가될 수 없었습니다. 바울은 제자들을 따로 세우고 두란노 서원에서 날마다 가르쳤습니다. 그렇게 하기를 2년이 지나면서 성령 받은 자들이 에베소를 변화시키기 시작했습니다.

첫째는 주 예수의 이름이 높여졌습니다. 우상과 귀신으로 가득한 에베소에서 악귀들이 예수를 시인하며 떠났습니다. 기독교에 대하여 적대감을 가졌던 이들이 다 두려워하며 주 예수의 이름을 높였습니다. 예수님이 그들에게 아데미보다 더 위대한 주가 되었던 것입니다. 진정한 부흥은 예수 그리스도를 높이는 것입니다.

둘째는 죄를 자복하는 운동이 일어났습니다. 그들은 섬겼던 아데미 신상을 버렸습니다. 아데미를 포기해 핍박이 와도 개의치 않았습니다. 아데미 신상 제작으로 생기는 큰 수입을 포기했습니다. 마술을 행하며 돈을 모았던 이들이 사람들 앞에서 책을 모두 불살랐습니다. 그 책값은 은 5만(금 36,000드라크마, 5만 일의 노동품삯 −139년의 노동품삯−에 해당)이나 되었습니다. 그들 가운데 가치의 변화가 나타났습니다. 도시가 정화되었으며 큰 충격과 변화의 도가니가 되었습니다.

마지막으로 주의 말씀이 힘을 얻어 믿는 자가 많아졌습니다. 에베소의 부흥은 제2의 오순절로 역사하여 소아시아, 유럽과 로마 선교의 교두보가 되었습니다. 고대 교회와 교부들에게 영향력 있는 교회(에베소회의−431년 네스토리안주의와 펠라기우스를 단죄, 이단으로 선언)가 되었습니다. 세속도시가 신성도시(성시화)로 바뀌게 된 것은 성령께서 그 지역을 휩쓸고 강림하셨기 때문입니다.

부흥을 위한 기도

1. 긍휼히 여기는 마음을 가집시다.

긍휼 없는 자는 긍휼 없는 심판을 초래합니다.

긍휼을 상실했던 마음을 회개하며 서로 불쌍히 여기는 마음으로 기도합시다.

2. 교만을 물리칩시다.

교만은 하늘의 문을 닫게 합니다.

높아진 마음, 교만한 마음을 회개하며 겸손히 기도에 힘씁시다.

3. 우리 도시의 성시화를 위해 기도합시다.

우리가 사는 이 도시를 주님의 손에 올려 드리며, 그리스도의 이름으로 거룩해지도록 기도합시다.

4. 긍휼 없는 마음과 교만에 대한 회개문을 작성합시다.

지난날 우리의 신앙을 점검하며 회개 기도문을 작성해 봅시다(다음날 회개하며 성령의 인도를 받은 두세 사람이 간증하게 한다. 속회 및 셀그룹에서 이 내용을 나눌 수도 있다).

묵상을 위한 질문

1. 바벨론이 멸망한 이유는 무엇입니까?
2. 위기는 바른 태도에 따라 달라질 수 있습니다.
   지금 위기에 처했다면 어떤 태도를 취해야 하겠습니까?
3. 우리 도시가 부흥되기 위해 무엇이 필요합니까?
4. 오늘 배운 내용 중에 당신에게 가장 감동적인 것은 무엇입니까?

10일 부흥의 역설

만일 들었더면

이사야 VISION

고난 속에 하나님의 사랑이 증폭된다.
새 일을 보게 된다.
사랑받는 자와 그 신이 보냄을 받는다.

memo

새벽을 여는 기도

신실하고 자비로우신 하나님, 주님과 은혜를 사모하여 이 자리에 모였습니다.
하늘을 가르시고 강림하사 말씀을 깨달을 수 있도록 학자와 같은 귀를 주옵소서.
말씀 중에 우리 모두 비전과 꿈을 꾸게 하옵소서.
교회를 새롭게 하시고, 민족을 치유하시며 열방이 주께 돌아오게 하옵소서.
잉태한 것들이 해산되게 하옵소서.
예수님의 이름으로 기도합니다. 아멘.

- **오늘의 말씀** 이사야 48:1~22
- **외울 말씀** "너희의 구속자시요 이스라엘의 거룩하신 자이신 여호와께서 가라사대 나는 네게 유익하도록 가르치고 너를 마땅히 행할 길로 인도하는 너희 하나님 여호와라 슬프다 네가 나의 명령을 듣지 아니하였도다 만일 들었더면 네 평강이 강과 같았겠고 네 의가 바다 물결 같았을 것이며"(17~18절).

하나님께 나아감

하나님은 이스라엘을 불러 번성케 하셨습니다. 그것은 그들이 하나님의 마음에 들어서가 아니라 회복케 하시는 하나님의 은혜 때문입니다. 그러나 이스라엘은 늘 은혜를 잊고 자기 공로를 찾으며 배역했습니다. 형식화된 신앙은 고통 속에서 신앙으로 반응하지 못했으며 하나님의 비전과 구원 계획을 받아들이지 못했습니다. 하나님 안에 있는 내일을 바라볼 수 없게 만들었습니다. 하나님은 "악인에게는 평강이 없다"고 말씀하십니다. 이사야에서 악인은 이방 적대국이 아닙니다. 신앙공동체 안에 있으면서 하나님의 말씀을 믿지 않는 자들입니다.

부흥의 메시지

1. 하나님은 알고 계신다(1~8절)

하나님은 이스라엘 백성들을 잘 안다고 말씀하십니다. 그들의 신앙은 형식적이었습니다. 여호와의 이름으로 맹세하며 하나님을 기념하면서 진실과 공의가 없었습니다(1~2절). 경건의 모양은 있으나 경건의 능력을 부인하는 자들과 같았습니다. 그들은 그 시대의 바리새인이요 외식(hypocritical)하는 자들입니다. 하나님을 부르면서 삶에서 역사하시며 부요하게 하시는 하나님을 의지하지 않았습니다. 완고하며 목이 곧은 교만한 자였습니다(4절). 바벨론만 교만한 것이 아니라(47장) 하나님의 백성도 교만했습니다(48장). 교만은 마음이 높아져서 생기는 것입니다. 가난하고 부족함뿐인 사람에게도 교만이 있습니다. 하나님은 그들이 모태에서부터 배역한 자라는 사실을 알고 있었습니다. 그들은 약속한 것을 지킬 줄 몰랐고 복을 주시면 하나님만을 섬기겠다고 고백했지만 어려운 환경이 닥치면 돌아서서 하나님을 떠났습니다. 하나님이 아시는 나는 어떤 사람입니까?

2. 하나님의 새 계획을 들으라(9~11절)

패역으로 인하여 바벨론에서 고난을 당하는 이스라엘 백성들에게 여호와께서 이전에 몰랐던 새 일을 보이십니다(6절). 하나님의 새 일은 연단과 회복입니다.

1) 연단 – 하나님은 범죄한 자를 멸하시지 않고 고난의 풀무(in the furnace of affliction)로 이끄십니다. 풀무는 광석을 사라지게 하는 곳이 아닙니다. 풀무는 금에 붙어 있는 찌꺼기를 제거하여 정금으로 만드는 곳입니다. 고난은 내 것을 버리고 하나님의 것으로 변하게 합니다. 하나님은 하나님의 백

성들이 철저하게 하나님께 순복하도록 고난을 사용하십니다(cf. 고후 1:8~10). C.S. 루이스는 '고통은 하나님의 확성기(Pain is God's megaphone)'라고 말했습니다. 고통은 영적 무기력에 자극을 주며 하나님을 바라보게 만듭니다. 하나님께서 이스라엘을 광야로 걷게 하신 이유는 "사람이 떡으로만 사는 것이 아니요 여호와의 입에서 나오는 모든 말씀으로 사는 줄을 너로 알게 하려" 함입니다(신 8:3). 하나님은 우리를 평온한 정원과 온실에서 키우지 않고 고난의 풀무로 이끄십니다. 고난 속에서 인생은 새로운 모습으로 빚어집니다. 고난의 자리를 피하면 계속 사소한 문제 앞에서 피하는 인생이 되지만 극복하면 복과 성숙의 자리로 올라가게 됩니다.

2) 구원-이스라엘의 연단은 제한적이었습니다(욥 2:6). 하나님께서 이스라엘에 노하기를 더디 하시는 이유는 그들이 멸망 받을까봐 걱정해서가 아닙니다. 하나님은 어느 민족이든지 그의 백성으로 삼으실 수 있으며 돌들도 그의 자녀로 삼으실 수 있습니다(cf. 마 3:9). 하나님이 패역한 이스라엘을 멸망시키기를 더디 참으신 것은 하나님 자신의 이름 때문입니다. 그 이름이 욕되는 것을 싫어하시기 때문입니다. 그 이름을 위해 우리를 소생케 하십니다. 하나님은 자신의 이름과 영광을 위하여 이스라엘을 구원하시겠다고 말씀하셨습니다(시 23:3; 겔 36:22). 하나님은 그의 영광을 다른 자에게 주지 않습니다(11절). 우리를 구원하시고 회복시키시며 부흥시키는 것은 우리의 열심 때문이 아닙니다. 하나님의 이름과 영광을 위하여 하나님이 친히 행하시는 것입니다.

3. 그 구원의 길은 형통하다(12~16절)

'처음이요 마지막(the first, the last)' 이신 하나님은 창조의 주, 역사의 주, 심판의 주이십니다. 그가 명령하면 천지가 일제히 서서 공허한 세상을 충만으로 채웁니다(13절). 하나님은 이스라엘의 구원을 위하여 사랑하는 자를 부르시고 그 뜻을 이루게 하십니다(14절). 여호와께서 길을 터주며 인도하시기 때문에 그 길은 형통하게 됩니다(15절). 부름을 받은 자는 부흥의 현장에서 하나님의 일에 동참합니다. 여기서 보냄을 받은 자는 특별한 사명을 맡은 자로서 장차 오실 메시아, 예수 그리스도의 그림자입니다. 그는 하나님이 기뻐하시므로 그가 하는 일은 다 형통하게 됩니다(사 52:13). "내 입에서 나가는 말도 헛되이 내게로 돌아오지 아니하고 나의 뜻을 이루며 나의 명하여 보낸 일에 형통하리라"(사 55:11).

4. 악인에게는 평강이 없다(17~22절)

구속자 하나님, 거룩하신 하나님은 이스라엘에게 유익하도록 가르치고 마땅히 행할 길로 인도하시는 분입니다. 그러나 이스라엘은 하나님의 명령을 듣지 아니하였습니다. 만일 그들이 들었다면, 평강이 강같이 의가 바다 물결 같았을 것이고, 그들의 자손이 모래같이 많아져서 끊어지지 아니하였을 것입니다(렘 29:11; 사 48:18). 자신의 이름을 위하여 허물 많은 이스라엘을 바벨론에서 인도하여 내시고 구속하신 하나님은 이제 그들이 하나님의 명령을 듣고 따르기를 원하십니다. 그럼에도 불구하고 아직도 듣지 않는 자들을 향하여 하나님은 "악인에게는 평강이 없다(There is no peace for the wicked)"고 경고하십니다. 자신의 현실과 문제에만 직시한 나머지 하나님의 계획과 말씀을 믿지 않는 자는 악인입니다. 악인에게는 평강이 없습니다. 그들에게는 두려움만 있을 뿐입니다.

역사 속의 부흥

니느웨의 영적 대각성

아밋대의 아들 요나는 아모스와 여로보암 2세(B.C 787~746) 때 북 왕국 이스라엘의 선지자로 활동했습니다(왕하 14:25). 그는 이스라엘이 동부 요르단을 정복할 것을 예언했습니다. 이스라엘 제국은 정치적 흥왕을 누리면서 주변국으로 뻗어나갔습니다. 하나님은 요나에게 이스라엘의 대적 앗시리아 니느웨를 쳐서 외치라고 말했습니다. 니느웨는 티그리스 강변 왼쪽 지금의 모술 맞은편에 위치해 있습니다. 저들의 죄악이 하늘에 닿아서 40일 뒤에 멸망당하게 된다는 것입니다. 이사야와 예레미야에 의하면 하나님의 심판은 그의 백성, 이스라엘뿐만 아니라 주변국에도 미칩니다. "내 의가 가깝고 내 구원이 나갔은즉 내 팔이 만민을 심판하리니…"(사 51:5). 이제 40일이 지나면 니느웨는 역사 속에서 사라질 상황입니다. 저들의 죄악은 하나님을 모를 뿐더러 이스라엘과 약한 자들을 돌로 친 패역함이었습니다.

요나는 니느웨로 가기 싫었습니다. 그들이 하나님의 심판의 경고를 듣고 회개하여 구원받는 것이 싫었기 때문입니다. 죄인은 맞아야 하며 벌을 받아야 한다고 생각했습니다. 요나에게는 긍휼이 없었습니다. 좋은 소식, 평화의 복음을 전하려는 마음이 없었습니다. 하나님의 심판을 모른 채 멸망으로 향하는 자들에게 가서 일깨워 줄 마음이 없었습니다. 그는 편협한 선민사상에 젖어 하나님의 낯을 피해 다시스로 가는 배를 타고 가다가 대풍을 만났습니다. 하나님의 명령을 불순종하게 하는 길은 항상 위험합니다. 풍랑을 만난 것이 자기 탓임을 안 요나는 "나로 인함이라 나를 들어 바다에 던지라 그러면 바다가 잔잔하리라"고 말합니다. 바다의 큰 물고기에 삼켜져 버린 요나는 3일 동안 자신을 돌아보며 회개했습니다. 물고기 뱃속은 요나의 훈련소였습니다. 요나가 "구원은 오직 여호와께로 말미암는다"라고 고백하는 순간 육지로 토해져 다시 사명자의 길을 걷게 됩니다. 물고기가 토한 장소는 그가 그렇게 가기 싫어했던 니느웨였습니다.

여호와의 말씀이 요나에게 두 번째 임했습니다(욘 3:1). 그에게 두 번째 찬스가 주어진 것처럼 하나님은 니느웨에도 두 번째 찬스를 주셨습니다. 하나님은 죄인이 멸망 받는 것을 기뻐하지 않고 모두 구원받기를 원하십니다. 두 번째 기회는 회개를 통해서 이루어집니다. 요나는 니느웨를 다니면서 "여호와의 말씀에 40일 뒤면 이 성이 망하게 될 것이다"라고 외쳤습니다. 그는 회개를 외치지 않았습니다. 심판만 외쳤습니다. 적대국인 이스라엘 선지자가 와서 외치는 소리를 니느웨 사람들은 유언비어로 듣지 않고 금식을 선포하고, 높고 낮은 자를 막론하고 굵은 베옷을 입고 회개했습니다. 왕도 보좌에서 일어나 왕복을 벗고 굵은 베옷을 입고 재 위에 앉아 "사람이나 짐승이나 아무것도 입에 대지 않고 굵은 베옷을 입고 힘써 하나님께 부르짖으며 각기 악한 길과 손으로 행한 강포에서 떠나라"고 명령했습니다.

입술의 회개가 아닌 진정한 삶의 회개는 용서하심이 됩니다. 하나님은 니느웨의 간절한 마음과 돌이키는 마음을 보시고 그 모든 죄를 사하셨습니다. 하나님의 진노가 니느웨에서 떠나고 하나님의 자비가 내려왔습니다. 백성들의 높은 마음이 낮아졌고 악한 사회는 갱신되었습니다. 하나님의 은혜의 말씀이 요나를 통해 다시 선포됩니다. "주께서는 은혜로우시며 자비로우시며 노하기를 더디 하시며 인애가 크시사 뜻을 돌이켜 재앙을 내리지 아니하시는 하나님이신 줄 내가 알았음이니이다"(욘 4:2). 니느웨보다 사악해진 가버나움을 보며 주님은 "심판 때에 니느웨 사람들이 일어나 이 세대 사람을 정죄하리니 이는 그들이 요나의 전도를 듣고 회개하였음이라"고 경고하였습니다. 우리가 살고 있는 세상은 어떻습니까? 니느웨와 가버나움보다 더 깨끗합니까? 우리도 회개하지 않으면 실로암 망대가 붕괴되어 무너져 죽은 사람처럼 화를 당하게 될 것입니다.

부흥을 위한 기도

1. 일관된 마음을 가집시다.

고난은 심판이 아니라 사랑과 은혜의 한 방편입니다.

연단 속에 흔들렸던 우리를 살펴보며 흔들리지 않도록 기도합시다.

2. 말씀을 붙잡읍시다.

하나님의 약속과 장래의 복을 나의 연약한 현실로 부정하지 않았는지 돌이켜 보며 말씀을 온전히 회복하도록 기도합시다.

3. 주님의 영광을 위해 삽시다.

주님의 영광을 위해서 우리를 축복하셨건만 그 영광대로 살지 못했음을 돌이켜 보고 주님의 영광을 위해서 살기로 결단하는 기도를 드립시다.

4. 죄의 책망 앞에 회개합시다.

성령께서 주시는 책망과 경고를 니느웨와 같이 가슴으로 받으며 회개합시다.

그리고 부흥이 일어나도록 기도합시다.

묵상을 위한 질문

1. 연단의 유익은 무엇입니까?
2. 내 안에 평강이 있습니까? 혹시 평강을 잃어 버렸다면 왜 그렇습니까?
3. 불편한 관계에 있는 사람일지라도 복음 전할 기회가 주어진다면 전하시겠습니까?
4. 오늘 배운 내용 중에 당신에게 가장 감동적인 것은 무엇입니까?

11 일 부흥의 중심

하나님은 사랑이시다

이사야 VISION

은혜의 날이 온다.
흩어졌던 사람들이 동서남북 사방에서 돌아온다.
거민(居民)이 많아 땅이 좁아진다.

memo

새벽을 여는 기도

신실하고 자비로우신 하나님, 주님과 은혜를 사모하여 이 자리에 모였습니다.
하늘을 가르시고 강림하사 말씀을 깨달을 수 있도록 학자와 같은 귀를 주옵소서.
말씀 중에 우리 모두 비전과 꿈을 꾸게 하옵소서.
교회를 새롭게 하시고, 민족을 치유하시며 열방이 주께 돌아오게 하옵소서.
잉태한 것들이 해산되게 하옵소서.
예수님의 이름으로 기도합니다. 아멘.

- **오늘의 말씀** 이사야 49:1~26
- **외울 말씀** "여인이 어찌 그 젖 먹는 자식을 잊겠으며 자기 태에서 난 아들을 긍휼히 여기지 않겠느냐 그들은 혹시 잊을찌라도 나는 너를 잊지 아니할 것이라 내가 너를 내 손바닥에 새겼고 너의 성벽이 항상 내 앞에 있나니 네 자녀들은 속히 돌아오고 너를 헐며 너를 황폐케 하던 자들은 너를 떠나가리라"(15~17절).

하나님께 나아감

프로 골퍼 그렉 노만(Greg Norman)의 아버지는 언제나 냉정했습니다. 그래서 노만은 사랑에 주려 있었습니다. 1996년 유에스 마스터즈(U.S. Masters) 대회에서 노만은 초반에 앞섰지만 마지막 라운드에서 닉 팔도(Nick Faldo)에게 져서 우승을 놓쳤습니다. 경기 후 팔도가 노만에게 악수 대신 포옹하자 노만은 울었습니다. 노만은 기자들에게 "저는 지금 져서 운 것이 아닙니다. 이전에도 많이 졌고 앞으로도 많이 질 것입니다. 살아오면서 이런 포옹을 받아본 적이 없었기 때문에 울었습니다"라고 말했습니다. 부흥은 사랑의 회복입니다. 하나님의 사랑에 대한 깨달음입니다. 우리는 성공하기 위해 부르심을 받은 것이 아니라 사랑 받기 위해 부름 받았습니다. 삶이 힘들 때 하나님의 사랑에 집중하십시오. 하나님의 사랑이 넘쳐 나는 것 자체가 부흥입니다.

부흥의 메시지

1. 주의 백성은 예정된 자다(1~5절)

하나님은 우리를 태에서 나옴으로부터 부르셨고 어머니의 복중에서 나옴으로부터 이름을 말씀하셨습니다(1절). 이것을 예정(predestination)이라고 합니다. 예정이란 하나님이 우리의 인생을 위해 예비하신 것으로, 하나님의 뜻을 추구해야 할 삶의 최종목표입니다. 동시에 그 최종목표를 향한 믿음의 여정이 우리 삶의 과정입니다. 하나님의 사랑은 우리가 태어나기 전부터 있었고, 환경과 결과에 상관없이 계속됩니다. 하나님은 예정된 자를 마치 갈고 닦은 화살처럼 화살 통에 감추십니다(2절). 군인들이 자신들의 무기를 소중히 여기는 것처럼 하나님께서도 택정 받은 자들을 귀히 여기십니다. 하나님은 우리를 당신의 종이라 부르시며 그의 영광을 나타낼 자라고 말씀하십니다. 사람의 이야기에 귀를 기울이지 마십시오. 바울은 "너희에게나 다른 사람에게나 판단 받는 것이 내게는 매우 작은 일이라 나도 나를 판단치 아니하노니"라고 하였습니다(고전 4:3). 사단의 참소에 귀를 기울이지 마십시오. 이사야는 "나는 여호와의 보시기에 존귀한 자라"라고 하였습니다(5절). 우리는 마구 찍어낸 상품(an assembly-line product)이 아니라 하나님이 심혈을 기울여서 만든 작품(a handcrafted work of art)입니다(엡 2:10). 하나님 안에서 예정된 자신을 볼 수 있을 때 건강한 자아상을 가질 수 있습니다.

2. 하나님의 비전을 보라(6~7절)

밖에서 일어나는 일들은 우리 내면에서 일어나는 것보다 중요하지 않습니다(What happens outwardly in your life is not important as what happens inside you). 어려운 일을 만날 때 우리는 늘 현실에 초점을 맞추려고 합니다. 결과에 초점을 맞추지 말고 하나님께 항복하십시오. 하나님은 "이스라엘이 다시 고토로 돌아오리라"고 말씀하셨습니다. 사랑하시기 때문에 하나님은 그의 종을 통해서 야곱의 지파를 일으켜 세우고 이스라엘 중에 보전된 자를 돌아오게 하십니다. 포로에서의 귀환은 인간의 눈에 어려운 일이지만 전능자에게는 매우 쉬운 일입니다. 하나님은 이 일은 오히려 경한 일이라고 말씀하시며 그 종(메시아)을 이방의 빛으로 삼아 구원을 베풀어서 땅 끝까지 이르게 하리라고 말씀하십니다(6절). 멸시와 미움을 당하던 이스라엘이 하나님의 사랑으로 존귀하게 됩니다. 고관과 왕들이 이제는 하나님의 종에게 경배합니다. 그것은 이스라엘을 택하신 신실하신 하나님 때문입니다(7절). 세상을 의지할수록 수치와 천함을 당하지만 하나님께로 돌아가면 그의 사랑으로 영광과 존귀를 얻는다는 사실을 항상 잊지 마십시오.

3. 하나님의 구원의 날이 온다(8~13절)

하나님은 당신의 백성들을 위해 한 날을 예비하셨습니다. 그날은 은혜의 날이며 구원의 날입니다(8절). 그날에 하나님은 백성을 도우며 무너진 나라를 일으켜 세우실 것입니다. 이제 아무것도 없었던 헐벗은 산이 짐승들이 거처하는 풀밭으로 변하게 될 것입니다. 그날에 흩어졌던 백성, 흑암에 있던 백성들이 북쪽 메대, 서쪽 애굽, 동쪽 바벨론, 남쪽 아라비아에서 돌아올 것입니다. 그날에 여호와께서 그들을 샘물 근원으로 인도하여 배고프거나 목마름이 다시 없게 하실 것입니다(시 23:2). 모든 산들이 길로 닦아지고, 굽이 굽이한 길이 돋우어지며 시온의 대로가 열리기 시작하고 지친 영혼들이 위로받고, 고난당한 자들이 긍휼히 여김을 받게 될 것입니다(13절). 그러므로 하나님의 아들들이 나타나기를 고대하던 산과 땅들이 즐거이 여호와를 노래하게 됩니다(롬 8:19). 사도 바울은 그날이 바로 보냄을 받은 하나님의 거룩한 종, 예수 그리스도로 말미암는 지금(now)이라고 선언했습니다(고후 6:2).

4. 하나님은 사랑이시다(14~17절)

환경만 바라보고 하나님의 약속을 잊을 때 백성들은 "여호와께서 나를 버리시고 나를 잊으셨다"고 탄식합니다. 그러나 하나님은 "여인이 어찌 그 젖 먹는 자식을 잊겠으며 자기 태에서 난 자식을 긍휼히 여기지 않겠는가? 설령 잊을지라도 여호와는 결코 잊지 않는다"고 하십니다(15절). 물보다 피가 더 진하고 피보다 더 진한 것은 하나님의 사랑입니다. 부흥의 중심은 물질의 풍요, 명예, 건강이 아니라 하나님이 부으시는 사랑입니다. 내일 벌어질 일을 아는 것보다 더 중요한 것은 하나님이 나를 사랑하신다는 것입니다. 하나님의 사랑은 우리가 넘어졌어도 포기하지 않습니다. 하나님은 우리를 그 손바닥에 새겨 영원히 잊지 않고 기억하십니다; "너는 내 것이라." "너는 여호와 보시기에 존귀한 자라." 하나님의 사랑은 구체적으로 나타납니다. 택한 자를 헐며 황폐하게 했던 자들을 떠나게 하십니다. 예수 그리스도의 오심은 하나님의 사랑의 절정이며(요 3:16; 요일 4:9~10), 성령의 부으심은 사랑의 보증입니다. 하나님의 사랑은 구체적으로 십자가에서 완벽하게 나타났습니다(요일 4:10). 그 사랑은 연약함을 벗어지게 만들며, 높은 자존감으로 이끕니다. 이 사랑을 받을 때 우리의 거친 마음이 부드러워지며 서로 사랑하게 됩니다.

5. 하나님은 그렇게 하신다(18~26절)

우리가 감당할 수 없는 일로 낙심할 때, 하나님은 그의 방법으로 역사를 이루십니다. 남은 자들이 황폐한 땅에서 '해산할 힘이 없다' 며 탄식할 때, 하나님은 사람들을 돌아오게 만듭니다. 이스라엘을 황폐하게 했던 자들이 물러가며 그 동안 괴롭혔던 자들이 쫓겨납니다(19절). 주의 사랑으로 황폐하고 적막한 땅, 파멸되었던 땅에 돌아온 백성들로 거민이 많아 좁게 됩니다. 사람들이 말합니다. "우리에게 너무 좁으니 넓혀서 거주하게 해야겠습니다." 어떻게 이렇게 되었습니까? 누가 갑자기 자식을 많이 낳았습니까? 인간의 수고로 이루어졌습니까? 이스라엘이 용사가 되어 사람들을 빼앗아 왔습니까? 아닙니다. 저들은 자녀를 잃고 사로잡혔으며 유리하며 홀로 된 자들이었습니다. 그런데 여호와께서 이스라엘을 대적하는 자를 대적하고 저들에게 구원을 베푸신 것입니다(25절). 여호와께서 뭇 나라들에게 손을 들어 만국을 부르며 깃발을 날릴 때 만국이 이스라엘의 아들을 품에 안고 딸들을 목에 태워 올 것입니다. 세상 왕은 이스라엘의 양부가 되고 왕비는 유모가 됩니다. 이로 인하여 백성들이 그를 여호와인 줄 알게 됩니다. "모든 육체가 나 여호와는 네 구원자요 네 구속자요 야곱의 전능자인 줄 알리라"(26절). 여호와를 바라는 자는 수치를 당하지 않습니다(23절). 그날이 지금 오고 있습니다. 바로 지금입니다.

인도 맥티 부흥운동

하나님은 뜻밖의 사람을 통해서 하나님의 비밀과 큰일을 행하십니다. 인도의 부흥은 여성 라마바이(Ramabai)를 통해서 일어났습니다. 결혼한 지 2년 만에 남편을 사별한 그녀는 어린 딸과 함께 힘겨운 생활을 하던 중 힌두교에 대한 회의를 갖게 되어 새로운 신을 찾아 나섰습니다. 캘커다(Calcutta)대학의 산스크리트(Sanskrit) 학자들로부터 '펀디타(Pendita)'라는 칭호를 받은 라마바이는 20세기로 접어드는 시기에 크리스천이 되었습니다. 그리스도와의 만남은 평범한 여성을 비범한 존재로 바꾸었습니다. 당시 인도는 식민지 전쟁과 긴 기근으로 고아와 과부들이 넘쳐났습니다. 라마바이는 젊은 과부들과 여자 고아들을 위해 봄베이(Bombay) 남쪽에 위치한 부니(Pune)에 부지를 구입하여 그들을 돌봐주는 사업을 시작했습니다. 그녀는 그것을 맥티(Mukti, 구원)라고 불렀습니다. 맥티는 1901년 무려 2,000명의 고아들과 젊은 과부들을 돌봐주었습니다. 그녀는 일곱 가지 언어를 완전히 습득하였고 마라티(Marathi)어로 성경을 번역하기도 했으며, 예수의 인생을 포함한 몇 권의 책을 저술했습니다.

라마바이는 1903년에 일어난 호주의 부흥과 1905년에 있었던 웨일즈의 부흥을 듣고, 호주로 사람을 보내어 인도 땅에 하나님의 부흥이 일어나도록 요청했습니다. 라마바이는 인도 동북쪽에서 일어나는 성령운동 소식을 듣고, 그녀가 가르치는 여자 대학생들에게 하나님 말씀을 선포하는 영적인 운동을 하도록 도전을 주었습니다. 30명의 학생들이 자원하였고 그들은 성령의 인도하심을 위해 매일 모여 기도했습니다. 그리고 1905년부터 부흥을 사모하며 말씀을 가르쳤습니다. 부녀자들과 여자아이들로 구성된 약 500명의 사람들은 하루에 두 번씩 모여 부흥을 위해 기도모임을 가졌습니다. 1905년 6월 29일 사모하는 저들에게 성령님은 하늘을 가르고 강림하셨습니다. 성령의 불길이 기도하는 한 여학생에게 임하자, 다른 학생들은 밖으로 나가 통에 물을 담아 올 정도였습니다. 6월 30일, 라마바이가 요한복음 8장에 나오는 간음 중에 잡힌 여인에게 예수님이 베푸는 사랑을 가르칠 때, 그들은 지나온 과거의 삶을 회개했습니다. 울면서 큰 목소리로 성령세례를 받고자 간절히 기도했습니다. 갑자기 성령이 거기에 모인 사람들에게 강력하게 임하였습니다. 12살의 평범한 여자 어린이의 얼굴은 기쁨으로 충만하여 천사처럼 변해 있었고, 많은 이들이 예수 그리스도의 비전을 갖게 되었습니다.

인도의 부흥은 저들을 통해 인근지역으로 급속히 퍼져나갔습니다. 공립학교의 여가활동 시간들은 주님을 찬양하는 시간이 되었고 죄에 대한 뉘우침과 회개로 이어졌습니다. 믿는 자와 믿지 않는 자들이 함께 모여 예수의 보혈 안에서 하나 되어 과거의 죄를 회개하였으며 큰 부흥으로 번져 나갔습니다. 성령 충만한 하나님의 불세례를 체험한 은혜의 사건은 전국으로 퍼져 1906년 카시 힐(Khasi hill) 부족의 회개운동으로 확산되었고, 1907년에는 브레매프트라

(Brahmaputra)의 모든 교회로 퍼져나갔고, 그것은 계속되어 나가 힐스(Naga Hills) 부족들과 미조(Mizo) 부족을 포함한 남쪽 부족으로 번졌습니다. 그리고 인도 북동쪽 힐스(Hills) 부족으로 이어졌습니다. 식민지배로 절규하던 인도가 성령의 불로 새롭게 되었습니다. 그들은 오직 예수님의 십자가만을 높였고, 사람들로부터 주의 이름과 저들의 이름이 높임을 받았습니다. 그들은 더 가난하고 어려운 이들을 찾아 그리스도의 사랑의 손이 되었습니다. 인도의 성령운동은 복음 전도뿐만 아니라 사회봉사활동에서도 활활 타올랐습니다. 인도 정부는 1989년에 그녀의 업적을 높이 평가하여 범국민적으로 기념우표를 발간하여 그녀를 인도 전역에 알렸습니다.

부흥을 위한 기도

1. 하나님은 결코 우리를 잊지 않으십니다.

하나님의 사랑 안에 있는 자들에게는 모든 일이 합력하여 선을 이룹니다.

의심을 버리고 그 사랑을 충만히 받도록 기도합시다.

2. 은혜의 날이 반드시 있음을 믿읍시다.

은혜는 받을 자격이 없음에도 불구하고 하나님이 택하시고, 회복하시며, 공급하시는 것입니다. 은혜를 충만히 받도록 기도합시다.

3. 원대한 비전을 가집시다.

황폐해졌던 땅에 거민이 많아 좁게 되는 말씀을 의지하여 우리 교회가 사람의 떼로 채워지는 환상을 그리며 기도합시다.

4. 부흥을 사모하는 사람이 됩시다.

인도의 라마바이가 부흥을 간절히 사모한 것처럼, 우리 지역에 하나님의 부흥이 일어나도록 기도합시다.

5. 복음 전도자가 되도록 기도합시다.

하나님의 유일하신 아들 예수님은 복음 전도자였습니다.

우리 모두 전도자가 되도록 기도합시다.

묵상을 위한 질문

1. 당신은 하나님의 예정 안에 만들어진 걸작품입니다.
   당신 안에 이런 자의식이 있습니까?
2. 하나님이 당신을 잊지 않겠다고 하신 말씀을 믿습니까?
3. 땅이 좁아진다는 말씀은 무엇을 의미합니까?
4. 인도 부흥의 특징은 무엇입니까? 우리는 무엇을 배울 수 있습니까?
5. 오늘 배운 내용 중에 당신에게 가장 감동적인 것은 무엇입니까?

12일 부흥의 태도

종의 목소리를 들으라

이사야 VISION

학자와 같은 혀, 귀, 얼굴을 구한다.
내 발에서 신을 벗고 여호와만을 의지한다.

memo

새벽을 여는 기도

신실하고 자비로우신 하나님, 주님과 은혜를 사모하여 이 자리에 모였습니다.
하늘을 가르시고 강림하사 말씀을 깨달을 수 있도록 학자와 같은 귀를 주옵소서.
말씀 중에 우리 모두 비전과 꿈을 꾸게 하옵소서.
교회를 새롭게 하시고, 민족을 치유하시며 열방이 주께 돌아오게 하옵소서.
잉태한 것들이 해산되게 하옵소서.
예수님의 이름으로 기도합니다. 아멘.

- **오늘의 말씀** 이사야 50:1~11
- **외 울 말 씀** "너희 중에 여호와를 경외하며 그 종의 목소리를 청종하는 자가 누구뇨 흑암 중에 행하여 빛이 없는 자라도 여호와의 이름을 의뢰하며 자기 하나님께 의지할찌어다"(10절).

하나님께 나아감

'오해'와 '탓'은 하나님의 섭리를 이해하지 못하고 굴절시킵니다. 우리는 피해와 상처에 대한 적극적인 자세보다 무엇에, 누구에게, 심지어 악마와 하나님에게 책임을 전가하려고 합니다. 북미에서 변호사가 그렇게 잘되는 이유도 그중의 하나입니다. 책임 거부는 하나님이 우리 안에 심어 두신 도덕 질서를 위반하는 것이고 바른 성품을 해치는 것이며 정서적으로, 그리고 영적으로 큰 고통을 유발합니다. 스콧 펙(Scott Peck)은 「아직도 가야 할 길」에서 "정당한 고난을 피하려는 마음은 모든 정서 질환의 뿌리가 된다"고 말했습니다. 이스라엘 백성들은 고통의 원인과 모든 현실을 남 탓하는 데 시간을 보냈습니다. 당대에 흔히 있었던 버려진 여인처럼 하나님께서 그들을 버리셨다고 생각했습니다. 이에 대하여 하나님의 말씀은 단호했습니다.

부흥의 메시지

1. 죄악과 허물로 인함이라(1~3절)

왜 이스라엘이 고난을 당했습니까? 왜 하나님이 버리셨습니까? 헨리 블랙가비는 「하나님을 경험하는 삶」에서 "어려움이 지속될 때 우리 자신의 죄의 항목을 검토해 보십시오. 자신에게 어떤 죄의 목록이 없을 때 그 상황은 인내할 필요가 있습니다"라고 말했습니다. 잘못했으면 돌이켜야 합니다. 죄는 우리 자신을 비참한 상황으로 전락시키며, 눈이 멀어 모든 가치 있는 것을 상실하게 만들고, 함께 있어야 할 대상으로부터 멀어지게 만듭니다. 죄는 하나님의 음성을 듣는 데 둔하게 만듭니다. 이스라엘은 죄악과 허물로 팔렸고 내보내졌습니다(1절). 하나님은 "내가 왔어도 사람이 없었으며 불러도 대답하는 이가 없다"고 말합니다(2절). 죄는 그리스도를 믿지 않고 거부하는 것입니다(요 16:9). 죄는 하나님께서 구원하시겠다고 손을 벌릴 때 거부하는 것입니다. 하나님이 힘이 없습니까? 손이 짧아서 구원하지 못하십니까? 하나님이 꾸짖으면 바다가 마르고 강들이 사막으로 변합니다. 거친 풍랑을 잔잔케 하셨던 주님처럼, 홍해를 갈랐던 여호와의 능력처럼, 그의 손 앞에 천지가 순종합니다. 아무리 풍족하다 해도 하나님이 거절하면 끝나 버립니다. 나타난 환경과 어려움에 초점을 맞추지 말고 모든 것을 있게 하시며 가능케 하시는 하나님께 초점을 맞추십시오. 우리 약함이 하나님의 약함이 아니며, 우리의 절망이 하나님의 절망이 아닙니다. 우리를 도우시는 분은 전능하신 하나님입니다.

2. 종의 태도를 구하라(4~7절)

하나님의 뜻을 알고 사명을 감당하기 위해서는 주님께서 가졌던 종의 태도를 가져야 합니다(cf. 빌 2:5~11).

1) 학자의 혀를 구하라(4절)

혀는 우리의 능력입니다. 미국 레이건 대통령은 총검을 사용하지 않고 온유한 대화로 냉전을 폐기시켰다고 영국의 대처 총리는 말했습니다. 잠언에도 "죽고 사는 것이 혀의 권세에 달렸나니"라고 하였습니다(잠 18:21). 인간은 혀의 복록을 누리며 삽니다. 이스라엘 사람들의 부정적인 말로 약속의 땅, 비전이 늦어졌습니다(민 13~14장). 우리들의 입이 불의의 병기와 남을 넘어지게 하는 참소의 입술이 되지 말아야 합니다. 시편 기자는 "여호와여 내 입 앞에 파숫군을 세우시고 내 입술의 문을 지키소서"라고 구했고, 욥은 입술로 범죄치 않았습니다(시 141:3; 욥 2:10). 하나님의 종은 학자의 혀를 구했습니다. 학자의 혀는 곤고한 자를 어떻게 말로 도와줄 줄 압니다. 회복과 부흥이 더디고 삶과 일에 지쳐 낙망하는 자들에게 그럴 듯한 책망과 남을 탓하는 거짓된 입이 아니라 격려하며 함께 세워 나가는 성경적 지도자(학자)의 혀입니다. 부흥은 입술의 회복에서 일어납니다.

2) 학자의 귀를 구하라(4~5절)

신앙은 듣는 데서 시작됩니다(롬 10:17). 종은 "귀를 깨우치사 학자들 같이 알아듣게 해달라"고 구했습니다. 이 귀는 교만을 버리고 배우는 마음입니다. 듣는 자는 하나님의 뜻을 알아 거역하지 아니하며 주께서 말씀하실 때 뒤로 물러나지도 않습니다. 잘 듣는 자가 잘 따를 수 있습니다. 선지자는 듣는 자며 충성된 사명자 역시 듣는 자입니다. 귀가 닫히면 하나님의 음성을 듣지 못하는 자가 됩니다. 사무엘처럼 "주여 말씀하옵소서. 종이 듣겠나이다"라고 기도합시다. 아침마다 깨우치시는 주의 음성을 듣기 위해 새벽을 깨워야 합니다(4절).

3) 학자의 얼굴을 구하라(6~7절)

하나님의 종은 그 얼굴이 부싯돌(flint–단단하고 굳음을 상징)과 같이 굳게 되기를 사모합니다. 뻔뻔스러움이 아니라 어려운 상황 앞에서 굴하지 않기 위함입니다. 그는 "나를 때리는 자들에게 내 등을 맡기며, 나의 수염을 뽑는 자들에게 나의 뺨을 맡기며, 모욕과 침 뱉음을 당하여도 내 얼굴을 가리지 아니하며 … 내가 부끄러워 아니하며 … 수치를 당하지 아니하게"라고 하였습니다. 우리는 모욕을 당할 때 내가 모욕을 당한 것처럼 부끄러워합니다. 우리가 당하는 것이 아니라 그리스도께서 당하는 것입니다. 그리스도와 연합한 자는 고난과 모욕이 올 때 그리스도의 남은 고난에 동참하는 것임을 알아야 합니다. 그러므로 부싯돌 같은 얼굴로 모욕과 고난으로부터 자유하십시오. 잠언에 "까닭 없는 저주는 참새의 떠도는 것과 제비의 날아가는 것같이 이르지 아니 하느니라"(잠 26:2)고 하였습니다. 그리고 베드로는 "너희가 그리스도의 이름으로 욕을 받으면 복 있는 자로다 영광의 영 곧 하나님의 영이 너희 위에 계심이라"고 하였습니다(벧전 4:14). 모세는 "하나님의 백성과 함께 고난 받기를 잠시 죄악의 낙을 누리는 것보다 더 좋아하고 그리스도를 위하여 받는 능욕을 애굽의 모든 보화보다 더 큰 재물로 여겼으니 이는 상 주심을 바라봄이라"(히 11:25~26)고 하였습니다. 그리스도를 바라보는 마음을 가지면 담대할 수 있습니다.

3. 하나님이 우리를 도우신다(8~9절)

하나님이 우리를 도우시면 우리와 다툴 자가 없습니다. 어느 누구도 우리의 대적이 되지 못합니다(8절). 하나님이 우리를 도우시면 우리를 정죄할 자도 없습니다(롬 8:31~34; 사 50:9). 왜냐하면 의롭다 하시는 이가 바로 하나님이시기 때문입니다. 그분 안에서 처리된 죄와 허물은 동이 서에서 먼 것처럼 멀리 던져져 더 이상 기억되지 않습니다(시 103:12). 그리스도 안에서 참소하는 자가 쫓겨 떠났습니다. 하나님은 우리를 돕는 자시며 우리 가까이에 계십니다. 그분이 우리를 위하시면 우리의 부족은 그분의 풍족함으로 채워지며, 우리의 허물은 그분의 거룩으로 단장되며, 우리의 연약함은 그분의 능력으로 옷 입게 됩니다. "여호와는 나의 목자시니 내가 부족함이 없으리로다"(시 23:1).

4. 여호와를 의지하라(10~11절)

이사야는 이스라엘 백성들의 죄를 배역으로 표현했습니다. 배역은 하나님을 거절하는 것뿐만 아니라 하나님의 방법도 거절하는 것입니다. 이스라엘은 위기에 처하면 먼저 인간의 방법을 동원했습니다. 그들은 불을 피우며 횃불을 들었습니다. 그러나 그 방법을 추구하는 자들이 얻는 것은 그 불꽃에 들어가 고통에 눕게 되는 것입니다(11절). 믿는 자는 "여호와의 이름을 의뢰하며 자기 하나님께 의지하는"(10절) 자입니다. 나웬은 「춤추시는 하나님」에서 그네타기 곡예자의 태도를 맡김으로 비유했습니다. 한 곳에서 다른 곳으로 가기 위해서는 움켜잡은 것을 놓아야 합니다. 놓는 것이 위험해 보일지 모르지만 놓는 순간 예기치 못한 강한 손에 의해 새로운 장소에 도달하게 됩니다. 아무런 손해와 상처 받지 않으려고 움츠리며 움켜쥐다가는 결국 자기가 만든 지옥에 빠지고 맙니다. 모든 환경을 뛰어 넘을 수 있는 담대함과 확신은 여호와를 의지할 때 생깁니다. 이제 우리는 발에서 신을 벗어야 합니다. 로렌 커밍햄은 "신을 벗는다는 것은 하나님의 노예, 종이 됨을 의미한다"고 말했습니다(당시 노예들은 신발을 신지 않음). 하나님께 항복하고 철저히 의지할 때 잃은 것 같지만 잃지 않게 됩니다.

카리스마(은사주의)운동

피터 와그너는 "제1의 성령 물결이 오순절운동이라면, 제2의 성령 물결은 1960년대 캘리포니아 밴 나이스에 있는 성 마가성공회교회(St. Mark's Episcopal Church)에서 일어난 은사운동이다"라고 했습니다. 은사운동은 1960~70년대에 미국 전역, 전 교단으로(가톨릭 포함) 확산되었습니다. 오순절 방언과 은사가 지금도 일어난다는 '은사운동(Charismatic Movement)'을 '신 오순절운동(Neo-Pentecostal Movement)'이라고 말합니다. 그러나 일부 복음주의자들은 과거의 기적이 오늘 기독교 경험에서 종료되었다며 거부했습니다. 복음주의적인 교회에서 교인들이 성령의 은사를 체험하게 되면 그들을 떠나게 하든지, 아니면 교회가 분리되었습니다. 성 마가교회 데니스 베넷(Dennis J. Bennett) 목사는 안정된 교회에서 바쁘게 지내는 목사였습니다. 목회 16년이 흐르자 그의 심령은 메말라 갔습니다. 하나님의 실제적 현존, 성령의 역사를 느끼지 못했고, 삶에 기쁨과 권능과 확신이 없었습니다. 어느 날 그는 신약에 성령이 240번 나타남을 발견했습니다. "사도행전의 사람들은 성령을 받아 신비로운 방언으로 말했는데 왜 지금은 방언의 은사가 없을까?" 그는 "믿는 자들에게는 이런 표적이 따르리니 곧 그들이 내 이름으로 … 새 방언을 말하며"(막 16:17), "너희가 다 방언 말하기를 원하며"(고전 14:5), "내가 너희 모든 사람보다 방언을 더 말하므로 하나님께 감사"(고전 14:18)한다는 말씀을 묵상했습니다.

어느 날 베넷에게 새로운 언어, 방언이 임했습니다. 그는 정신이 말짱했으며 자의식도 유지하고 있었기에 그 방언은 심리적인 속임수나 충동이 아니란 것을 알았습니다. 방언은 아이가 중얼거리는 언어가 아니라 문법도 구문론(syntax)도 있는 아름다운 언어임을 알았고, 성령님께서 말씀하고 계심을 알게 되었습니다. 그 후 목회의 메마름이 사라지고 심령 가득 차오르는 행복을 경험했습니다. 그리고 모임에 참여한 많은 목회자들도 놀라운 하나님의 사랑을 느끼면서 기쁨으로 웃기도 하고 울기도 했습니다. 그는 예수님께서 "병든 자를 고치며 죽은 자를 살리며 문둥이를 깨끗하게 하며 귀신을 쫓아내되 너희가 거저 받았으니 거저 주라"(마 10:8)는 말씀대로 후두암에 걸린 친구에게 기도해 주었습니다. 그러자 수술 직전에 암이 사라졌습니다. 부서진 엉덩이뼈가 완전히 치유되어 고통이 사라지고 걷는 기적도 나타났습니다. 주일날 성령이 "너에게 일어난 일을 말하라. 이 교회는 어쨌든 너의 교회가 아니고 예수님께 속한 것이다"라고 말하자 그는 1, 2, 3부 예배 때 방언에 관하여 교인들에게 설명했습니다. 2부 예배 시 부목사가 "난 이 사람과는 더 이상 함께 일할 수 없소"라고 고함을 치며 나가자 일부는 베넷 목사를 향해 "사표를 내라"고 외쳤습니다. 그는 11시 예배 때 사임을 공포하고 7년 동안 섬긴 교회를 떠났습니다.

베넷 목사는 문 닫게 된 시애틀 성 누가성공회교회(St. Luke Episcopal Church)에 부임했습니다. 한 번도 본 적이 없는 남자가 불쑥 나타나 성령이 주시는 말을 던졌습니다. "만일 그대가 나와 함께 가서 나의 성령의 역사를 거부하지 않으면 내가 그대의 목회를 성장하게 하리라." 그는 교인들에게 성령 받기를 강조했습니다. 교회에서 출혈병, 신장결석, 맹장, 후두암, 유방암 등의 치유가 나타나자 교인들이 놀랐습니다. 예수의 이름으로 귀신이 떠나고 표적과 기사가 나타났습니다. 그들은 생활 속에서 감사했고 화합하며 일치의 모습을 보였습니다. 교회는 성장했습니다. 저들은 "나를 믿는 자는 나의 하는 일을 저도 할 것이요 또한 이보다 큰 것도 하리니"(요 14:12)라는 말씀을 체험했습니다. 시애틀의 성 누가교회는 2,000명으로 성장했습니다. 젊은이들도 '새로운 사람들(New Men)'이란 그룹을 통해서 마약과 삶의 무의미를 퇴치했습니다. 이 은사운동은 감리교, 침례교, 장로교, 퀘이커, 루터교, 개혁교단 등 다른 교단으로 번졌습니다. 당시 미국 주류교회의 흐름은 구원의 확신을 잃어버린 교인들이 교회를 이탈하면서 이에 따른 교회 예산의 축소로 많은 목회자들이 옷을 벗고 일반 직종으로 옮겨가는 쇠락의 분위기였습니다. 그러나 그의 집회에 참석한 교회 지도자들은 하나님의 임재하심과 권능을 체험하고 전도에 전념함으로써 교회가 부흥되고 지역에서 큰 역할을 감당하게 되었습니다.

부흥을 위한 기도

1. 남을 탓하지 맙시다.

삶 속에 일어나는 모든 일의 배후에는 하나님의 섭리가 있습니다.

이것을 깨닫고 인정하면 남을 탓하는 일에서 벗어날 수 있습니다.

남의 탓으로 돌렸던 것을 회개하며 책임 있는 모습으로 하나님 앞에 서도록 기도합시다.

2. 학자의 혀를 구합시다.

언어가 달라지면 역사가 일어납니다. 혀가 회개하면 부흥이 옵니다.

학자와 같은 은혜로운 혀를 갖도록 기도합시다.

3. 삶의 작은 것까지 하나님께 의지합시다.

"여호와의 눈은 온 땅을 두루 감찰하사 전심으로 자기에게 향하는 자에게 능력을 베푸신다"고 하였습니다. 걱정과 두려움을 맡기는 기도를 합시다.

4. 성령의 은사를 사모합시다.

오순절 성령의 역사와 은사는 지금도 일어납니다.

성령 충만으로 우리의 메마른 심령과 교회에 큰 활력을 되찾도록 기도합시다.

묵상을 위한 질문

1. 고난이 오면 남을 탓하는 버릇이 있습니까?
2. 세 가지 종의 태도는 무엇입니까? 당신에게 가장 필요한 태도는 무엇입니까?
3. 네 발에서 신을 벗으라는 말은 무엇을 의미합니까?
4. 오순절 성령의 역사가 베넷 목사에게 임했을 때 어떤 현상이 나타났습니까?
5. 오늘 배운 내용 중에 당신에게 가장 감동적인 것은 무엇입니까?

13일 부흥의 시련

사람에게 속지 마라

이사야 VISION

여호와께서 오신다.
여호와의 영광이 나타나고 모든 육체가 그것을 본다.
허리 굽혔던 자 앞에서 당당하게 서서 걷는다.

memo

새벽을 여는 기도

신실하고 자비로우신 하나님, 주님과 은혜를 사모하여 이 자리에 모였습니다.
하늘을 가르시고 강림하사 말씀을 깨달을 수 있도록 학자와 같은 귀를 주옵소서.
말씀 중에 우리 모두 비전과 꿈을 꾸게 하옵소서.
교회를 새롭게 하시고, 민족을 치유하시며 열방이 주께 돌아오게 하옵소서.
잉태한 것들이 해산되게 하옵소서.
예수님의 이름으로 기도합니다. 아멘.

- **오늘의 말씀** 이사야 51:1~23
- **외울 말씀** "의를 아는 자들아, 마음에 내 율법이 있는 백성들아, 너희는 나를 듣고 사람의 훼방을 두려워 말라 사람의 비방에 놀라지 말라"(7절).

하나님께 나아감

하나님의 비전은 우리가 생각하는 것보다 항상 큰 그림입니다. 이에 비해 이스라엘이 그린 그림은 아주 보잘것없었습니다. 환경이 열악했고 박해자, 훼방자(예를 들면 도비야와 산발락)들 앞에서 백성들은 어느 누구도 도와주는 이가 없다고 탄식했습니다. 회복해 주시겠다는 하나님의 말씀을 의심했고, 마치 술에 취한 자처럼 비틀거렸습니다. 우리의 느낌은 참이 아니며, 남의 판단과 평가도 진리가 아닙니다. 펼쳐진 환경이 하나님의 목표가 아닙니다. 이것은 하나님의 비전을 흐리게 하는 변장된 속임수입니다. 우리의 삶이 결과에 초점을 맞추면 흐려지지만 그분께 초점을 맞추면 온전해집니다. 영적으로 메마른 시기를 지날 때 감정이 아닌 하나님의 약속을 의지하고 인내해야 합니다. 어려움 때문에 어려움을 당하지 마십시오(Don't be troubled by trouble). 부흥은 믿는 자에게 주시는 한 결과일 뿐이지 목적이 아닙니다. 진정한 부흥은 하나님을 알고 그분 안에서 사는 삶입니다.

부흥의 메시지

1. 하나님은 무에서 유를 만드신다(1~6절)

이스라엘은 반석이 되신 여호와를 떠나 그들 스스로 터진 웅덩이를 팠습니다(렘 2:13). 하나님은 어떤 분이십니까? 어거스틴은 「고백록」에서 "지극히 은밀히 계시면서 가장 가까이 현존하시며, 지극히 아름다우시면서 지극히 강하시며, 항상 계시되 어디에 의존해 계시지 않으시며, 스스로는 변화하지 않으시되 모든 것을 변화시키시며, 새롭게 되거나 옛것으로 돌아가지 않으시되 모든 것을 새롭게 하십니다. 항상 일하시며 안식하시고 항상 거두시되 부족함이 없으시며 … 당신이 하시는 일을 바꾸시되 당신의 뜻과 계획을 바꾸지 않으십니다"라고 고백했습니다. 하나님은 혈혈단신인 아브라함을 불러서 그를 창대케 하셨습니다(창 12:1~3, 22:17~18). 아무것도 아닌 자, 보잘것없는 자를 큰 민족, 복의 근원으로 삼으셨습니다. 아브라함에게 복을 주어 창성케 하신 하나님은 현재의 하나님이 되셔서 이스라엘에게 말씀하십니다. "대저 나 여호와가 시온을 위로하되 그 모든 황폐한 곳을 위로하여 그 광야로 에덴 같고 그 사막으로 여호와의 동산 같게 하였나니 그 가운데 기뻐함과 즐거워함과 감사함과 창화하는 소리가 있으리라"(3절). 세상은 하루살이같이 사라지나 여호와의 구원(salvation)과 의(righteousness)는 폐하여지지 아니할 것입니다(마 5:18).

2. 비방을 두려워하지 말라(7~16절)

비전은 항상 시기와 훼방을 동반합니다(창 37:18~20). 이미 정착해 있었던 주변 사람들은 하나님의 백성들을 유혹하며 힘을 사용해서 협박과 비방을 일삼았습니다. 레베카 피펏은 「하나님의 마음에 합한 사람」에서 "비방은 가장 쓰디 쓴 비탄에 빠지게 만든다. 잔인한 혀에서 나오는 날카로운 비방은 칼날보다도 더 예리하다. 비방은 불의하다는 느낌과 함께 분노를 치밀어 오르게 만든다. 하지만 그 악과 싸운다든지 우리 자신을 변호하는 데 속수무책이라 막을 방패가 없다. 중상모략은 우리의 가장 부드러운 부분을 건드리고, 생살을 도려내며 힘든 독소를 남겨 놓는다. '인간에게는 침묵, 하나님께는 기도' 이것만이 악한 비방을 치유할 수 있는 최선의 치유책이다"라고 말했습니다. 하나님이 이스라엘 백성들에게 주시는 말씀은 비방을 두려워하지 말라는 것입니다(7절). 대부분 비난과 감정은 당신의 문제가 아니라 상대의 문제(not your problem, but his/her problems)에서 비롯됩니다. 그러므로 비난 받음을 인하여 상대에게 대항하거나 자신을 질책하지 마십시오. 그들은 옷같이 좀에게 먹힐 것이며 양털같이 벌레에게 먹힐 것입니다(8절). 예수님은 "몸은 죽여도 영혼은 능히 죽이지 못하는 자들을 두려워하지 말고 오직 몸과 영혼을 능히 지옥에 멸하시는 자를 두려워하라"고 말씀하였습니다(마 10:28). 이스라엘이 두려워해야 하는 것은 하나님을 잊어버린 것입니다. 바다를 휘저어 물결을 뒤흔드는 여호와는 자신의 말을 그의 백성들에게 주어 그 손 그늘로 덮어 보호하십니다(16절). 그리고 학대자 앞에서 그의 자녀들에게 "너는 내 백성이다"라고 선언합니다. 여호와의 능하신 팔(arm of Yahweh)이 다시 한 번 능력을 발하시면 순식간에 홍해의 갈라짐과 같이 비방하는 자들은 멸망하게 될 것입니다. 그러나 하나님의 백성들은 죽지도 않고 구덩이에 내려가지도 않고 양식이 핍절당하지도 아니합니다(고후 4:8~9). 그분은 우리를 위로하시는 하나님이기 때문입니다.

3. 약속에 초점을 맞추라(17~23절)

이스라엘은 비방을 당할 때 술에 취한 자처럼 비틀거리며 흔들거렸습니다. 비방자들은 합리적으로 분석합니다. "네 아들들이 곤비하여 그물에 걸린 영양 같이 온 거리 모퉁이에 누웠으니 그들에게 여호와의 분노와 네 하나님의 견책이 가득하였도다"(20절). 그러나 주님은 "네 주 여호와, 그 백성을 신원하시는 네 하나님이 이같이 말씀하시되 보라 내가 비틀걸음 치게 하는 잔 곧 나의 분노의 큰 잔을 네 손에서 거두어서 너로 다시는 마시지 않게 하고"라고 하셨습니다(22절). 하나님은 우리의 넘어짐을 과거지사로 돌리셨습니다. 도리어 주님은 그 분노의 잔을 이스라엘에 큰소리치는 자에게 쏟아 부으십니다(23절). 비난이 쏟아지고 앞이 캄캄할 때 사람과 환경에게 초점을 맞추지 말고 하나님의 약속에 초점을 맞추어야 합니다. 찰스 스탠리는 영적 권위는 "나의 경험, 나의 믿음, 나의 신학과 교리가 아니라 성경이어야 한다"고 말했습니다. 그리스 신화의 허큘리스가 길에서 괴물을 보자 몽둥이로 때렸습니다. 괴물은 때릴수록 서너 배나 더 커져서 다가왔습니다. 지혜의 여신 아테네는 허큘리스에게 "그 괴물은 다툼인데 그냥 놔두면 저절로 작아진다"고 일러 주었습니다. 괴물이 다시 허큘리스를 공격했을 때 그가 무시하며 가던 길로 가자 괴물은 점점 작아 자취를 감추었습니다. 비난에 초점을 맞출수록 우리는 작아지고 문제는 커지지만, 하나님께 초점을 맞출수록 우리는 커지고 문제는 작아집니다. 하나님에 대하여 어떠한 의심이 생길 때마다 성경이 증거하는 하나님의 초자연적인 능력과 은혜를 묵상하십시오. 고통이나 문제가 아닌 하나님께 초점을 맞추는 것이 중요합니다(It is vital that you stay focused on God, not your pain or problem).

역사 속의 부흥

느헤미야의 영적 대각성

페르시아 아닥사스다 왕의 술 맡은 관원장이던 느헤미야는 형제 하나니로부터 고국의 참상과 어려움을 들었습니다. 느헤미야는 그 아픔을 예사로 듣지 않고 금식하며 기도했습니다. 위기가 그를 지도자로 불렀습니다. 하나님의 부름을 받은 느헤미야는 왕의 은총을 받아 유대 총독으로 귀환합니다. 때는 가장 어려운 때였습니다. 백성들을 환난과 능욕에서 보호하기 위해 그는 무너진 예루살렘 성벽을 쌓습니다. 적은 인원, 경제적 취약함에도 불구하고 탁월한 리더십으로 모든 백성들이 성벽 공사에 참여했습니다. 성벽 공사를 방해하는 산발랏과 도비야의 타협을 느헤미야가 단호히 거절하자 그들은 온갖 훼방을 일삼았습니다. 헛된 소문과 유언비어를 퍼뜨리며 느헤미야의 생명을 위협했습니다. 성벽 공사는 외부적인 정치적 억압(느 6:1~9)과 내부적으로는 전복의 위협(느 6:10~14)으로 큰 난항을 겪습니다. 중요한 위치에 있었던 자들은(대제사장들과 유대인들) 느헤미야의 대적들과 손을 잡고 느헤미야 앞에서 그들의 공적을 자랑하며 그의 마음을 긁어 내렸습니다. 그러나 하나님의 도우심과 그의 강한 리더십으로 52일 만에 예루살렘 성벽은 완성되어 봉헌하게 됩니다.

성벽이 완성되었으므로 백성들은 이제 적으로부터 보호를 받을 수 있었습니다. 그러나 역사는 환경의 변화, 성벽 재건으로 달라지지 않음을 느헤미야는 깨달았습니다. 백성들이 과거와 같은 죄에 빠질 수 있기 때문입니다. 나라가 멸망하기 전과 같이 유대인 중에 부유한 이들은 동족을 비인간적 고리대금으로 괴롭혔으며 빚에 시달린 사람들은 자녀를 노예로 팔았습니다. 관리들은 높은 세를 책정했고 이방여인을 취하기도 했습니다. 인간이 세운 제도와 각오는 오래 가지 못합니다. 예수님은 "더러운 귀신이 사람에게서 나갔을 때에 물 없는 곳으로 다니며 쉬기를 구하되 얻지 못하고 이에 가로되 내가 나온 내 집으로 돌아가리라 하고 와보니 그 집이 비고 소제되고 수리되었거늘 이에 가서 저보다 더 악한 귀신 일곱을 데리고 들어가서 거하니 그 사람의 나중 형편이 전보다 더욱 심하게 되느니라"고 하였습니다.

느헤미야는 진정한 부흥과 개혁은 성벽 공사가 아니라 영적 대각성임을 인식했습니다. 그는 백성들을 수문 앞 광장으로 불러 모았습니다. 학사 에스라가 말씀을 전하고 제사장들이 그 말씀을 깨우쳐 주었을 때, 삶에 지쳤던 백성들이 위로받았습니다. 나 혼자 살기 위해 앞뒤를 가리지 않던 사람들이 회개하기 시작했습니다. 부정했던 사람들이 거룩해지기 시작했습니다. 불의한 방법으로 살던 이들이(고리대금 및 형제를 노예삼음) 자신들의 죄를 보며 회개했습니다. 마틴 로이드 존스는 "교회와 기독교 사역자의 가장 중요한 임무는 하나님의 말씀을 전하는 것이다. 교회사를 보면 설교가 타락할 때마다 쇠퇴기가 항상 있었다"고 했습니다. 느헤미야의 영적 대각성은 성전과 성벽을 쌓는 것보다 더 위대한 건축이며 큰 역사였습니다. 그들은 여호수아 이래 가장 큰 초막절 행사를 지켰습니다. 광야에서 인도하신 하나님을 기리는 이 초막절 행사는 그들의 삶이 광야에 다시 처한다 할지라도 감사하는 자로 세우게 했습니다. 지금 당장 어떤 결과가 없어 현실이 힘들더라도, 하나님이 함께 하시면 광야를 지나 가나안으로 들어갈 수 있다는 믿음이 고양되었습니다. 이제 여호와께서 사막에 길을 내며 샘물을 솟아나게 하실 것입니다. 하나님의 뜻은 반드시 서게 됩니다. 진정한 부흥은 하나님을 발견하는 것입니다. 하나님이 함께 하심으로 지금 나의 환경을 극복하며 새로운 창조의 역사를 만드는 일입니다.

느헤미야는 하나님의 도우심을 받아 성벽을 세웠고 하나님께서는 느헤미야를 통해 성도들을 세우셨습니다. 느헤미야는 자신의 업적을 기리기 위해서 글을 쓴 것이 아니라 하나님을 찬양하기 위해 썼습니다. 느헤미야의 중심은 바로 하나님의 영광이었습니다. 진정한 부흥은 구조를 바꾸는 것도 아닙니다. 진정한 부흥은 하나님을 찾아 그 안에서 자신을 발견하는 것입니다. 자신의 허물을 발견하며 변화될 때, 가슴을 찢어가며 하나님을 찾을 때, 하나님은 환경을 바꾸는 능력을 주십니다.

부흥을 위한 기도

1. 하나님은 무에서 유를 창조하십니다.

혈혈단신 아브라함에게 복을 주어 창성케 하신 하나님께서 우리에게 큰 부흥을 주시도록 기도합시다.

2. 비난을 두려워하지 맙시다.

부흥의 과정에는 비난과 훼방이 있습니다.

하나님의 약속에 초점을 맞추며 비난을 극복하며 기도합시다.

3. 내면의 영적 질서를 먼저 사모합시다.

느헤미야는 진정한 부흥은 내면의 영적 질서를 세우는 것임을 가르쳤습니다.

우리가 영적으로 튼튼한지 점검하며 기도합시다.

묵상을 위한 질문

1. 비방 때문에 포기한 것이 있습니까?
2. 비난에도 불구하고 하나님의 약속을 붙잡아 승리한 일이 있습니까?
3. 현실적으로 타당하지 않고 불가능하게 여겨질지라도 하나님의 약속을 믿고 인내할 수 있습니까? 그 근본 힘은 어디서 옵니까?
4. 우리의 외면의 벽보다 내면의 영성이 더 중요한 이유는 무엇입니까?
5. 오늘 배운 내용 중에 당신에게 가장 감동적인 것은 무엇입니까?

14일 부흥의 결단

준비하며 떠나라

이사야 VISION

좋은 소식을 전하는 자의 발이 산을 넘는다.
여호와께서 시온으로 돌아오신다.
여호와께서 열방의 목전에서 거룩한 팔을 나타내신다.

memo

새벽을 여는 기도

신실하고 자비로우신 하나님, 주님과 은혜를 사모하여 이 자리에 모였습니다.
하늘을 가르시고 강림하사 말씀을 깨달을 수 있도록 학자와 같은 귀를 주옵소서.
말씀 중에 우리 모두 비전과 꿈을 꾸게 하옵소서.
교회를 새롭게 하시고, 민족을 치유하시며 열방이 주께 돌아오게 하옵소서.
잉태한 것들이 해산되게 하옵소서.
예수님의 이름으로 기도합니다. 아멘.

- **오늘의 말씀** 이사야 52:1~12
- **외울 말씀** "여호와께서 너희 앞에 행하시며 이스라엘의 하나님이 너희 뒤에 호위하시리니 너희가 황급히 나오지 아니하며 도망하여 행하지 아니하리라"(12절).

하나님께 나아감

구원의 기쁜 소식은 하나님의 예정으로 선포됩니다. 백성들은 세상에서 고향으로 돌아가는 나그네처럼 출발해야 합니다. 존 브래들리 쇼우는 "당신이 변화와 성장을 원하면 '안녕'이라고 말할 줄 알아야 한다(If you want to go, you have to be able to say, 'Good-bye.')"라고 말했습니다. 옛 장소에 오래 머물러 있으면 자유와 구원을 맛볼 수 없습니다. 과거를 고집하면서 회복과 부흥을 기대할 수 없습니다. 기대할 수 없었던 모습에서 기대의 자리로 향해야 합니다. 하나님은 바벨론에 주저앉은 백성들에게 떠나라고 명령하셨습니다. 그 점에서 40장과 52장은 내용이 아주 흡사합니다. 이사야의 위로의 메시지는 "떠날지어다 떠날지어다"라며 백성들에게 귀환을 촉구하고 있습니다.

부흥의 메시지

1. 준비하라(1~6절)

하나님은 바벨론의 포로로 지쳐 버린 시온, 이스라엘 백성들에게 이제 힘을 내며 떠날 준비를 하라고 말씀하십니다. 저들이 있어야 할 자리가 아니기 때문입니다. 그러기 위해 스스로 목의 사슬을 풀어 버리라고 말씀하십니다(2절). 그것은 하나님의 명령 앞에 모든 결박들이 풀렸기 때문입니다. 예수 그리스도로 말미암아 모든 결박이 풀렸습니다. 우리가 자유를 누리기 위해서 결박이 풀렸음을 선언해야 합니다. 그들은 값없이 팔렸은즉 돈 없이 속량됩니다(3절). 그들은 죄와 허물로 아무것도 얻지 못한 채 노예로 팔렸습니다. 그들을 하나님은 돈 없이(without paying ransom) 구속해 주시겠다고 말씀하십니다. 이유인즉 포로로 정처 없이 살며 온갖 조롱을 다 받으며 고통 받는 것을 하나님이 보았기 때문입니다. 하나님은 주의 백성들에게 떠들며 괴롭히는 것을 그의 이름을 더럽히는 것으로 간주하셨습니다(5절). 그러므로 구원은 우리의 의가 아니라 하나님의 긍휼하심에 있으며 그의 이름을 위하여 나타납니다. 하나님이 그들 속에 구원을 작정하셨으므로 이스라엘은 영적 절망에서 깨어 즐거움의 아름다운 옷을 입고 떠날 준비를 해야 합니다(1절).

2. 하나님이 통치하신다(7~10절)

전령은 험산준령을 넘어 달려가 좋은 소식을 전합니다. 그는 "네 하나님이 통치하신다(Your God reigns)"는 좋은 소식(good tidings)을 예루살렘의 황폐한 백성들에게 외칩니다. 가장 복된 소식은 하나님께서 지금 우리 가운데 오시는 일입니다(7~8절). 절망과 삶에 지친 이스라엘은 여호와께서 통치자가 되어 그의 백성들에게 오신다는 소식을 접합니다. 공격하려고 달려오는 적의 소리가 아니라 기쁜 소식을 전하는 자의 외침입니다. 파수꾼은 "여호와께서 그 백성을 위로하셨고 예루살렘을 구속하셨음이라 여호와께서 열방의 목전에서 그 거룩한 팔을 나타내셨으므로 모든 땅 끝까지도 우리 하나님의 구원을 보았도다"고 외칩니다(9~10절). 황폐했던 백성들은 기쁜 소리로 화답합니다. 예수께서 사망 권세를 이기시고 부활하신 소식을 전해준 천사처럼, 아름다운 소식을 갖고 있는 우리는 잠잠히 있어서는 안 됩니다(왕하 7:9). 삶에 지쳐 절망하는 자들에게 그리스도의 구원과 위로를 전해야 합니다. "누구든지 주의 이름을 부르는 자는 구원을 얻으리라"는 소식을 전하는 자의 발처럼 아름다운 것은 없습니다(롬 10:13).

3. 떠날지어다 떠날지어다(11~12절)

준비한 자, 사명을 받은 자, 전령의 소식을 들은 자는 떠나야 합니다. 하나님께서 바벨론을 멸망시키셨기에 귀환 명령이 떨어지면 제2의 출애굽이 실시됩니다. 이 행렬은 첫 번째 출애굽과 다릅니다. 첫 번째 출애굽은 허리에 띠를 띠고 발에 신을 신고 손에 지팡이를 잡고 급히 먹으며(출 12:11) 신속하게 도망쳤지만 이 귀환은 느긋하게 이루어집니다. 하나님이 바벨론(악한 세력)을 완전히 멸하셨기 때문입니다. 떠나는 자는 부정한 것을 만지지 말아야 합니다. 전혀 도움을 주지 못했던 우상을 더 이상 붙잡지 말아야 합니다. 하나님의 복을 누리는 자들은 야곱이 벧엘로 올라가기 전에 온갖 우상을 세겜 땅에 묻었듯이 과거와 세상 것을 묻고 스스로 정결하게 해야 합니다(11절). 왜냐하면 거룩한 성은 성별된 곳이기 때문입니다(1절). 여호와께서 불기둥으로 출애굽 하는 백성들 앞뒤에서 함께 하셨듯이 하나님은 제2의 출애굽 하는 백성들을 앞에서 행하시며 뒤에서 호위하시며 이전보다 더 멋지게 인도하십니다(출 14:19~20; 사 52:12).

아주사 오순절운동

"목사님, 저도 목사님의 가르침을 배우고 싶습니다." 한쪽 눈이 안 보이는 흑인 청년 하나가 찰스 파햄(Charles F. Parham) 목사에게 간청했습니다. "미안하네. 자네를 교실에 들일 수 없군. 하지만 대신 복도에서 강의를 들을 수 있도록 허락하겠네." 청년의 이름은 윌리엄 시무어(William J. Seymour)입니다. 최근 미국 잡지 「기독교의 역사」는 20세기의 10대 인물을 선정하면서 빌리 그래함 다음으로 윌리엄 시무어를 꼽았습니다. 그는 1870년 5월 2일 막 노예에서 해방된 흑인의 아들로 태어났습니다. 그는 가난해서 학교에 다닐 수 없었습니다. 25세에 고향을 떠나 인디애나에서 호텔 웨이터로 일하면서 흑인감리교회에 출석했습니다. 그는 설교자로 일할 것을 권유받았지만 교육 받지 못한 자신은 그런 일에 합당하지 않다며 거절했습니다. 그 후 천연두로 왼쪽 눈을 잃자 그는 이것이 하나님의 부름에 거역한 결과라고 생각하고 소명을 받아들였습니다.

1906년 2월 휴스턴에 있던 시무어는 LA의 한 성결교회로부터 방문 요청을 받았습니다. 그는 도착하여 사도행전 2장 4절을 근거로 방언을 못하면 성령세례를 받지 못한 것이라고 설교했습니다. 담임목사 허친스는 그의 설교에 분노하며 교회 문을 잠그고 그의 출입을 거부했습니다. 쫓겨난 그를 에드워드 리가 자신의 집으로 초대했습니다. 1906년 4월 9일 에드워드는 베드로와 요한이 나타나서 그들의 손을 하늘로 향하여 들면서 방언하는 환상을 보고, 기도할 때 방언이 터졌습니다. 그날 저녁 많은 사람들이 시무어의 가르침을 듣고 방언했습니다. 사람들이 점점 많이 몰려들어 넓은 장소가 필요했습니다. 그래서 아주사(Azusa) 거리 312번지 2층, 황폐한 목조건물로 옮겼습니다. 매일 500~1,000명의 사람들이 기적과 성령 충만을 바라며 하루에 세 번씩 3년 반 동안 모였습니다. 방언은 물론 치유가 일어났습니다. 환자들이 몰려들었고, 성령의 능력에 압도되어 넘어지고 쓰러지고 바닥에 뒹구는 사람들도 있었습니다. 무명의 한 흑인 목사 시무어가 인도하는 집회에서 시작된 강력한 성령의 임재가 아주사 거리 전역을 뒤덮었습니다. 근대의 오순절운동이 시작된 것입니다. 죄 용서, 성화, 성령세례, 그리고 신유를 갈구하는 구도자들을 위해 강단이 열리자마자 사람들이 단상으로 몰려들었습니다.

4월 17일 화요일 밤, 「LA 데일리 타임즈」 기자에게 어떤 사람이 "만일 LA가 이 새로운 믿음을 받아들이지 않으면 큰 파멸을 맞이할 것이다"고 예언했습니다. 이 예언이 있은 후 샌프란시스코의 지진으로 1만 명 이상이 죽고, 40만 명의 인구 가운데 25만 명이 집을 잃었습니다. 집회는 날로 커갔고, 흑인보다 백인들이 더 많았습니다. 그의 설교는 단순했습니다. 첫째, 십자가의 구속을 통해 죄 용서를 받았고 둘째, 예수 그리스도의 보혈을 통해 성화됐으며 셋째, 예수 그리스도의 값진 구속을 통해 육체의 치유를 받았고 넷째, 성령세례를 받았다는 것입니다. 이 단순한 메시지는 놀라운 영향력으로 사람들을 사로잡았습니다. 짧은 시간에 인근 인디애나폴리스는 물론 미 전역에서 수많은 사람들이 성령세례를 체험했으며, 노르웨이 감리교 목사 바렛을 통해 노르웨이에 전파되어 유럽에도 오순절운동이 타오르기 시작했습니다. 세계 각국에서 이 소문을 듣고 몰려왔고, 그들은 그곳에서 성령 충만을 체험하고 자기 나라로 돌아가 성령운동을 일으켰습니다. 아주사 거리 미션교회는 마치 사도행전 2장에 나오는 오순절 마가의 다락방 같았습니다.

아주사 부흥이 없었다면 오순절운동은 오늘날처럼 수많은 나라로 확산되지 못했을 것입니다. 이 부흥운동의 여파로 Church of God in Christ 교단이 생겨났고, 1914년에 알칸사 주 핫스프링에서 하나님의 성회, 순복음교단이 조직됐습니다. 이 운동은 알렌 목사, 오랄 로버트, 캐더린 쿨만과, 오늘날의 베니 힌, 팻 로버슨, 한국의 조용기 목사 등에게 영향을 끼쳤습니다. 이 성령운동은 미국 은사주의운동과 1980년대에는 존 윔버의 빈야드운동에도 영향을 끼쳤습니다. 아주사에서 일어난 제1물결 오순절운동, 제2물결 은사주의운동, 제3물결 빈야드운동이 20세기 성령운동입니다. 이 부흥을 가리켜 감리교 웨슬리의 제2의 축복의 운동이라고 일컫습니다. 근대 오순절운동은 지금도 여전히 성령께서 우리 가운데 역사하신다는 사실을 분명하게 보여주었고 이 땅에 잠자는 수많은 교회들을 흔들어 깨웠습니다. 하지만 지나친 은사주의, 주관주의 현상 등은 극복해야 할 과제입니다. 말씀의 객관성을 잃어버린 성령의 역사, 삶의 변화로 이어지지 못한 부흥은 언제나 잘못된 방향으로 흐를 수 있기 때문입니다.

부흥을 위한 기도

1. 전령의 삶을 삽시다.

절망과 두려움에 있는 이에게 여호와께서 통치하시며 그리스도께서 승리하셨다는 좋은 소식을 전하는 삶이 되도록 기도합시다.

2. 과거로부터 떠납시다.

죄에 매여 고달팠던 것을 회개하며 전혀 도움이 되지 못한 것에서 떠나도록 기도합시다.

3. 성령을 인격자로 모십시다.

성령은 우리의 삶과 교회 부흥의 수단이 아닙니다. 그분을 인격자로 모십시다.

그리고 성령보다 앞선 삶이었다면 성령 안에서 걷도록 기도합시다.

묵상을 위한 질문

1. 당신이 전하는 좋은 소식은 무엇입니까?
2. 부흥을 위해서 당신이 떠나야 할 것은 무엇입니까?
3. 교회 부흥을 위해 하나님은 당신을 부르신다고 믿습니까?
4. 오늘 배운 내용 중에 당신에게 가장 감동적인 것은 무엇입니까?

15일

부흥의 말씀

그가 채찍에 맞음으로

이사야 VISION

하나님의 구원은 고난의 종을 통해서 온다.
그분의 고난은 우리의 평화와 치유가 된다.
그는 우리의 영원한 중보자가 된다.

memo

새벽을 여는 기도

신실하고 자비로우신 하나님, 주님과 은혜를 사모하여 이 자리에 모였습니다.
하늘을 가르시고 강림하사 말씀을 깨달을 수 있도록 학자와 같은 귀를 주옵소서.
말씀 중에 우리 모두 비전과 꿈을 꾸게 하옵소서.
교회를 새롭게 하시고, 민족을 치유하시며 열방이 주께 돌아오게 하옵소서.
잉태한 것들이 해산되게 하옵소서.
예수님의 이름으로 기도합니다. 아멘.

- **오늘의 말씀** 이사야 52:13~53:12
- **외울 말씀** "그가 찔림은 우리의 허물을 인함이요 그가 상함은 우리의 죄악을 인함이라 그가 징계를 받음으로 우리가 평화를 누리고 그가 채찍에 맞음으로 우리가 나음을 입었도다"(5절).

하나님께 나아감

16세기 예수회 선교회가 중국 선교 당시 복음의 고난을 감추고 좋은 것만 전했을 때 아무런 결실을 맺지 못했습니다. 200년 뒤 허드슨 테일러가 십자가와 부활을 전할 때 중국이 수확되기 시작했습니다. 요아킴 예레미야스는 "구약의 어떤 말씀도 이사야 53장만큼 중요한 것이 없다"고 했습니다. 본문은 우리가 들어야 할 복음 중에 복음이며 하나님의 귀중한 회복의 메시지입니다. 부흥의 메시지는 어떤 화려함이 아니라 우리 죄를 정결케 하기 위해 그리스도께서 속건제물이 되신 것입니다. 대표적인 종의 노래 이사야 52장 13절~53장 12절에서 언급된 고난의 종은 고레스도, 경건한 유대인도, 갑자기 사라진 스룹바벨도 아닙니다. 이디오피아 여왕 간다게의 국고를 맡은 내시가 이사야 53장 7절 이하의 말씀을 읽으면서 "선지자가 이 말 한 것이 누구를 가리킴이뇨 자기를 가리킴이뇨 타인을 가리킴이뇨"라고 묻자, 빌립은 "이 글에서 시작하여 예수를 가르쳐 복음을"(행 8:34~35) 전하였습니다. 십자가의 예수님은 우리가 들어야 할 복음이며 부흥의 메시지입니다.

부흥의 메시지

1. 하나님의 종의 모습(appearance of the Servant, 52:13~53:3)

많은 사람들이 외모를 보고 실수합니다. 하나님의 종을 오해하게 된 것은 그의 외모 때문입니다. 구원자의 얼굴은 타인보다 상하였고 그 모양이 인생보다 상하였으므로 무리가 그를 보고 놀라며 알아보지 못했고 귀히 여기지도 않았습니다(사 52:14, 53:3). 예수님은 자라나기를 연한 순 같고 마른 땅에서 나온 줄기 같아서 고운 모양도 없고 풍채도 없은즉 우리의 보기에 흠모할 만한 아름다운 것이 하나도 없었습니다(2절). 하나님의 능력과 구원은 이 약한 사람 안에서 온전히 나타났습니다(고후 12:9b). 그는 어느 누구에게도 주목을 받지 못했으며 귀중히 여김을 받지도 못했습니다. 찰리 채플린은 '시티 라이트(City Lights)'에서 눈 먼 소녀를 위해 바보 연기를 했습니다. 그는 돈을 모아 그 눈 먼 소녀가 앞을 볼 수 있도록 수술비를 제공했습니다. 후에 그녀는 창문을 통해서 채플린을 보지만 자기의 눈을 뜨게 해 준 사람이 그라는 것을 알지 못하고 바보 연기를 하는 그를 향해 웃기만 했습니다. 예수님이 그의 백성과 인류를 위해 종의 형체를 가져 십자가에서 죽기까지 복종하셨건만 사람들은 비웃었습니다(빌 2:7~8). 그분이 우리의 구세주임에도 불구하고….

2. 하나님의 종의 삶(life of the Servant, 53:4~6)

그는 가장 부유한 자로서 우리를 평균케 하시려고 가난과 멸시 속에서 살았습니다(고후 8:9). 어느 누구도 그를 존경하지 않았으며 멸시했습니다. 그는 공동체로부터 버림을 받았습니다. 그는 질고를 겪었고, 우리 인생의 질고를 아는 자(NIV-familiar with suffering, a man of pains who was visited by sickness)입니다. 우리를 능히 위로할 수 있는 분입니다(히 2:18; 사 53:3~4). 히브리서에서 "저희 구원의 주를 고난으로 말미암아 온전케 하심이 합당하도다"라고 하였습니다(히 2:10). 그는 육신의 연약함을 입고 인간의 짐을 짊어짐으로 수난 받는 자의 삶을 살았습니다. 그는 강한 자로되 연약한 자였고, 그가 모든 죄악을 지고 곤욕과 심문을 당하며 끌려갈 때 사람들은 그것을 하나님의 형벌로 오해했습니다(고후 13:4). "그는 실로(surely) 우리의 질고를 지고 우리의 슬픔을 당하였거늘 우리는 생각하기를 그는 징벌을 받아서 하나님에게 맞으며 고난을 당한다 하였노라"(4절). 우리의 생각이 항상 옳은 것이 아닙니다. 우리는 다 양과 같아서 각기 제 길로 갑니다. '그러나(but)' 이제 복음의 실상이 선포됩니다. "그가 찔림은 우리의 허물을 인함이요 그가 상함은 우리의 죄악을 인함이라 그가 징계를 받음으로 우리가 평화를 누리고 그가 채찍에 맞음으로 우리가 나음을 입었도다"(5절). 하나님은 아사셀의 염소처럼(sacrificial goat, 레 16장) 그에게 우리의 죄를 담당시키셨습니다. 시맨즈는 "예수님은 직접 죄를 지은 사람들의 형벌과 결과뿐만 아니라 타인의 범죄의 대상이 된 사람들이 겪는 신체적 · 정신적 · 감정적 · 영적 고통도 총망라하여 다 담당하셨다. 그분은 죄인들뿐만 아니라 무죄한 피해자들과도 온전히 하나가 되었다"고 말했습니다.

3. 하나님의 종의 죽음(death of the Servant, 53:7~9)

종의 곤욕과 심문을 통해 "하나님의 종은 보호와 권리를 철저하게 박탈당했다"고 모빙겔은 주석했습니다. 마치 도살장으로 끌려가는 어린양과 털 깎는 자 앞에 잠잠한 양같이 그 입을 열지 아니하며 철저하게 침묵하신 것은 힘이 없어서가 아니라 사명의 길은 변명할 이유가 없으며, 그 일을 통해서 하나님이 기뻐하시는 뜻이 이루어지기 때문입니다(10절). 사명은 변명과 항변보다 순종만을 요구합니다. 하나님의 종은 철저하게 버림을 받아 죄인의 끊어짐(cut off, he was killed)을 받았으며 부자(아리마대 요셉)의

무덤에 장사되었습니다(9절). '그러나(but)' 실상 그는 강포도 거짓도 없는 자입니다(벧전 2:22~25). 하나님은 그로 상함을 받게 하시고 질고를 당케 하셔서, 그 영혼을 속건제물(a guilt offering)로 드려 하나님의 뜻을 성취하게 하셨습니다(It is finished. 요 19:30; 사 53:10). 한국전쟁 중 사람들은 운송열차의 석탄을 훔쳐 팔아 추운 겨울을 살아갔습니다. 어느 날 석탄을 훔치던 무리들이 미 헌병에게 들켜 도망갈 때 7살쯤 된 어린 소년이 기차 밑에서 석탄을 줍고 있었습니다. 석탄을 집으려는 순간 기차가 움직이자 한 중년 남자가 달려와 그 소년을 밖으로 밀어냈습니다. 그리고 그는 기차 바퀴에 깔려 죽었습니다. 그 소년을 위해 목숨을 던진 이는 소년의 아버지였습니다. 그리스도가 그렇게 하였습니다. 이사야 53장은 이 사실을 아는 사람을 '우리' 로 소개하고 있습니다.

4. 하나님의 종의 목적(purpose of the Servant, 52:15, 53:10~12)

하나님은 동물의 희생제물이 아닌 자원하는 고난의 종을 통해서 구원을 완성시키셨습니다. 하나님은 그를 부활시키사 인류에게 하나님의 의(righteousness)를 가져오게 했고, 인간의 죄를 영원히 해결해 주셨습니다. 그리스도께서 우리의 죄악을 담당하심으로 우리는 자유합니다. "그러므로 이제 그리스도 예수 안에 있는 자에게는 결코 정죄함이 없나니 이는 그리스도 예수 안에 있는 생명의 성령의 법이 죄와 사망의 법에서 너를 해방하였음이라"(롬 8:1~2). 그는 범죄자를 위하여 기도하는 유일하며 영원한 중보자(intercession for the transgressors)이십니다{53:12; "다른 이로서는 구원을 얻을 수 없나니 천하 인간에 구원을 얻을 만한 다른 이름을 우리에게 주신 일이 없음이니라"(행 4:12)}. 그의 죽음은 철저하게 우리의 죄에 대한 죽음이며 그의 살으심은 우리의 의에 대한 살으심입니다(롬 4:25). 하나님은 그를 존귀하게 세우셨습니다(빌 2:9~11). 본문 종의 노래 처음(사 52:13)과 마지막(사 53:12)에서 "지극히 존귀하게 되리라"라는 말씀처럼 그가 구원을 이루자 대적자들이 크게 낙담하며 두려워합니다(사 52:14~15; 느 6:15~16). 그의 행하심으로 열방이 놀라고 열왕은 그로 인하여 입이 봉해집니다(계 12:10~11).

캐더린 쿨만의 신유운동

하나님의 부흥은 온전한 치유를 동반합니다. 치유 사역으로 새로운 부흥을 일으켰던 캐더린 쿨만은 20세기에 큰 영향력을 끼친 여성 사역자입니다. 그녀는 1907년에 태어나 1928년부터 사역했습니다. 캐더린은 예외 없이 하나님의 사람들이 겪었던 고통과 슬픔, 아픔과 배신, 또 육신의 연약함을 가졌습니다. 그도 사랑에 실패했습니다. 캐더린은 힘든 골짜기를 통과하며 침체되기 쉬운 상황에서 하나님이 역사하시도록 마음을 열었습니다. 이로써 누구도 경험해 보지 못한 하나님의 위대한 권능과 축복을 경험했습니다. 그녀의 사역은 하나님의 임재와 영광으로 가득 찼습니다. 풍성한 열매로 성령 충만한 그녀의 모습은 신비로웠습니다. 많은 청중을 압도하는 카리스마로 인하여 하나님의 역사하심과 치유의 간증이 사역현장마다 가득했습니다. 그녀가 인도하는 집회는 언제나 회중으로 가득 찼으며, 집회 장소에 들어오지 못한 수천의 사람들이 돌아가기도 했습니다. 그녀의 설교는 담대했지만, 병든 사람을 보면 눈물이 글썽거릴 정도로 긍휼로 가득 찼습니다.

오랄 로버츠는 "나는 지금까지 어느 누구보다도 캐더린 여사만큼 말씀의 지식이 있는 분을 보지 못했습니다. 나는 새로운 은사의 세계에 눈이 열렸으며, 하나님께서는 그녀를 통하여 이런 은사들을 당신의 자녀들에게 나누어주고 있다는 것을 알았습니다. 마치 하나님께서 '나는 스스로 있는 자다. 내 말을 들어라. 너의 믿음이 내게 오게 하라. 내 은혜의 이적들을 보기 원하노라' 라고 말씀하시는 것 같았습니다. … 대학에서 열린 그녀의 집회는 교수진과 학생들을 눈물바다로 만들었습니다. 이 집회 이후로 우리는 이미 어제의 사람들이 아니었습니다. 우리는 하나님께 더욱 감사하게 되었습니다. 캐더린 여사만큼 내 마음을 차지한 사람도 없습니다. 아직도 '성령님, 제가 결코 주님께 불순종하는 일이 없게 해 주세요!' 라고 외치는 그녀의 음성이 들려오는 듯합니다. 그녀와 같은 이는 아직까지 없었습니다. …"

집회 중 그녀는 자주 이렇게 말했습니다. "제발 부탁합니다. 성령님을 훼방하지 마세요! … 그분은 나의 모든 것입니다. 제발 그분에게 상처를 주지 마세요. 그는 나의 전부입니다. 제가 사랑하는 분을 해하지 마세요. … 여러분과 나의 관계보다 나와 그분의 관계가 더 가깝습니다." 많은 사람들은 그녀가 인격적인 성령님과 얼마나 깊이 알고 있으며, 깊이 교통하고 있는지에 큰 충격과 도전을 받았습니다. 베니 힌은 'The Cross' 라는 설교 테이프를 듣고 "캐더린 쿨만의 십자가와 죽음에 관한 설교를 듣고 인생에 가장 큰 변화를 맞았다"고 고백했습니다. 그녀는 1976년 2월, 툴사(Tulsa)의 한 병원에서 하나님의 임재가 가득한 가운데 주님 품으로 갔습니다. 그녀는 임종 순간에 손가락으로 하늘을 가리키면서 "나는 본향으로 가고 싶어요"라는 말을 남겼습니다. 오랄 로버츠 목사의 아들 리처드 로버츠, 미셸 코렐 박사, 베니 힌 목사 등 기라성 같은 세계적인 사역자들이 그녀로부터 큰 영향을 받았습니다.

많은 사람들이 그녀의 외적인 영광스러운 사역의 모습을 보고 동경, 사모하고 심지어 흉내까지 내지만 실패합니다. 이유는 간단합니다. 왜냐하면 그들은 그 드러나는 모습의 이면에 감추어져 있는 대가를 치르려 하지 않기 때문입니다. 그 대가는 자신과 탐욕과 야망에 대한 죽음입니다. 하나님 나라에 대한 비전이 아니라 자기 왕국을 세우고자 하는 위장된 탐욕으로는 안 됩니다. 캐더린은 자기의 모든 것을 십자가로 가져갔던 사람입니다. 그녀는 자주 의미 있게 "당신의 기도에 의해 되는 것이 아닙니다. 당신의 능력에 의해 되는 것도 아닙니다. 바로 당신 자신을 하나님께 완전히 맡기고 포기할 때 되는 것입니다"라고 말했습니다.

부흥을 위한 기도

1. 그분이 우리의 질고를 아십니다. : 예수님께서 나의 질고를 알고 담당하심을 믿고 하나님의 치유가 임하도록 기도합시다(치유를 위한 안수 기도 실시).

2. 죄의 용서를 확신하십시오. : 여호와께서 우리 모든 죄악을 그리스도께 담당시키셨습니다. 죄의 사슬에서 벗어났음을 선포하며 감사 기도합시다.

3. 예수 그리스도를 존귀하게 높입시다. : 마틴 로이드 존스(Martyn Lloyd-Jones)는 "부흥은 하나님의 아들인 예수 그리스도가 영화롭게 되는 것이다. 예수님을 교회생활의 중심으로 회복되는 것이다"라고 했습니다. 그리스도를 신앙의 중심으로 모셔 들이는 기도를 합시다.

4. 성령님과의 인격적인 교제를 사모합시다. : 성령님은 은사와 부흥을 위한 도구가 아닙니다. 그분을 사모하는 것이 부흥이며 그분과의 인격적인 교제가 부흥입니다. 그분을 사모하며 그분과 동행하는 삶을 위해 기도합시다.

묵상을 위한 질문

1. 우리의 허물과 죄로 인해 죽으시고, 우리의 의를 위해 부활하신 예수님을 당신은 구주로 영접했습니까?
2. 예수님의 치유와 부흥을 경험하고 있습니까?
3. 성령님과 인격적인 교제란 어떤 것일까요? 구체적인 사례를 들어 보세요. 지속적인 성령님과의 교제는 어떻게 이루어질까요?
4. 오늘 배운 내용 중에 당신에게 가장 감동적인 것은 무엇입니까?

16일 부흥의 비전

네 장막 터를 넓히라

이사야 VISION

하나님의 긍휼이 우리에게 시작되었다.
장막 터와 장막이 넓혀진다.
번영과 평안이 있다.
하나님의 공의로 대적들이 패망한다.

memo

새벽을 여는 기도

신실하고 자비로우신 하나님, 주님과 은혜를 사모하여 이 자리에 모였습니다.
하늘을 가르시고 강림하사 말씀을 깨달을 수 있도록 학자와 같은 귀를 주옵소서.
말씀 중에 우리 모두 비전과 꿈을 꾸게 하옵소서.
교회를 새롭게 하시고, 민족을 치유하시며 열방이 주께 돌아오게 하옵소서.
잉태한 것들이 해산되게 하옵소서.
예수님의 이름으로 기도합니다. 아멘.

- **오늘의 말씀** 이사야 54:1~17
- **외울 말씀** "네 장막 터를 넓히며 네 처소의 휘장을 아끼지 말고 널리 펴되 너의 줄을 길게 하며 너의 말뚝을 견고히 할찌어다 이는 네가 좌우로 퍼지며 네 자손은 열방을 얻으며 황폐한 성읍들로 사람 살 곳이 되게 할 것임이니라"(2~3절).

하나님께 나아감

사람이 비전을 갖지만 비전이 사람을 만듭니다. 비전은 어제와 다르게 만들고 평범한 삶을 비범한 삶으로 만듭니다. 비전이란 희망 없는 환경이나 사람에게서 가능성을 보는 것입니다. 괴테는 "한 개인을 대할 때 그 사람이 무엇인가 되어야 하고 또 그 무엇인가를 이룰 수 있는 이로 대한다면 그 사람은 그렇게 될 것이다"라고 했습니다. 하나님의 사람들은 사람들의 의견을 모으기 전에 하나님의 뜻을 구함으로 비전을 찾아야 합니다. 이스라엘은 '소박(Broken marriage)맞아 살기 힘들어하는 여인' 처럼 모든 것을 포기합니다. 우리는 작아지고 상처 날수록 힘써 남을 의지하지만 일어서거나 안위를 받지 못합니다. 회복과 부흥은 하나님 안에 있습니다. 하나님 안에 거할 때 비전이 있습니다. 여호와는 우리의 신실하고 책임감 있는 남편이 되셔서 이것을 반드시 이루실 것입니다.

부흥의 메시지

1. 비전(vision)을 보라(1절)

이스라엘의 모습은 남편을 잃어 더 이상 잉태도, 구로도 못하는 여인과 같이 하나님으로부터 버림당하고 이방인들에게 짓밟혔습니다. 저들은 곤고하며 광풍에 요동하여 안위를 받지 못한 자였습니다(11절). 하지만 하나님은 소망을 상실한 홀로 된 자, 곧 이스라엘이 남편을 둔 여인들보다 더 많은 자녀를 두며 그 세력과 영광을 회복하게 될 것이라고 말씀하십니다(1절). 이제 황폐한 성읍들이 다시 사람 살 만한 곳으로 재건됩니다. 이 비전은 반드시 성취될 것이기에 계속해서 반복됩니다. 하나님의 비전은 우리 눈에 엉뚱해 보일 수 있습니다. 그러나 하나님의 방법과 계획들은 우리의 생각과 다릅니다. 그러므로 무시하거나 저버려서는 안 됩니다. 윌리엄 캐리가 해외 선교의 비전을 말하자 한 목회자는 "앉게나. 젊은이, 하나님께서 불신자들을 회심시키기 원하신다면 자네 도움 없이도 그 일을 하실 수 있다네"라며 그의 비전을 무시했습니다. 큰 자가 비전을 이루는 것이 아닙니다. 비전이 큰 자로 만듭니다. 하나님의 나라와 의를 위한 비전과 힘을 다해 헌신하는 것은 정말 가치 있는 일입니다. 비전을 품었던 보잘것없는 캐리는 현대 선교의 아버지가 되었습니다. 한 사람이 비전을 품었을 때 그 일로 인하여 지구촌은 변화가 일어납니다. 언더우드와 아펜젤러의 비전을 통해서 한국에 복음의 씨앗이 떨어졌음을 보십시오. 당신의 비전은 그 어느 곳에선가 새로운 역사가 될 수 있습니다.

2. 확장하라(2~3절)

윌리엄 캐리는 본문을 가지고 "하나님으로부터 위대한 것을 기대하라. 하나님을 위해 위대한 것을 시도하라"고 설교했습니다. 하나님은 이제 자식들이 많아지므로 그들의 장막 터를 넓혀야 한다고 말씀하십니다. 참치가 올 때 그물을 만드는 것이 어리석은 것처럼, 다가올 부흥을 준비하지 못한 자도 게으른 종입니다. 준비된 자에게 하나님이 채워주십니다. 아직 눈에 보이지 않는다 할지라도 믿음은 그 비전을 현실로 그리며, 미래의 것을 오늘의 것처럼 맞이할 준비를 해야 합니다. 이스라엘 백성들은 자식이 많아져 터가 너무 좁아 장막을 새롭게 해야 하고 터를 넓혀야 합니다. 모든 것을 담을 수 있는 신앙과 마음의 터를 넓힐 때 큰 사람이 됩니다. 처소의 휘장(tent curtains)을 아끼지 말아야 합니다. 줄을 길게 하며 말뚝을 견고히 하여야 합니다. 하나님은 이 땅에 다시 한 번 부흥과 영적 대각성을 주실 것입니다. 침체의 늪이 깊다고 불가능한 것은 아닙니다. 시편기자는 "저희가 주의 법을 폐하였사오니 지금은 여호와의 일하실 때니이다"(시 119:126)라고 하였습니다. 지금은 하나님께서 일하실 때입니다. 그날을 바라보며 비전으로 큰 그릇을 준비하며 사랑으로 투자하고 기도의 줄과 견고한 믿음의 말뚝을 갖추면 하나님의 백성들이 좌우로 퍼지며 열방을 얻는 복을 누리게 될 것입니다(3절).

3. 고난은 잠시, 자비는 영원하다(4~10절)

하나님이 택한 백성들에게 허용된 환난은 작은 것입니다. 이 작은 환난에 백성들은 크게 놀랍니다. 하지만 이제 백성들은 하나님의 큰 긍휼과 영원한 자비를 보게 될 것입니다. 그때 수치와 부끄러움은 다시 기억되지 않을 것입니다(4절). 그것은 그들 자신의 열심과 참된 회개의 결과가 아니라 하나님께서 맺으신 언약에 대한 성실과 그것을 이루려는 열심 때문입니다. 죄로 인해 이스라엘을 향한 하나님의 진노가 불같이 타올랐으나, 하나님의 은혜는 그 진노보다 더욱 크고 풍성합니다. 하나님은 과거의 수치와 부끄러움에서 이스라엘을 모을 것입니다. 하나님은 우리의 약점을 강점으로 바꾸는 데 전문가이십니다(God specializes in turning our weaknesses into his strengths). 요셉은 형제에게 배반당해 종으로 팔렸고, 보디발의 아내의 거짓 음모 때문에 3년이나 옥에 갇혔지만 하나님은 더 길고 영원한 은혜로 그를 애굽의 총리로 만드셨습니다. 은혜는 잊게 만들 뿐만 아니라 창성케 합니다(첫 아들 므낫세-잊어버림, 둘째 아들 에브라임-창성함). 산들이 떠나며 언덕들이 옮겨질지라도 하나님의 자비는 우리에게서 떠나지 않으며 다시는 노아의 홍수처럼 노하지 않으며 책망하지 않겠다고 언약을 보여주십니다(9절). 우리가 환난에 직면할 때마다 우선적으로 바라보아야 할 것은, 실제적인 해결책들이 아니라 도리어 어떤 상황에서도 우리를 사랑하시고 떠나지 아니하시겠다고 언약하신 하나님이십니다. 하나님은 우리를 긍휼히 여기는 여호와이십니다. 그 긍휼로 우리는 반드시 회복될 것입니다.

4. 예루살렘에 부흥이 일어난다(11~17절)

웅장하고 화려한 솔로몬의 성전을 기억한 백성들은 보잘것없이 초라한 스룹바벨의 성전을 보고 슬퍼하며 울었습니다. 그러나 그곳에 거하시는 하나님의 영광은 솔로몬의 성전보다 더 컸습니다(학 2:9). 성전은 값진 보석으로 꾸며지지만 내면의 진실로 가득 차야 합니다. 그것은 여호와의 교훈을 받으며 평안을 누리는 것입니다. 이제 번영의 복보다 더 귀한 평안이 백성들의 마음과 삶에 강물처럼 흐르게 됩니다. 그리고 주의 백성들과 분쟁하는 자들이 다 패망하며 하나님이 허락지 않은 대적들은 도리어 백성들에게 패망당합니다. 이스라엘을 치려고 준비한 모든 연장과 도구들이 쓸모없는 것이 되며, 대적하여 송사하던 모든 혀는 도리어 정죄를 당합니다(14절). 왜냐하면 그들이 의로워서가 아니라 이는 여호와의 종들의 기업이요 여호와께 얻은 의이기 때문입니다(17절). 참소하는 자들이 다 떠나가게 됩니다(계 12:10). 하나님이 의롭다고 한 자를 정죄하는 자는 다 이와 같이 망하게 됩니다. 하나님의 부흥이 일어나면 이젠 더 이상 괴롭히는 자가 없게 됩니다(17절 cf. 요셉의 형제들을 보라).

C.C.C 선교 영적운동

하나님은 항상 그의 가장 높고 큰 목표를 열렬히 좇는 사역들을 축복하십니다. 대학생선교회가 그렇습니다. 풀러신학교 졸업반이었던 빌 브라이트는 교도소, 사회복지단체, 병원 등의 기관에서 전도활동을 하는 학생 대표단을 이끌고 있었습니다. 그는 그리스도인들이 대학가와 사업인의 세계에서는 전도되지 않고 있음을 보았습니다. 또 지도자들이 하나님과의 생생한 관계를 갖고 있지 않은 채 살아가고 있는 것을 보았습니다. 그런 지도자들과 세상에 대한 책임을 가지고 빌과 아내 보네트는 주님 앞에 거룩하고 성령 충만한 삶을 살며 열매 맺고 지상명령을 수행하는 삶을 살겠다고 서명했습니다. 빌은 학생들을 전도하여 제자로 만들어 궁극적으로 온 세상의 복음화를 위한 주님의 지상명령을 성취하는 데 자신의 전 생애를 바치기로 결심했습니다. 이 비전이 하나님께로 온 것을 확신한 월버 스미스 박사는 그에게 대학생선교회(Campus Crusade for Christ)란 이름을 지어주었습니다. 빌은 학생들과의 편한 관계를 위해 평신도로 남았습니다. 브라이트 부부가 하나님께 어디서부터 시작할 것인가를 간구했을 때, 하나님은 LA의 캘리포니아대학이라고 응답하셨습니다.

그들이 복음을 전파할 때, 학생들이 그리스도를 더 알기 위해 줄을 서서 기다렸습니다. 하나님은 수개월 사이에 서해안의 다섯 개 대학으로 사역을 확대시키셨습니다. 미네소타의 마운드의 여름 간사 수련회에서 빌은 어떤 상황에서든 누구에게나 쉽고 효율적으로 전달할 복음의 기본 메시지가 필요함을 느꼈습니다. 그는 20분 분량의 "당신의 생애를 위한 하나님의 계획"이란 메시지를 준비했고, 이것은 후에 복음전도 소책자 「4영리」가 되었습니다. 많은 사람들이 「4영리」를 통해서 그리스도께 돌아왔습니다. 빌은 풍성하고 열매 맺는 삶을 살 수 있는 능력은 한 원천, 성령으로 말미암음을 안 후 성령 소책자를 발간했습니다. 하나님은 세계 복음화를 위해 국제훈련 및 운영본부를 주셨습니다. 하나님은 EXPLO '72, EXPLO '74, Here's Life를 통해 전 세계에 있는 수천 개의 교회에 이 훈련을 보급시켰습니다. 고등학생들, 군인, 죄수들, 정부 관리 및 고위 행정부 인사들 가운데도 사역이 개발되어 승법번식으로 번져 나갔습니다.

◈ 4중 목적: 전도, 육성, 훈련, 파송
◈ 3중 헌신: 주님께의 헌신, 민족의 입체적 구원에로의 헌신, 형제들에의 헌신
◈ 4대 절대: 절대 신앙, 절대 헌신, 절대 훈련, 절대 행동
◈ 5대 강령: 말씀, 기도, 전도, 사랑, 협심

1958년 미국 로키산맥 포레스트 홈(Forest Home) 모임에 참석했던 김준곤 목사는 빌 브라이트 박사를 만나 그의 제의로 한국 C.C.C를 만들었습니다. 한국대학생선교회는 C.C.C 역사상 최초의 해외지부입니다. 한국 C.C.C는 EXPLO '74(323,419명이 전도 훈련을 받음)와 '세계 복음화 성회'(1980-약 250만 명의 한국인과 외

국대표단이 참석)를 통해 한국 복음화에 일조했으며, 현재 전국 51개 도시, 344개의 대학에서 대학생을 대상으로 사역하고 있습니다. 한때 파라처치의 특수성으로 지역교회와 불편했던 한국 C.C.C가 이제 지역교회와 연대해 섬기고 있습니다. 특히 LTC 훈련이 지역교회 NLTC(새생명 훈련)로 정착하면서 교회 안에서 전도의 역사를 맛보고 있습니다. 대학생선교회운동이 한 시대의 부흥물결처럼 사라지지 않고 계속되는 것은 전도, 육성, 훈련과 파송을 통해 끊임없이 재생산하고 있기 때문입니다. C.C.C는 앞으로도 지상 명령 성취와 그리스도 안에서 풍성하고 열매 맺는 젊은 운동이 될 것입니다.

부흥을 위한 기도

1. 비전을 품읍시다.

그리스도를 만나는 자에게 하나님은 비전을 주십니다.

세계를 품을 수 있는 원대한 비전을 구합시다.

2. 부흥을 기대합시다.

다가올 하나님의 부흥과 복을 위해 장막터를 넓히며 휘장을 아끼지 말고 줄을 길게 준비하는 기도를 합시다.

3. 젊은 학생들이 주께 돌아오도록 기도합시다.

교회 안에 젊은이들이 많이 일어나도록 기도합시다.

4. 전도자로 훈련 받읍시다.

우리 교회에 추수할 일꾼을 보내주시도록, 그리고 우리가 추수하는 일꾼이 되도록 기도합시다.

묵상을 위한 질문

1. "네 장막 터를 넓히며"라는 말씀을 어떻게 적용하시겠습니까?
2. 고난은 잠깐이요 자비는 영원하다는 말씀이 주는 위로에 대해서 나눕시다.
3. 대학생선교회가 꾸준하게 부흥하는 비결은 무엇입니까?
4. 오늘 배운 내용 중에 당신에게 가장 감동적인 것은 무엇입니까?

17일 부흥의 초청

여호와께 돌아오라

이사야 VISION

은혜의 잔치가 준비된다.
하나님의 입에서 나간 말씀이 보낸 일을 형통하게 한다.
네가 알지 못하는 나라가 네게로 달려온다.
잣나무가 가시나무를, 화석류가 찔레를 대신해서 난다.

memo

새벽을 여는 기도

신실하고 자비로우신 하나님, 주님과 은혜를 사모하여 이 자리에 모였습니다.
하늘을 가르시고 강림하사 말씀을 깨달을 수 있도록 학자와 같은 귀를 주옵소서.
말씀 중에 우리 모두 비전과 꿈을 꾸게 하옵소서.
교회를 새롭게 하시고, 민족을 치유하시며 열방이 주께 돌아오게 하옵소서.
잉태한 것들이 해산되게 하옵소서.
예수님의 이름으로 기도합니다. 아멘.

- **오늘의 말씀** 이사야 55:1~13
- **외울 말씀** "너희는 여호와를 만날 만한 때에 찾으라 가까이 계실 때에 그를 부르라"(6절).

하나님께 나아감

만인의 연인이요 세계 남성의 우상처럼 군림했던 여배우 마릴린 먼로는 "나는 한 여성이 가질 수 있는 모든 것을 가졌습니다. 나는 젊고 아름답습니다. 나는 돈도 많고 사랑에 굶주리지도 않았습니다. 수백 통의 팬레터도 매일 받습니다. 누구보다도 건강하고 부족한 것이 없습니다. 미래도 그렇게 살 수 있을 것이라고 확신합니다. 그런데 웬일일까요? 나는 너무나도 공허하고 불행합니다. 뚜렷한 이유를 찾을 수는 없지만 나는 불행하다고 느끼고 있습니다"라는 글을 남기고 1962년 어느 날 밤 "나의 인생은 파장하여 문 닫는 해수욕장과 같다"며 자살했습니다. 하나님 없는 인생은 세상 모든 행복의 조건들을 다 가지고 있어도 사실 그것은 신기루에 불과합니다. 인간은 하나님께 돌아갈 때만 진정한 삶을 누릴 수 있습니다. 성경은 하나님께 나아오라는 하나님의 초청장입니다. 죄를 범한 아담에게 "아담아 어디 있느냐"며 부르시는 하나님은 이사야 55장에서 "너희 목마른 자들아 나아오라"고 그의 백성들을 초청하시며, 요한계시록에서도 우리를 "오라"고 초청하십니다(계 22:17).

부흥의 메시지

1. 여호와께 돌아가면 갈급함이 채워진다(1~3절)

엘비스 프레슬리는 그의 전성기 2년 동안 1,000만 달러(100억)의 수입으로, 제트기 한 대, 캐딜락 두 대, 롤스로이스 두 대, 스테이션 웨건, 지프, 개조한 버스, 세 개의 모터사이클, 몸체에 다이아몬드와 모든 금속이 18K 금으로 도금된 리무진을 가졌습니다. 그러나 그는 마릴린 먼로처럼 불행했습니다. 플라톤은 인간을 아무리 채워도 채워지지 않는 구멍 난 항아리에 비유했습니다. 솔제니친은 "우리의 인생은 물질적인 성공을 추구하는 것에 있지 않다. … 물리적인 법칙만으로는 인생을 설명하거나 방향을 제시할 수 없다"고 말했습니다. 무엇으로 우리의 만족을 채우겠습니까? "너희가 어찌하여 양식이 아닌 것을 위하여 은을 달아주며 배부르게 하지 못할 것을 위하여 수고하느냐?" 이스라엘의 수고는 사마리아 수가성의 여인이 구한 것처럼 헛되고 헛된 것들이었습니다. 전혀 배부르거나 해결할 수 없는 것들이었습니다. C.S. 루이스는 우리가 추구하는 것은 진짜가 아니라고 했습니다. 하나님은 우리에게 거저 와서 마시라고 초청합니다. 왜냐하면 메시아가 이미 지불하였기 때문입니다. 생수 되신 그리스도만이 우리의 영적 갈증을 해결할 수 있습니다. 그를 마시는 자(의지하는 자)는 그 배에서 생수의 강이 흘러나와 결코 주리지 않고(요 4:14) 기름진 것으로 영혼이 살게 됩니다(3절).

2. 여호와께 돌아가면 영화롭게(glorified) 된다(3~5절)

다윗은 보잘것없는 목동이었습니다. 그런데 하나님의 초청으로 다윗은 만민의 인도자와 명령자(leader and commander)가 되었습니다(4절). 그리고 그는 모든 사람에게 존귀한 자가 되었습니다. 하나님은 그에게 영원한 언약을 맺으셨습니다(삼하 7:12~16). 솔로몬이 범죄 하였을 때, 하나님은 다윗과 맹세한 언약으로 인하여 그를 벌하지 않으셨습니다. 앗시리아의 산헤립이 쳐들어와 나라가 풍전등화의 위기 속에 있을 때, 히스기야의 기도를 들으신 하나님은 "내가 나와 나의 종 다윗을 위하여 이 성을 보호하며 구원하리라"고 말씀하셨습니다(왕하 19:34, 15:4~5). 하나님은 이 언약을 돌아오는 백성과 맺기를 원하셨습니다. 알지 못하던 나라를 하나님께서 부르시고, 이스라엘을 알지 못하는 나라들이 달려오는 것은 하나님께서 이스라엘을 영화롭게 하셨기 때문입니다(4절). 그에게 귀를 기울이고 듣는 자는 영혼이 삽니다(3절).

3. 여호와께 돌아가면 자비와 용서를 경험한다(6~9절)

이사야는 "너희는 여호와를 만날 만한 때에 찾으라 가까이 계실 때에 그를 부르라"고 말씀합니다(6절). 지금은 하나님께서 가까이 계셔서 만나주실 때입니다. 하나님께 우리의 악한 길과 불의한 생각을 버려야 합니다. 1995년 3월 19일 주일 저녁 일리노이 휘튼대학(Wheaton College)에서 800여 명이 예배를 드렸습니다. 지금이 은혜 받을 때임을 알았을 때 회개와 자백, 흐느낌, 하나님의 은혜가 쏟아져 예배는 아침 6시까지 계속되었습니다. 다음날 저녁 9시 30분, 1,000여 명의 학생들은 음란한 책, 잡지, 비디오를 들고 나왔고, 그 동안의 약물 남용, 분노, 증오, 성적인 범죄 등을 회개했습니다. 밤마다 계속된 이 모임에 성령님은 폭발적으로 임했습니다. 죄를 고백하는 것은 은혜로 나가는 길입니다. 회개할 것을 회개하지 않는 것은 하나님의 역사를 가로막는 것입니다. 하나님은 상한 심령을 원하십니다. 캠벨은 "하나님을 알지 못하면서 교회를 알고 선교를 알고 개혁운동에 성공할지 모른다. 그러나 참 부흥은 일어날 수 없다"고 말했습니다. 우리는 하나님께로 돌아가야 합니다. 하나님은 돌아오는 자를 긍휼히 여기시고 죄를 고백하는 자에게 용서를 베푸십니다. 여호와께 돌아가면 기대했던 것보다 더 놀라운 것들이 주어집니다. "여호와의 말씀에 내 생각은 너희 생각과 다르며 내 길은 너희 길과 달라서 하늘이 땅보다 높음같이 내 길은 너희 길보다 높으며 내 생각은 너희 생각보다 높으니라"(8~9절). 주의 길은 항상 만족스럽습니다.

4. 여호와께 돌아가면 큰 변화가 일어난다(10~13절)

하나님의 부흥은 말씀으로 주어집니다. 약속된 하나님의 말씀은 비가 내려 초목을 적시며 귀한 열매를 맺듯이 반드시 그분의 뜻과 그의 기뻐하시는 것을 성취하게 합니다(10~11절). 부흥을 주시겠다고 선언하신 그 말씀은 반드시 이루어지고 맙니다. 이제 이스라엘이 기쁨으로 나아가며 평안히 인도함을 받게 될 것입니다(12절). 죄로 인하여 생긴 가시나무 대신 잣나무가, 찔레 대신 화석류가 생깁니다. 하나님이 오시면 안 되는 것이 없으며 이전 것은 지나가고 새 것, 더 좋은 것들이 생깁니다. 하나님의 새 일은 이전에는 전혀 알지 못하던 것들입니다. 이제 영광스러운 하나님의 물결로 인하여 산들과 언덕들이 이스라엘 백성들 앞에서 노래하며 모든 나무들마저 손뼉을 치며 환호합니다(12절). 하나님께서 가까이 계실 때 돌아가면 이 복을 얻게 됩니다.

역사 속의 부흥

원산 부흥운동

구한말의 한국은 여전히 어두웠습니다. 아펜젤러와 언더우드에 의해 복음이 받아들여진 지 20여 년이 지난 1903년 8월 24일부터 30일까지 원산의 미 남감리회 선교지부는 중국 선교사 하이트(Mary C. White)의 한국 방문을 기념해 기도회를 가졌습니다. 여기에 미 남감리회 여선교사 캐롤, 노울즈(Knowles), 하운셀(Hounshell), 캐나다 장로회 여선교사 매컬리(McCully) 등이 참석했습니다. 이 자리에서 하디 선교사는 자신의 죄를 고백했습니다. "나는 3년 동안 남감리회가 세운 강원도의 교회에서 일해 왔으나 뚜렷한 성과가 없었습니다. 부흥이 안 되는 원인이 한국인에게 있는 줄 알았습니다. 그런데 저한테 있었습니다. 아무리 수고하고 정성을 다해 일을 한다고 해도 성령의 임재와 능력이 없으면 소용이 없다는 것을 깨달았습니다. 나의 교만과 완악함과 신앙의 부족을 회개합니다." 캐나다 토론토대학 YMCA 소속 감리회 선교사 하디의 고백은 모두를 놀라게 하며 함께 죄를 고백하게 했습니다. 그때 참여한 모두에게 강한 성령이 임했습니다. 하디 선교사는 주일예배 때 한국 교인들 앞에서 다시 죄를 고백했습니다. 그 후 하디는 "수년 동안 나는 한국인들이 죄를 깨닫고 회개한 후 믿음의 열매를 맺게 되기를 갈망하였다. 그러나 지금까지 그런 회개를 본 적이 없었다. 내가 성령 충만을 받고 원산 교인들 앞에서 수치와 곤혹스런 얼굴로 교만했던 것과 고집불통이었던 것과 믿음이 없음을 자백하면서 그 결과가 어떠했는지 말했을 때, 그들은 처음으로 진정한 자백과 회개와 체험이 어떤 것인지 보게 되었다. 그들은 내 말을 듣고 3주일 동안 나의 생활과 체험에서 변화된 모습을 보고 자기 백성을 죄에서 구하시려는 하나님의 능력과 믿음에 대한 새로운 체험을 했다."고 회고했습니다. 이후 기도회와 모임이 있을 때마다 자복하는 회개운동이 일어났습니다. 조나단 에드워드는 "부흥은 하나님의 주권적 선물이다. 그러나 아무 곳에나 임하는 것이 아니라 사모하는 곳에 임한다"고 말했습니다. 원산이 그랬습니다. 윤승근은 은혜를 받고 20년 전에 봉급보다 4달러 더 받은 것이 생각나서 주전소에 찾아갔으나 화폐개혁으로 회사가 없어져 탁지부로 가서 자초지종을 말하였습니다. 정부 관리는 내지 않아도 된다고 했지만 그럴 수 없다고 하자 관리는 그 돈을 받으면서 '양심전(conscience money)'이란 영수증을 발급해 주었습니다. 로스(J. B. Ross)의 어학 선생이던 양반 진천수는 자기 아내를 구박한 것과 교만과 위선, 탐욕 등의 죄를 울면서 자백했습니다. 부흥은 잃은 자를 구원하기 위해 추수할 자들의 영적, 도덕적 갱신을 일으켰습니다.

원산 부흥운동은 1904년 1월 개성지방 사경회로 번져 나갔고, 회개와 중생의 체험을 수반한 부흥운동은 여러 지역으로 확산되었습니다. 4월 서울 자교교회 집회에서 배화여학교의 학생들이, 9월 정동교회 집회에서 배재와 이화학당 학생들이 크게 회개하고 자복했습니다. 이 물결은 10월의 평양과 11월의 인천 제물포교회를 거쳐 부평, 강화, 그리고 남양으로 번졌습니다. 원산에서 시작된 부흥운동은 1906년에 이르러 교파를 초월한 연합운동으로 번졌습니다. 구정 연합사경회에서 정동교회 감리회 기도회는 장로회 선교사가 인도하고, 승동교회 장로회 기도회는 감리회 선교사가 인도했습니다. 3월 연합집회에서 한국 교회는 서울 동북편 집회를 연동교회(장로교회)에서, 서남편 집회를 정동교회에서, 남편 집회를 상동교회에서 가졌습니다. 8월 평양의 감리회와 장로회 선교사들은 한국복음화와 성령의 도우심을 위해 연합기도회를 가졌습니다. 그때 주 강사 하디는 요한일서를 중심으로 "모든 것은 하나님과의 관계에 달려 있으며 그 거룩한 교제는 사랑과 정의에 기초한 것"임을 강조했습니다. 장로회 선교사 블레어는 "우리는 하나님의 임재가 없이는 한 발짝도 나갈 수 없음을 깨달았습니다. 우리는 간절한 마음으로 하나님께 은총을 내려주시기를 간구했습니다. 집회 중에 성령께서 우리에게 깨우쳐 주신 것은 가슴을 찢고 눈물로 통회 자복하는 고백이 없이는 승리할 수 없다는 것이었습니다. 우리는 한국 형제들에게 크신 축복이 임하도록 기도하기로 했으며 특히 평양에서 개최될 겨울 남자 사경회를 위해 기도하기로 하였습니다"라고 말했습니다. 선교사들은 암울해져가는 한국을 하나님의 영이 강림하여 하나님의 구원과 도움이 있기를 구했습니다.

원산 부흥운동은 선교사들의 회개에서 시작되어 평신도의 회개로 번졌습니다. 이 부흥운동은 사경회를 통해서 이루어졌습니다. 기독교인들에게서 거짓과 불신, 구박과 폭행, 술과 담배, 노름 등을 회개하는 윤리적 갱신운동이 불길처럼 일어났습니다. 원산부흥의 큰 의미 중 하나는 민족의 미래를 책임질 학생들의 체험과 변화입니다. 그 힘이 3·1운동과 민족독립운동으로 이어져갔습니다. 뿐만 아니라 성령의 하나 되게 하심은 교파 간의 연합을 이루었습니다. 연합집회뿐만 아니라 1905년 9월에 장로회와 감리회의 6개 선교부가 참여한 선교협의기구 '재한 복음주의연합공의회'가 발족된 것이 그 좋은 사례입니다.

▶ 부록 2) '예루살렘 함락에서 느헤미야와 성령강림까지' 참조.(187쪽)

부흥을 위한 기도

1. 하나님께로 돌아갑시다.

지금은 하나님을 만날 때요 하나님이 가까이 계실 때입니다.

영혼을 살리는 하나님께로 돌아갑시다.

2. 하나님의 생각에 항복합시다.

하나님의 말씀에 내 생각은 너희 생각과 다르며 내 길은 너희 길과 다르다고 하였습니다. 하나님의 생각에 온전히 항복하도록 기도합시다.

3. 회개합시다.

악한 길과 불의한 생각을 가졌던 이스라엘이 회개했던 것처럼, 하디가 회개한 것처럼 자신과 교회, 우리나라의 아픔을 가슴에 안고 하나님의 성령 안에서 회개의 기도를 드립시다.

묵상을 위한 질문

1. 왜 젖과 포도주를 돈 없이 거저 와서 사 먹으라고 했습니까?
2. 내 생각과 하나님의 생각이 달랐던 경험을 나눕시다.
3. 원산 부흥운동의 시발점은 무엇입니까?
4. 오늘 배운 내용 중에 당신에게 가장 감동적인 것은 무엇입니까?

18일 부흥의 범위

반드시 그날이 온다

이사야 VISION

흩어진 백성들이 돌아온다.
이미 모은 백성 외에 또 모아 이방인들이 구원을 받는다.
하나님의 집은 만민이 기도하는 집이 된다.

memo

새벽을 여는 기도

신실하고 자비로우신 하나님, 주님과 은혜를 사모하여 이 자리에 모였습니다.
하늘을 가르시고 강림하사 말씀을 깨달을 수 있도록 학자와 같은 귀를 주옵소서.
말씀 중에 우리 모두 비전과 꿈을 꾸게 하옵소서.
교회를 새롭게 하시고, 민족을 치유하시며 열방이 주께 돌아오게 하옵소서.
잉태한 것들이 해산되게 하옵소서.
예수님의 이름으로 기도합니다. 아멘.

- **오늘의 말씀** 이사야 56:1~12
- **외울 말씀** "여호와께서 이같이 말씀하시되 너희는 공평을 지키며 의를 행하라 나의 구원이 가까이 왔고 나의 의가 쉬 나타날 것임이라 하셨은즉"(1절).

하나님께 나아감

본문은 이스라엘 백성들이 귀환의 명을 받고 본국으로 돌아가서 성전을 봉헌한 후(B.C 515)의 삶을 보여줍니다. 하나님의 약속대로 어느 정도 회복과 부흥이 이뤄지자 신앙을 잃어버리고 세속화되어 갑니다. 역사는 끊임없이 반복됩니다. 말라기 선지자(B.C 470)는 당시 사회적 상황을 고발, 책망했습니다. 어려움만이 아니라 어두움이 가득했습니다. 왜냐하면 저들의 세속화된 삶은 술에 취해 비틀거리며 넘어짐과 같기 때문입니다. 세속화에 빠져 버리면 사단과 죄와 싸우지 않고 누가 더 큰가 키를 재며 서로 분리하며 차별합니다. 하나님은 넘어지고 추한 백성들에게 이제는 말씀대로 살 것을 권고하십니다. 하나님의 공동체(여호와께 연합된 자)는 이제 달라져야 하기 때문입니다.

부흥의 메시지

1. 그래도 하나님의 구원은 온다(1~2절)

바울은 "너희가 이 시기를 알거니와 자다가 깰 때가 벌써 되었으니 이는 이제 우리의 구원이 처음 믿을 때보다 가까왔음이니라 밤이 깊고 낮이 가까왔으니 그러므로 우리가 어두움의 일을 벗고 빛의 갑옷을 입자 … 오직 주 예수 그리스도로 옷 입고 정욕을 위하여 육신의 일을 도모하지 말라"고 하였습니다(롬 13:11~14). 하나님의 묵시는 정한 때가 있으며 지금이 바로 주님께서 구원의 길을 가까이 보이실 때입니다. 닭의 목을 비틀어도 새벽이 오듯이 어둠이 깊어도 부흥의 결과인 하나님의 구원(salvation)과 의(righteousness)가 옵니다. 하나님은 그때가 결코 멀지 않으며 가까이 왔음을 알리셨습니다. 그러므로 허물을 회개하며 공평과 의를 지켜야 합니다. 이사야는 "안식일을 지켜 더럽히지 아니하며 그의 손을 금하여 모든 악을 행하지 아니하는 자, 이같이 굳게 잡는 사람이 복이 있다"고 말합니다. 형식적인 섬김보다 온전한 섬김이 중요합니다.

2. 은총을 입은 나중 된 자가 있다(3~7절)

하나님의 회복과 함께 이스라엘 공동체 안에 개종된 자가 일어났습니다. 그중에 이방인과 고자(eunuch)들도 있었습니다. 전통적인 지도자들은 신명기 23장 2~9절에 근거해 이스라엘의 예배에 이들이 제외되어야 한다고 주장했습니다. 그러나 믿기를 소원하는 많은 이방인들을 받을 것이냐 말 것이냐는 물음 앞에 공동체는 그들의 의견에 앞서 하나님의 음성을 들어야 합니다. 우리는 섬기기보다 다스리려고 합니다. 사랑하기보다 정죄하려고 합니다. 하나님은 "여호와께 연합한 이방인은 여호와께서 나를 그 백성 중에서 반드시 갈라내시리라 말하지 말며 고자도 나는 마른나무라 말하지 말라"고 권고하셨습니다(3절). 하나님은 '여호와께 연합하여 안식일을 지키며 내가 기뻐하는 것을 선택하며 언약을 지키는 자' 들에게 하나님의 성 안에서 아들이나 딸보다 나은 기념물과 이름을 주며 기도하는 집으로 기쁘게 받아주실 것이라고 하였습니다. 이제 하나님의 백성의 기준이 혈통(할례)에서 하나님의 말씀과 안식일을 준수하는 자에게도 열려졌습니다(6~7절). 바울은 "대저 표면적 유대인이 유대인이 아니요 표면적 육신의 할례가 할례가 아니라 오직 이면적 유대인이 유대인이며 할례는 마음에 할찌니"라고 하였습니다(롬 2:28~29). 하나님은 가장자리에 있는 자들, 구원받을 수 없다고 여기는 자들을 늘 삶의 한복판으로 초대합니다. 주님은 "처음 된 자 중에 나중 된 자도 있고 나중 된 자 중에 처음 된 자도 있다"고 말씀하셨습니다.

3. 내 집은 만민이 기도하는 집이다(3~8절)

닫힌 시대가 되느냐 열린 시대가 되느냐 기로에 선 신앙공동체에게 구원은 한 민족(이스라엘)에게만 국한되지 않았습니다. 물론 하나님은 먼저 이스라엘에게 복을 주십니다(8절; 마 10:5~6). 하나님은 이스라엘의 쫓겨난 자들을 모으고 아직도 열강 속에 흩어진 자들을 돌아오게 하십니다. 하나님은 "내가 이미 모은 백성 외에 또 모아 그에게 속하게 하리라"고 선언하십니다(8절). 그래서 구원은 다시 이방인에게로 확장되어 갑니다. 55장이 이스라엘을 위한 초청이라면 56장은 이방인을 위한 초청입니다. 이스라엘은 태어남으로 하나님의 백성이 되었지만 이방인들은 혈육과 상관없이 믿음으로 새로운 공동체의 일원이 됩니다. "영접하는 자 곧 그 이름을 믿는 자들에게는 하나님의 자녀가 되는 권세를 주셨으니 이는 혈통으로나 육정으로나 사람의 뜻으로 나지 아니하고 오직 하나님께로서 난 자들이니라"(요 1:12~13). 전 인류의 구원자로 오신 예수님은 "또 이 우리에 들지 아니한 다른 양들이 내게 있어 내가 인도하여야 할 터이니 저희도 내 음성을 듣고 한 무리가 되어 한 목자에게 있으리라"고 말씀하셨습니다(요 10:16). 공동체는 모두를 담을 수 있어야 합니다. 왜냐하면 "내 집은 만민(for all people)이 기도하는 집(place of prayer communion with God)"이기 때문입니다(7절). 예루살렘의 멸망으로 성전과 제사가 파괴되고 말씀과 기도가 예배의 중심이 되었습니다(요 4:21). 기도에 실패하면 하나님과의 만남도 실패합니다. 하나님의 집은 만민이 기도하는 집이며 만민이 하나님을 만나는 집입니다. 선교의 문을 확장할 것이냐 말 것이냐는 초대교회(행 10~11장)뿐만 아니라 오늘날도 도전을 받고 있습니다.

4. 사명에 실패한 먼저 된 자들도 있다(9~12절)

이스라엘은 범죄함으로 내어준 바 되었으나 은총으로 바벨론에서 고국으로 돌아올 수 있었습니다. 용서받았기에 영원히 보존되는 것은 아닙니다. 신앙과 삶에 실패하면 다시 추락되어 부흥은 쇠하고 구원에서 멀어질 수 있습니다(빌 2:12; 히 2:1). 먼저 된 파수꾼과 목자들이 자신의 사명을 다하지 못하고 있습니다. 그들은 맹인이어서 역사의 현실을 보지 못했으며 벙어리 같은 개여서 백성들에게 경각심을 불러 일으켜야 할 때 짖지 못하고 세상 잠에 빠져 버렸습니다(10절). 그들은 이방인들을 받아주시는 하나님의 구원 계획과 부흥을 거절하는 자들이었습니다. 그들은 말세에 나타날 거짓 선지자들처럼 족한 줄을 알지 못했으며 제 길로 돌아가며(turn to their own way) 자기 이익(own gain)만 추구했습니다(유 1:10~13). 탐욕과 쾌락주의는 필연적으로 영적 분별력을 잃게 만들며, 깊은 영적 어두움으로 떨어지게 만듭니다(11절). 먼저 된 자는 그 은혜에서 멀어지지 않도록 해야 하며, 이 은총의 불을 꺼뜨리지 않기 위해서 지도자를 위해서 기도해야 합니다. 그들이 돌이키지 않을 때 하나님은 들의 짐승과 숲의 짐승이 다 와서 그들을 다시 잡아먹으리라고 경고했습니다. 부흥은 한 시대의 하나님의 역사지만 지속되는 것은 아닙니다. 성령만이 이를 계속하게 하실 것입니다.

역사 속의 부흥

독일의 경건주의운동

독일은 종교개혁운동이 일어난 후 3세기 만에 개혁의 불길이 꺼져 갔습니다. 또한 30년 전쟁(1618~1648)으로 인구는 대폭 감소되고, 산업은 핍절되고, 교회는 불탔으며 거리에는 병자와 가난한 자들로 가득 찼습니다. 물질문명의 폐허와 함께 영적·도덕적 타락이 일어나 모든 국민은 술취함, 성적 문란, 도둑질, 탐욕 등에 빠져 어느 곳을 봐도 희망을 발견할 수가 없었습니다. 경건한 자들은 위안으로 신비주의자들의 작품을 탐독했습니다. 타울러(Tauler), 토마스 아 켐피스(Thomas a Kempis), 쉬벵크벨트(Schwenckfeld), 바이겔(Weigel), 뵈메(Boehme), 청교도의 리처드

박스터(Baxter), 존 번연(Bunyan)의 「천로역정」 등이 탐독 작품이었습니다.

독일 알사스(Alsas)의 귀족 출신으로 루터교 신앙 속에 성장한 필립 J. 스페너(P.J. Spener, 1635~1705)는 스트라스부르크와 제네바로 유학하면서 칼빈파와 교제했습니다. 그는 리용과 독일의 여러 대학을 거쳐 스트라스부르크에서 신학박사 학위를 받았습니다. 그는 프랑크푸르트 교회(1660)에서 '경건의 모임들(Colleges of Piety)'이라는 성경공부 경건회를 설립했습니다. 이것은 당시 무기력한 삶에서 탈출하게 만든 경건주의의 태동이 되었습니다. 그는 목회자나 신학자가 되기 원하는 후보자들은 깊은 개인적인 신앙을 갖춘 진정한 기독교 신자인지 시험해 보아야 하고, 설교자들은 학문적이고 논쟁적인 것을 억제해야 한다고 권고했습니다. 평신도에게는 약속된 구원을 잃지 않기 위해 매음이나 간음, 우상숭배, 동성연애, 도둑질, 폭력의 근절을 권고했습니다. 경건의 훈련으로 카드놀이, 춤과 극장 출입을 금하고 음식과 의복을 절제하는 규율을 가르쳤고, 주일 오후에는 아침의 설교를 정리하고 하나님의 신비에 관한 대화나 책을 읽도록 권했습니다. 그는 프랑케와 함께 경건주의 메카인 할레대학을 세웠습니다(1694).

스페너의 영향으로 경건주의자가 된 헤르만 프랑케(A.H. Franke, 1663~1727)는 강렬한 종교적 체험 후 진정한 그리스도인과 불신자를 구별해 내는 규범을 제시했습니다. 그의 경건주의는 더욱더 금욕적인 생활 방식과 율법적인 생활 방식을 강조함으로 스페너의 정신을 능가했습니다. 그는 고아원, 출판사, 성서출판사, 선교사들의 언어 학습을 위한 신학대학, 의과대학 부속 진료소 등을 설립해 사회적으로 기여했습니다. 출판사를 통해 찬송, 설교, 저술 등을 보급했습니다. 그리고 해외 선교에 공헌했습니다. 16세기 개혁주의자들은 지상명령이 사도들 시대에 완성되었으므로 신자들이 다른 국가나 다른 민족들에게 복음을 전할 의무가 없다고 강조했습니다. 그러나 경건주의자들은 선교의 대각성을 일으켰습니다. 신앙은 신학이나 교리가 아니라 생활이라고 믿는 이들이 다시금 타민족 선교에 관한 새로운 장을 열어갔습니다.

경건주의 부모 밑에 자란 니콜라스 L. 진젠돌프(N. L. Zinzendorf, 1700~1760, 모라비안교회의 창설자)는 할레대학에서 프랑케에게 수학하였습니다. 스페너로부터 매력을, 프랑케로부터는 큰 자극을 받은 진젠돌프는 '겨자씨 모임(Order of the Grain of Mustard Seed)'을 조직했으며 후스파(Hussites)로 신앙의 자유를 위해 피난온 모라비안(Moravians)을 만나(1722) 그들의 리더가 되었습니다. 그의 겨자씨 모임은 보헤미안 형제단(Bohemian Brethren)으로 발전하였습니다. 그들은 자신들을 '세상의 소금' 또는 세상의 평범한 교회가 아닌 참 '마음의 종교(heart religion)'로 교회 안의 교회라고 생각했습니다. 모라비안교회는 크게 부흥하여 아프리카, 인디아, 남아메리카, 북아메리카로 선교사들을 파송했습니다. 이들은 19세기에 일어날 선교와 대각성에 기여했으며 존 웨슬리에게 영향을 주어 감리교를 낳게 했습니다. 저들은 찰스 웨슬리와 조지 휫필드에게 영향을 미쳤습니다.

경건주의운동은 성령운동, 성경운동, 각성운동, 곧 갱신운동입니다. 죽은 정통에서 벗어나(정통주의) 역동적인 신자의 새 삶을 강조해 종교개혁 이후 침체된 교회에 새로운 활력과 개혁을 가져다주었습니다. 그 결과 신앙 부흥이 일어나고 새로운 목회자를 양성하여 파송하고, 박애사업을 확장하고, 국내외에 선교회를 조직하고,

성경협조회를 조직하여 여러 나라 말로 성경을 번역했습니다. 경건주의는 20세기 종교계에 싱서신학을 출현하게 하였습니다. 전통적 교회들은 교리학, 신조학, 또는 교회론 등에 관심을 많이 가졌으나 경건주의자들은 경건한 삶을 위해 성서 연구의 체계를 구축했습니다. 경건주의자들은 에큐메니즘(Ecumenism)에 큰 공헌을 하였습니다. 저들은 서로 무엇이 다른가를 찾지 않고 무엇이 같은가를 찾아 연합했습니다. 경건주의는 사람이 종교적인 인간이 됨으로써 저절로 그리스도인이 될 수 있다는 관념을 깨뜨렸습니다. 참된 신앙은 개인이 하나님과의 직접적인 인격적 만남에 의해 이루어짐을 강조했습니다.

부흥을 위한 기도

1. 주일을 잘 지킵시다.

안식일을 지키며 여호와를 기뻐하는 일을 선택하는 자는 복이 있습니다.
우리가 신령과 진정으로 예배하는 자가 되도록 기도합시다.

2. 기도 쉬는 죄를 범치 맙시다.

하나님의 집은 만민이 기도하는 집입니다.
우리 교회에 기도의 불이 꺼지지 않기 위해 기도에 힘씁시다.

3. 편견을 갖지 맙시다.

하나님이 기뻐하시는 교회는 모두를 안을 수 있는 곳입니다.
편견 없이 서로 사랑하는 교회가 되기 위해 기도합시다.

4. 경건의 능력을 찾읍시다.

진정한 갱신과 경건의 능력은 말씀 연구에 있다고 한 경건주의 가르침을 따라 말씀 연구에 게을렀던 것을 회개하며 기도합시다.

묵상을 위한 질문

1. 당신은 안식일을 거룩히 지킵니까?
2. 먼저 된 자가 나중 되고 나중 된 자가 먼저 된다는 것은 무슨 뜻입니까?
3. 선교의 문을 열기 위해 우리가 해야 할 일은 무엇입니까?
4. 경건주의가 끼친 영향은 무엇입니까?
5. 오늘 배운 내용 중에 당신에게 가장 감동적인 것은 무엇입니까?

19일 부흥의 허상

부흥을 원한다면서

이사야 VISION

의인이 죽는데 마음에 두는 자가 없다.
하나님보다 사람을 지나치게 의지한다.
백성의 길이 건설되며 치유와 하나님의 능력이 나타난다.

memo

새벽을 여는 기도

신실하고 자비로우신 하나님, 주님과 은혜를 사모하여 이 자리에 모였습니다.
하늘을 가르시고 강림하사 말씀을 깨달을 수 있도록 학자와 같은 귀를 주옵소서.
말씀 중에 우리 모두 비전과 꿈을 꾸게 하옵소서.
교회를 새롭게 하시고, 민족을 치유하시며 열방이 주께 돌아오게 하옵소서.
잉태한 것들이 해산되게 하옵소서.
예수님의 이름으로 기도합니다. 아멘.

- **오늘의 말씀** 이사야 57:1~21
- **외울 말씀** "지존무상하며 영원히 거하며 거룩하다 이름하는 자가 이같이 말씀하시되 내가 높고 거룩한 곳에 거하며 또한 통회하고 마음이 겸손한 자와 함께 거하나니 이는 겸손한 자의 영을 소성케 하며 통회하는 자의 마음을 소성케 하려 함이라"(15절).

하나님께 나아감

소원과 비전이 반드시 정상에 이르는 것은 아닙니다. 나무가 불붙기 위해서는 불과 함께 있어야 하듯, 하나님의 역사를 위해서는 하나님과 함께 있어야 합니다. 부흥을 원하면서 주님의 길이 아닌 주님과 정반대에 서 있다면 역사는 시작하였으나 이루지 못하는 자와 같습니다. 이스라엘은 복을 원하면서 죄의 자리에 앉았고 부흥을 기대하면서 그들의 삶과 언어는 부정적이며 비신앙적이었습니다. 그러면서 부흥을 주시지 않는다고 하나님을 원망했고 자신의 죄를 성찰하지 못했습니다.

부흥의 메시지

1. 자신을 진단하라(1~13a절)

하나님은 이스라엘에게 "너의 의를 보이리라"고 말씀하셨습니다. 자신만만하게 살았던 그들의 행적을 들춘다는 것은 쉬운 일이 아닙니다. 하나님의 눈에 비쳐진 이스라엘의 실상은 가증한 것뿐이었습니다. 하나님은 이스라엘이 비록 의인을 죽이지는 않았지만 방관한 것을 죄로 여기셨습니다(1절). 진실을 알면서도 아무것도 하지 않은 것이 죄입니다. 이스라엘은 하나님께 복을 구하지 않고 상수리나무와 푸른 나무 아래서 우상을 음란하게 섬겼습니다. 그들은 가장 낮은 골짜기부터 가장 높은 산꼭대기까지 우상을 쌓았습니다. 낮은 자나 높은 자나 하나님을 찾는 자가 없었습니다. 하나님이 침묵하실 때 하나님을 기다리기보다 사람을 의지했습니다(11절). 도울 사람을 얻기 위해 사신을 보내며 스올(음부)까지 스스로 낮추기까지 하면서 하나님을 찾지 않았습니다. 그들은 추구한 모든 일들이 헛된 것임을 알아도 '헛되다' 라고 말하지 않았고, 아무런 유익이 없이 헛그물 치는 것임을 알면서 끝내 포기하지 않았습니다. 하나님은 그들에게 "네가 행한 일이 네게 무익하니라"고 말씀하십니다(12절). 이스라엘은 하나님의 말씀보다 세상 신을 의지하며 점을 치며 날을 받으면서 행동했습니다. 이런 모습은 바리새인들에게서 발견되며, 오늘 형식적인 신앙인 안에서도 발견됩니다(cf. 마 23장, 겔 8장). 아직도 유익하게 하지 못하는 것을 붙잡고 있습니까? 세상을 의지한다면 하나님은 떠나 버립니다.

2. 우리 안에 숨어 있는 탐심을 보라(9~13, 17절)

눈은 보아도 만족함이 없으며 귀는 들어도 차지 않습니다(전 1:8). 성경에 "음부와 유명은 만족함이 없고 사람의 눈도 만족함이 없느니라"고 하였습니다(잠 27:20). 하나님의 복과 풍요가 하나님을 더욱 사랑하며 감사하게 이끌기보다 우리의 탐심을 부채질하곤 합니다. 탐심은 공동체를 분열시키며 영적인 일에서 이탈하게 만듭니다(수 7장 – 아간의 범죄). 이스라엘은 더 많은 유익이 있는 것 같으면 이방신 몰렉에게 기웃거리는 것도 주저하지 않았습니다. 탐심은 우상숭배입니다(골 3:5). 우상숭배라고 정의된 탐심의 죄악으로 하나님께서 잠시 노하여 그의 얼굴을 가리우셨습니다(17절). 그러나 하나님의 오랫동안 잠잠하심을 이스라엘은 오해합니다. 시편에서 하나님은 "네가 이 일을 행하여도 내가 잠잠하였더니 네가 나를 너와 같은 줄로 생각하였도다"고 경고하셨습니다(시 50:21). 이스라엘은 침묵하시는 하나님을 오해하며 다른 신을 의지합니다. 하나님은 저들이 의지했던 우상을 의지해 보라고 말합니다. "그것은 다 바람에 떠 가겠고 기운에 불려 갈 것이로되"(13절). 하나님이 침묵하실 때 우리는 종교를 수정할 것이 아니라 우리의 방향을 수정해야 합니다. 악인은 하나님의 침묵으로 더욱 패역하여 자기 마음의 길로 행하지만(17절), 하나님의 사람들은 하나님을 더욱 의지해야 합니다.

3. 지금은 은혜의 시대다(13b~19절)

과거는 재난의 시대였습니다. 이제 은혜가 도래합니다. 이것은 이스라엘이 회개하여 나아졌기 때문이 아니라 하나님이 자신의 긍휼하심을 인하여 은혜를 베푸셨기 때문입니다. 하나님은 저들에게 계속해서 노하지 않으십니다. 왜냐하면 "나의 지은 그 영과 혼이 내 앞에서 곤비할까 함"이기 때문입니다(16절). 하나님은 지치지 않게 저들을 연단하지만 이스라엘은 크게 낙심합니다. 하나님은 바벨론을 통해 이스라엘을 연단하셨습니다. 그런데 바벨론이 지나치게 거칠게 대하다가 하나님의 분노를 사 바벨론의 영화가 70년으로 단축되었습니다. 이스라엘의 복역의 날과 바벨론의 영화의 날 수가 정확하게 일치됩니다. 하나님은 그분을 의뢰하는 자에게 땅과 거룩한 산을 주시겠다고 약속하셨습니다(13b). "여호와의 눈은 온 땅을 두루 감찰하사 전심으로 자기에게 향하는 자를 위하여 능력을 베푸시나니…"(대하 16:9). 지존무상하며 거룩하시며 하늘에 계신 분은 모든 것을 감찰하셔서 용기를 잃은 사람들과 함께 하시며 상한 마음을 가진 자들을 위로하십니다. 그들의 영혼을 소생케 하십니다(시 23:3). 하나님께서 장차 이런 일이 있겠다고 말씀하셨습니다. "돋우고 돋우어 길을 수축하여 내 백성의 길에서 거치는 것을 제하여 버리라 하리라"(14절). 여호와는 우리 마음의 길을 고쳐주실 뿐만 아니라(18절) 잘못된 모든 것과 질병을 고쳐주시겠다고 약속하셨습니다(19절). 하나님은 입술의 열매를 창조하시는 분이어서 말씀하신 것을 반드시 성취하십니다. 하나님은 슬픔에서 기쁨의 노래를, 불안에서 평강의 노래를 주십니다. 이 평강을 맛본 백성들은 이렇게 노래합니다. "평강이 있을찌어다 평강이 있을찌어다"(19절).

4. 거절하는 자에게는 평강이 없다(20~21절)

값없이 주는 은혜를 거절하는 자는 마치 그 물이 진흙과 더러운 것을 늘 솟쳐 내는 요동하는 바다와 같습니다(20절). 그들의 수고는 무거운 돌을 산 위로 올리면 다시 굴러 내려와 평생 수고해야 하는 그리스 신화의 시지프스처럼 헛될 뿐입니다. 하나님을 거절하면 진흙과 쓰레기만 밀려오는 물과 같이 더러움 속에 살게 됩니다. 요동하는 물이 평강하지 못하듯 하나님은 "악인에게 평강이 없다"고 말씀하십니다. 누가 악인입니까? 믿는 자들을 박해하는 무리가 세상의 악인이라면, 신앙공동체 안의 악인은 하나님의 말씀을 끝내 부인하며 자기의 방법과 자기 마음의 길을 선택하는 자들입니다. 이 둘에게 다시 말합니다. "악인에게는 평강이 없다(There is no peace for the wicked)."

역사 속의 부흥

플로렌스의 개혁운동

인간과 권력은 부패합니다. 지롤라모 사보나롤라(Savonarola)는 중세 후반 마르틴 루터가 태어나던 1452년 이탈리아 페라라(Ferrara)에서 태어났습니다. 그는 아리스토텔레스와 위대한 철학자들과 아퀴나스의 글에 심취한 지적인 면과 영적인 면을 겸비한 사제였습니다. 그는 무릎을 꿇고 많은 시간을 기도하고 금식하며 보냈습니다. 그는 젊었을 때 환상 가운데 그리스도를 만났습니다. 도미니카 수도원에서 수학한 그는 예술과 과학의 도시 플로렌스로 갔습니다. 그는 이탈리아의 개혁운동을 시작하도록 이탈리아의 심장부인 플로렌스에 주님이 자신을 보냈다고 믿었습니다.

플로렌스는 르네상스의 영향으로 가장 아름답고 교양 있는 도시였습니다. 하지만 사보나롤라는 축제와 향락과 세속적인 일에만 관심 있는 플로렌스 사람들을 보고 실망했습니다. 그는 성직자들의 사악함과 비도덕적인 삶을 공격했습니다. 하나님의 심판과 진노에 대하여 외쳤습니다. 하지만 사람들의 반응은 미미했습니다. 그가 기도하며 하나님께서 직접 계시해 주시기를 기다리자, 환상 가운데 하늘이 열리고 미래에 닥칠 교회의 재난들을 보여주었습니다. 그 순간부터 그가 설교할 때마다 새로운 기름부음으로 채워졌습니다. 기도할 때 자주 쓰러져서 황홀경에 몰입되었습니다. 1446년 성탄 전날 밤 설교단 위에 앉아서 5시간 동안 움직이지 않자, 사람들은 그가 하나님으로부터 메시지를 받고 있다고 생각했습니다. 그가 설교단에 섰을 때 그의 얼굴로 온 교회가 밝게 빛났으며, 그의 눈에서는 천국에서 나오는 것 같은 빛줄기가 나왔습니다. 그는 자신의 것이 아닌 어떤 힘에 이끌려 행동하는 것 같았고 그와 함께 청중을 몰고 가는 것 같았습니다. 사람들은 그의 설교를 듣기 위해 밤중부터 교회 문 앞에 줄을 지어 서 있었습니다. 그의 설교는 매우 감동적이어서 플로렌스가 하나님께로 돌아왔습니다. 성령의 역사는 강해 깡패들도 음란한 노래 대신에 찬양을 불렀습니다. 아이들은 집집마다 돌아다니면서 카니발과 향락장소나 사악한 행사에서 사용했던 모든 물건들을 가지고 나와 광장에서 태웠습니다. 그런 물건들은 너무 많아 높이가 60피트, 직경이 240피트나 됐습니다.

플로렌스의 통치자인 로렌조 더 메디치(Lorenzo de Medici)는 이 젊은 설교자의 입을 막으려 했습니다. 사보나롤라는 1년 안에 로렌조, 교황, 나폴리 왕의 죽음을 예언했고 적중했습니다. 그 일이 있은 2년 후, 프랑스의 찰스 8세가 이탈리아를 침공하여 나폴리를 약탈했습니다. 찰스 8세가 플로렌스로 진격해 왔을 때 사보나롤라는 시민들에게 죄를 회개하고 도시와 자신들을 구원하라고 외쳤습니다. 시민들은 그의 말대로 회개했습니다. 그는 찰스 앞에 나가서 플로렌스에 자비를 베풀 것을 간청했습니다. 그는 만일 찰스가 플로렌스를 떠나지 않는다면 하나님의 진노를 불러일으킬 것이라고 경고했습니다. 찰스는 플로렌스를 약탈하지 않고 물러갔습니다. 프랑스의 침공으로 메디치 정부가 붕괴되자 플로렌스 시민들이 사보나롤라에게 와서 어떤 형태의 정부가 좋은지 물었습니다. 백성들은 그에게 지도자가 되어줄 것을 요청했고 그는 받아들였습니다. 그는 대의 민주주의를 말하고, 세무제도, 고문의 중지, 도박 금지, 부당한 재판의 재심 등의 법률을 제정했습니다. 이상적인 기독교 공화국을 만들려고 많은 개혁(법률, 노상 매춘 금지)을 시도해 성공했습니다. 그의 도시정부 체제는 유럽을 위한 모델이 되어 전 세계에 영향을 주었습니다. 하지만 사보나롤라의 사역은 오래가지 못했습니다. 교황 알렉산더 4세는 45세인 사보나롤라를 파문, 투옥했습니다. 1498년 5월 플로렌스의 광장에서 화형시켜 그의 재를 아노강에 뿌렸습니다. 교황은 개혁과 영적 부흥을 일으킨 사보나롤라를 제거함으로써 하나님의 반대편에 서는 재앙을 남겼습니다. 그러나 그의 사상은 마르틴 루터의 종교개혁에 지대한 영향을 끼쳤습니다.

부흥을 위한 기도

1. 우리 안에 이중적 신앙을 정리합시다.
교회 안과 교회 밖의 신앙이 일치되지 않으면 그것이 이중적인 것입니다.
바른 신앙생활을 위해 기도합시다.
2. 탐심의 우상을 버립시다.
우상은 눈에 보이는 형상뿐만 아니라 집착하는 것들입니다.
우리 안에 뿌리 깊게 내려 있는 탐심을 제하기 위해서 기도합시다.
3. 겸손과 통회하는 자가 됩시다.
하나님은 울며 씨를 뿌리는 자에게 정녕 기쁨으로 단을 거두게 하십니다.
우리 조국을 위해서 기도하는 무릎이 됩시다.
4. 우리 안에 개혁할 것을 묵상합시다.
오랫동안 우리 안에 굳어지며 자리 잡고 있는 만연된 일들을 고쳐달라고 기도합시다.

묵상을 위한 질문

1. 방관도 죄입니다. 우리의 모습은 어떻습니까?
2. 하나님과 지속적인 관계를 유지하려면 어떻게 해야 합니까?
3. 하나님의 부흥에는 항상 죄의 고백과 온전히 돌이키는 회개가 있었습니다.
   우리가 회개해야 할 것이 무엇인가 살펴봅시다.
4. 플로렌스 부흥이 오래 가지 못한 이유는 무엇입니까?

20일 부흥의 책임

무너진 곳을 보수하라

이사야 VISION

물댄 동산의 축복이 임한다.
무너진 것을 보수하게 된다.
땅의 높은 곳에 오르게 된다.

memo

새벽을 여는 기도

신실하고 자비로우신 하나님, 주님과 은혜를 사모하여 이 자리에 모였습니다.
하늘을 가르시고 강림하사 말씀을 깨달을 수 있도록 학자와 같은 귀를 주옵소서.
말씀 중에 우리 모두 비전과 꿈을 꾸게 하옵소서.
교회를 새롭게 하시고, 민족을 치유하시며 열방이 주께 돌아오게 하옵소서.
잉태한 것들이 해산되게 하옵소서.
예수님의 이름으로 기도합니다. 아멘.

- **오늘의 말씀** 이사야 58:1~14
- **외울 말씀** "네게서 날 자들이 오래 황폐된 곳들을 다시 세울 것이며 너는 역대의 파괴된 기초를 쌓으리니 너를 일컬어 무너진 데를 수보하는 자라 할 것이며 길을 수축하여 거할 곳이 되게 하는 자라 하리라"(12절).

하나님께 나아감

아프리카 르완다(인구 600만)는 농업에 종사하는 인구 90%의 후투족, 긴 뿔소를 기르는 투시족, 그릇과 사냥에 종사하는 피그니 계통의 트와족으로 구성되었습니다. 50년 전 이곳에 대부흥이 있었습니다. 그러나 1994년 4월 후투족 시민군의 대량살상과 투시족 해방군의 보복으로 피의 전쟁이 일어났습니다. 100만 명이 죽었고, 200만 명이 죽음에 직면했으며, 25만 명이 남편을 잃고, 45만 명이 고아가 되고, 150만 명이 난민으로 전락했습니다. 재판을 기다리는 수감자도 48,000명으로 이들이 다 재판을 받으려면 140~200년이 걸릴 것이라 합니다. 큰 부흥이 일어났던 곳에 왜 대혼란이 왔습니까? 니키 검블은 「부흥의 본질」에서 '의와 사랑'이 사회 속에 흐르지 못했기 때문이라고 말했습니다. 부흥이 공의로 적용되지 못할 때 큰 혼란이 발생합니다. 시대 속에 일어난 하나님의 부흥은 영혼뿐만 아니라 사회를 구원했습니다. 예루살렘(B.C 465)은 함락 전(B.C 740)의 모습과 크게 달라지지 않았습니다. 재건해야 할 것은 많은데 더 이상 발전적이지 못하고 다시 이사야 1장 11~17절의 모습으로 돌아갔습니다. 불의는 성령을 근심케 하며 부흥의 흐름을 막을 뿐입니다.

부흥의 메시지

1. 부흥되지 않는 데는 이유가 있다(1~5절)

이스라엘 백성들의 금식은, 두려움에 대한 해소와 일시적인 겸비함뿐이었습니다. 이스라엘은 4대 금식을 4월 9일(왕하 25:3~21, 예루살렘 함락을 생각하며), 5월 10일(렘 52:12~13, 예루살렘 성전 파괴를 생각하며), 7월 2일(왕하 25:23~25, 그달랴의 살해를 기리며), 그리고 10월 10일(예루살렘 첫 번째 공격을 생각하며)에 실시했습니다. 금식에 대하여 성경은 부정적으로 말하지 않습니다. 존 웨슬리는 일주일에 두 번(수, 금) 금식했고 예수님도 40일을 금식하셨습니다. 금식은 마음을 괴롭게 하며 긍휼을 베풀어 달라는 중요한 결단입니다. 문제는 금식의 태도입니다. 금식을 해도 응답이 없자 그들은 금식 무용론자가 되었습니다. 잠언에 "사람이 미련하므로 자기 길을 굽게 하고 마음으로 여호와를 원망하느니라"고 하였습니다(잠 19:3). 저들의 신앙은 굳어지면서, 타성에 젖었고 형식화되었습니다. 하나님은 저들의 허물과 죄를 고하며 크게 외치라고 말씀합니다(1절). 그들은 하나님이 원하고 찾는 금식을 하지 않았습니다. 도리어 금식하면서 다투고 논쟁했으며 경건의 내용이 아니라 하나의 습관 혹은 형식이었습니다. 하나님은 말씀하십니다. "이것이 어찌 금식이 되겠으며"(5절). "너희는 옷을 찢지 말고 마음을 찢고"(욜 2:13). 참된 금식은 마음의 문제며, 마음의 제어는 죄를 제어하는 것입니다.

2. 하나님이 기뻐하는 금식을 하라(6~10a절)

경건은 사회적 정의와 함께 가야 합니다. 하나님은 "흉악한 결박을 풀어주며 멍에의 줄을 끌러주며 압제 당한 자를 자유하게 하며 멍에를 꺾어주며 주린 자에게 양식을 나눠주며 유리하는 빈민을 집에 들이며 헐벗은 자를 보면 입히며 네 골육을 피하여 숨지 않는 것"을 금식이라고 말하지 않았습니다. 그것은 사회정의이며, 인간됨의 도리입니다. 하나님은 금식할 때 사회적인 문제를 외면하지 말라고 명령하십니다. 하나님 앞에서 거룩하지만 인간 앞에서 포학한 행동은 참된 신앙이 될 수 없습니다. 로렌 커닝햄은 "그리스도인들은 예수님이 하신 것처럼 사람들이 고통을 느끼는 그 부분에 도움의 손길을 뻗쳐야 한다"고 말했습니다. 느헤미야는 당대 유대인들이 하나님을 섬기면서 높은 세금과 고리대금과 동족을 노예로 삼는 문제를 보았습니다(느 5:7~12). 하나님의 공의가 흐르지 않는 경건한 활동은 위선적일 뿐입니다. 묵시가 없기 때문에 방자해진 백성들에게 느헤미야는 참 신앙운동을 통해 정의가 흐르게 했습니다(잠 29:18). 오늘날 우리는 궁핍, 사회 악, 비윤리 앞에서 침묵해 왔습니다. 하나님은 나눠주는 사회가 되라고 말씀하십니다(sharing your bread with the poor). 설교자이면서 사회정의를 외친 복음 전도자인 존 웨슬리는 비인간적 노예매매를 비난하며 사회정의를 실천했습니다. 옥스퍼드의 아놀드 토인비는 "18세기 그의 복음주의적 부흥으로 인하여 영국은 당시 프랑스에 있었던 피의 혁명을 막을 수 있었으며 노예제도가 폐지되고 소년들의 굴뚝청소가 중단되었으며 죄수와 병인들에게 관심을 갖게 되었고 노동자의 근무시간이 단축되었다"고 말했습니다.

3. 참된 금식은 복을 부른다(8~12절)

멍에와 손가락질과 헛된 말을 제하면 하나님의 역사는 속히 임합니다. 손가락질과 허망된 말을 하나님은 싫어하십니다. 부흥의 걸림돌은 잘못된 태도와 부정적인 언어 사용입니다. "무릇 더러운 말은 너희 입 밖에도 내지 말고 오직 덕을 세우는 데 소용되는 대로 선한 말을 하여 듣는 자들에게 은혜를 끼치게 하라"(엡 4:29). 그리하면 빛이 새벽같이 비취며 치유가 급속히며 여호와의 불기둥이 주의 백성들의 앞뒤에서 함께 하신 것처럼 공의는 앞에서 행하고 여호와의 영광은 뒤에서 호위하게 될 것입니다(8절). 그리고 우리 빛이 흑암 중에서 떠올라 어둠이 낮과 같이 될 것입니다. 헛된 금식은 응답되지 않지만 바른 금식과 기도는 하나님의 즉각적인 응답을 가져옵니다. 그때 우리는 물댄 동산같이 되고(well-watered garden) 물이 끊어지지 않는 샘 같을 것입니다. 아울러서 "네게서 날 자들이 오래 황폐된 곳들을 다시 세울 것이며 너는 역대의 파괴된 기초를 쌓으리니 너를 일컬어 무너진 데를 수보하는 자라 할 것이며 길을 수축하여 거할 곳이 되게 하는 자라" 일컫게 될 것입니다(12절). 하나님 안에서 참된 영성은 이 시대에 무너진 세계를 보수하며 황폐한 길을 수축하는 자로 우리를 우뚝 서게 할 것입니다.

4. 예배를 회복하라(13~14절)

안식일 준수는 포로기와 그 이후의 유대인에게 신앙의 중심이 되었습니다. 안식일(주일)은 성일이므로 사사로이 대해서는 안 됩니다. 그날을 제정하신 하나님을 존귀히 여겨야 합니다. 그리스도 안에서 모든 율법이 폐하여진 것은 사실이지만, 그것은 불순종에 대한 심판이 폐하여졌음을 의미할 뿐, 율법의 정신이 폐하여진 것은 아닙니다. 따라서 우리는 안식일의 정신을 가지고 주일을 지켜야 합니다. 참된 예배를 위하여 사사로운 기쁨을 추구하는 것을 금하고 하나님을 보다 가까이하기 위해 시간을 드리고 애써야 합니다. 그분을 존귀히 여겨야 하며, 우리 길로 행치 않아야 하며 오락을 구치 않아야 합니다. 그리고 사사로운 말(speaking idle words)을 하지 말아야 합니다. 그날을 거룩하게 지켜야 합니다. 그러면 여호와 안에서 즐거움을 누리고 하나님께서 우리를 땅의 높은 곳으로 올릴 것입니다. 그리고 아무것도 없던 야곱에게 큰 기업을 주신 하나님께서 동일한 복으로 함께 하실 것입니다(14절).

역사 속의 부흥

존 웨슬리의 부흥운동

1739년부터 1791년 사이에 일어났던 영적 대각성운동을 '웨슬리 부흥운동'이라고 부릅니다. 감리회 창시자 웨슬리는 가장 많은 장소에서, 가장 오래, 가장 많은 사람들에게 설교했습니다. 회심 후 한 해에 8,000km씩 말을 타면서 51년 동안 42,400번이나 설교했습니다. 그는 '세계는 나의 교구다'라며 많은 선교로 '하나님의 기수'라는 아름다운 별명도 얻었습니다. 웨슬리는 성직자 사무엘 웨슬리와 청교도인 수산나 사이에 19명의 형제 중 15번째로 태어났습니다. 아버지는 영국 교회의 교리적 입장을 따라 사람은 믿음과 선행에 의해서 의로워진다고 믿었습니다. 어머니는 청교도 교육대로 자녀들에게 아침 저녁으로 말씀 묵상과 기도하는 법을 훈련시켰습니다. 그녀는 자녀들에게 하나님 안에서 자신을 반성하는 시간을 갖도록 하였습니다. 그런 분위기에서 자란 웨슬리는 옥스퍼드대학 안에 있는 신성클럽(Holy Club)을 통해서 기도와 성경공부를 했고, 가난한 가정에 양식을 공급하며, 감옥에 갇힌 사람들을 위문했으며, 고아들을 가르치는 등 규칙적인 생활을 실천했습니다. 사람들은 이들을 '규칙주의자들(Methodists)'이라고 조롱했습니다.

조지아 선교 실패 후, 웨슬리는 영국에서 어느 모라비안 목사로부터 "하나님의 영이 당신의 영을 통하여 당신이 하나님의 자녀라는 것을 증거하십니까?" "당신은 예수 그리스도를 아십니까?" "당신은 예수님이 당신을 구원하셨다는 것을 알고 계십니까?" "당신은 당신 자신을 알고 계십니까?"라는 질문을 받고 크게 당황했습니다. 이 사건이 계기가 되어 1738년 5월 24일 런던의 올더스게이트 가에 있었던 집회에서 그는 회심을 체험했습니다. 그날 8시 45분경 어느 한 사람이 루터가 쓴 「로마서 주석」 서문 가운데 "하나님은 그리스도 안에서 믿음을 통하여 우리의 마음속에서 역사하시며 변화를 일으키신다"는 구절을 읽고 있을 때, 갑자기 그의 마음이 뜨거워졌고, 자신의 구원을 위해서는 오직 예수 그리스도만을 신뢰해야 한다는 사실을 깨달았습니다. 그는 이날 예수 그리스도께서 죄와 사망의 법에서 자신을 구원하셨다는 벅찬 사실을 확신했습니다. 이 순간 웨슬리는 인본주의 신앙에서 하나님 중심의 신앙으로 변화되었습니다. 그의 설교는 "그리스도인은 어떤 사람인가"라는 주제에서 "사람이 어떻게 그리스도인이 되느냐"로 변화했습니다.

웨슬리의 영성은 '성화(sanctification)'입니다. 그는 먼저 신자들에 대하여 회심을 체험할 것을 강조했습니다. 그리고 사회정의에 눈을 돌리도록 촉구했습니다. 웨슬리는 소위 명색뿐인 신자들을 가리켜 얼굴은 천국을 향하고 있지만 마음은 딴 곳에 가 있는 형식주의자들이라고 비판하고 그들로 하여금 개인적으로 구원의 확신을 체험하도록 촉구했습니다. 회개와 믿음에 의해 거듭난 신자들이 지속적으로 회개와 믿음을 소유하게 됨으로써 성화 곧 성결을 이루게 되며 마침내는 성화의 본질인 온전한 사랑, 순수한 사랑을 이루게 됨을 강조했습니다. 그는 성화에 의하여 생겨나는 온전한 사랑은 하나님 사랑과 이웃사랑 및 봉사로 나타난다는 사실을 강조하며 일평생 전도활동을 펼쳤습니다.

성령 체험이 훈련으로 지속되는 것을 경험한 웨슬리는 모든 신자들을 조직적으로 훈련시켜 선교에 참여하도록 했습니다. 그는 평신도를 중심으로 속회(the class meeting)와 조(band)와 특별 신도회를 구성했습니다. 속회는 12명의 믿는 신자들로 구성되었고, 조는 6명 정도의 확실한 신자들로 구성되었습니다. 특별 신도회는 사유재산까지 다 맡기는 평신도 지도자입니다. 성령으로 훈련된 저들을 통해서 사회가 달라졌습니다. 당시 영국 교회는 도덕적으로나 영적으로 매우 안일했고 무능력했습니다. 사회의 고위층들은 종교에 대하여 냉소적이었고 일반 대중은 교회의 영향권 밖에 있었습니다. 갈수록 사회 범죄가 성했고, 백성들은 난폭했으며, 감옥은 늘 만원이었습니다. 웨슬리는 타락한 사회를 변화시키기 위해서 개인의 회심과 교회 갱신이 필요함을 인식했습니다. 그의 부흥은 당시 영국의 기독교를 고사시켰던 도덕적 타락과 형식주의 및 의식주의에 대한 항거였습니다. 그는 사회문제였던 노예문제와 가진 자들의 착취행위에 대해서 강력하게 항변함으로써 사회적 성결을 이루었습니다. 그의 운동은 영국을 프랑스와 같은 피의 혁명에서 건져냈으며, 노예해방의 점화선이 되었으며, 인류의 구원을 위한 거리 전도가 되었습니다. 뿐만 아니라 루터가 제기한 성도의 만인제사장직을 평신도 훈련을 통해 이루었습니다.

부흥을 위한 기도

1. 온전한 금식을 합시다.

하나님이 기뻐하시는 금식에는 역사가 있습니다. (금식을 권장합니다. 한 끼 금식과 함께 감사헌금으로 사회에 소외된 이들을 위해 사용해 봅시다.)

2. 참된 예배를 회복합시다.

주일을 온전히 지켜 예배를 회복하면 하나님의 부흥과 야곱의 복이 있습니다.
우리의 모든 예배가 온전한 예배가 되도록 기도합시다.

3. 사회적 성결을 위해 기도합시다.

교회는 개인 성결과 사회 성결의 영적 충전소입니다.
성결의 영인 성령님을 사모하며 개인 성결과 사회 성결의 주체가 되도록 기도합시다.

묵상을 위한 질문

1. 하나님이 기뻐하시는 금식은 어떤 금식입니까? 그 결과는 무엇입니까?
   당신의 금식 기도는 어떻습니까?
2. 우리의 무너진 영역들을 열거해 봅시다. 어떻게 보수해야 합니까?
3. 웨슬리의 운동에 비추어 볼 때 한국 교회가 회복해야 할 것은 무엇입니까?
4. 오늘 배운 내용 중에 당신에게 가장 감동적인 것은 무엇입니까?

21 일 부흥의 위기

중재자가 없음을 인하여

이사야 VISION

여호와께서 그 기운에 몰려 급히 흐르는 강물같이 오신다.
나의 영과 나의 말이 너와 네 후손을 떠나지 않으리라.

memo

새벽을 여는 기도

신실하고 자비로우신 하나님, 주님과 은혜를 사모하여 이 자리에 모였습니다.
하늘을 가르시고 강림하사 말씀을 깨달을 수 있도록 학자와 같은 귀를 주옵소서.
말씀 중에 우리 모두 비전과 꿈을 꾸게 하옵소서.
교회를 새롭게 하시고, 민족을 치유하시며 열방이 주께 돌아오게 하옵소서.
잉태한 것들이 해산되게 하옵소서.
예수님의 이름으로 기도합니다. 아멘.

- **오늘의 말씀** 이사야 59:1~21
- **외 울 말 씀** "성실이 없어지므로 악을 떠나는 자가 탈취를 당하는도다 여호와께서 이를 감찰하시고 그 공평이 없은 것을 기뻐 아니하시고 사람이 없음을 보시며 중재자 없음을 이상히 여기셨으므로 자기 팔로 스스로 구원을 베푸시며 자기의 의를 스스로 의지하사"(15~16절).

하나님께 나아감

신앙이 식어지면 경건의 모양은 있으나 능력이 없는 죽은 믿음이 됩니다. 하나님에 대한 위선은 사회 위선으로 나갑니다. 나웬은 그런 모습을 "하나님을 사랑하기보다는 하나님 되는 것이 더 쉽고, 사람들을 사랑하기보다는 사람들을 컨트롤 하는 것이 더 쉽다"고 말했습니다. 윤리가 무너지며 하나님의 법이 통하지 않게 되면 세상은 창조 이전의 시대처럼 혼돈과 공허와 흑암이 깊게 지배하게 됩니다. 이스라엘은 하나님의 법에서 떠났고 그들의 신앙은 지극히 형식적이었습니다. 경건의 능력도 없고 처음 사랑과 처음 열심도 잃었습니다. 절망 가운데 있는 백성들은 엉뚱하게 외칩니다. “하나님은 능력이 없다. 도울 힘이 없다.” 이에 대하여 여호와는 이렇게 말씀하십니다. “여호와의 손이 짧아 구원하지 못하심도 아니요 귀가 둔하여 듣지 못하심도 아니다.” ‘능력의 손이 이제 힘을 다했는가?’ 이것은 우리의 생각일 뿐입니다.

부흥의 메시지

1. 이스라엘은 죄악 공화국이다(1~8절)

백성들은 하나님과 그들 사이가 갈라졌으며 먼 것처럼 느꼈습니다. 그들이 부르짖어도 하나님이 얼굴을 돌리시며 듣지 않는 것처럼 보였습니다. 그들은 이 모든 것을 하나님의 거절로 간주했습니다. 그러나 하나님은 백성들의 악과 죄가 그 원인이라고 지적합니다. 인간의 근본 문제는 진리에 대한 무지나 생로병사의 고생에 있는 것이 아니라, 죄에 있습니다. 따라서 이 죄악이 제거되기 전에는 인간의 구원 가능성은 전혀 없습니다. 구원이란 죄로 인해 분리된 하나님과 인간 사이를 화목케 하는 것입니다. 그리스도께서 불의한 자의 죄를 지시고 십자가에 죽으신 이유가 여기 있습니다. 허망한 것을 의뢰하던 저희들은(4절) 죄악의 행위(6절)와 죄악의 사상(7절)으로 오염된 백성이 되었습니다. 이제 그들이 행한 구체적인 죄의 항목들이 나열됩니다. 그들의 온 신체는 불의의 병기, 죄의 도구로 손은 피를 흘리는 도구며, 입은 없는 것을 마치 있는 것처럼 터무니없는 사실무근한 소리를 말하며 거짓 음모를 꾸미는 데 익숙해졌습니다. 독사의 독처럼 죄의 독을 뿜어대며 그 독에 맞는 자는 신음하며 쓰러졌습니다. 그들이 행하는 것은 잔악과 횡포뿐입니다. 발은 평화를 알지 못하며 그릇된 일을 하는 데 바빴습니다. 이사야는 이스라엘이 멸망당하였던 고대의 모든 도시처럼 ‘죄악을 생산하는 사회’ 며 ‘독사의 알을 품는 것’ 처럼 죄악 공화국이라고 고발합니다.

2. 죄의 삯은 처절하다(8~10절)

윌리엄 바커스(William Backus)는 '하나님과 우리 사이의 숨겨진 틈(Your hidden rift with God)'은 죄 때문에 생긴다고 말했습니다. 죄는 달콤하게 다가오지만 그 대가는 큽니다. 가장 치명적인 죄는 우리를 덮치지 않고 살며시 기어들어 옵니다(The most deadly sins do not leap upon us, they creep up on us). 죄는 하나님의 응답에서 멀어지게 합니다. 아간 한 사람의 죄가 아이성 전투에서 이스라엘 전체에게 패배를 안겨주었듯이(수 7장) 공동체 내에서 어느 한 사람의 죄는 공동체의 영적인 기근과 하나님의 침묵의 원인이 됩니다(cf. 삼하 21:1~14). 죄는 마음에 평화를 앗아가며 평화를 모르는 전쟁과 다툼을 끊임없이 유발시킵니다. 죄로 정의는 힘을 잃고 불의가 득세하여 세상은 빛을 잃어버린 채 어둠 가운데 거해 사람들이 대낮에도 소경처럼 헤매며 낮에도 황혼처럼 헛디디게 만듭니다(10절). 죄는 하나님의 능력의 손이 미치지 못하게 만들며, 하나님의 음성에 자신의 귀를 닫아 버리게 합니다(1절 의역). 죄는 삶을 마비시키며 진리를 깨닫지 못하게 만들며 죄의 종이 되어 이제 살았다 하는 이름은 가졌으나 실상은 죽은 자로 만듭니다. 죄는 흉내 내지도 그 이름을 부르지도 말아야 합니다.

3. 회개하라(11~15절)

백성들은 "하나님, 우리는 당신께 거역만 했습니다"라며 그들의 범죄함을 하나님께 아뢰었습니다(12절). 하나님 앞에 가장 아름다움은 겸손히 자기 허물을 통회하는 마음입니다. 먼저 하나님께 배반했고 하나님의 말씀과 비전을 현실적이지 못하다 하여 반항적인 언어를 사용한 불신을 회개했습니다(13절). 믿음 없는 말은 하나님의 얼굴을 가리우게 만듭니다. 죄는 비둘기같이, 곰처럼 부르짖지만 응답을 받지 못하게 만듭니다(11절). 참된 회개는 신앙적인 언어를 사용하게 합니다. 부정적인 언어는 아직 회개하지 않았음을 의미합니다. 그들은 성실과 정직하지 못한 것도 회개했습니다(14절). 회개의 시작은 죄에 대한 겸손한 인정과 고백이지만 천국의 계단이며 소망의 출발선이며 성령님의 임재로 이끕니다. "베드로가 가로되 너희가 회개하여 각각 예수 그리스도의 이름으로 세례를 받고 죄 사함을 얻으라 그리하면 성령을 선물로 받으리니"(행 2:38).

4. 중재자가 없으므로 하나님이 친히 행하신다(16~21절)

이스라엘에 성실이 없어지므로 악을 떠나는 자가 탈취를 당했습니다(15절). 하나님은 이스라엘에게 사람다운 사람이 있는가 살펴보았으나 찾지 못했습니다. 의인과 죄인 사이의 중재자(돕는 자)가 없었습니다(16절). 중재자라고 여겼던 제사장과 선지자들은 제 구실을 하지 못했습니다. 이스라엘의 불행은 불신앙과 불의뿐만 아니라 구원과 회개를 위해 하나님께 중보하는 자가 없다는 것입니다. 예레미야는 "그들이 이를 황무케 하였으므로 그 황무지가 나를 향하여 슬퍼하는도다 온 땅이 황무함은 이를 개의하는 자가 없음이로다"라고 하였습니다(렘 12:11). 중보자가 많은 곳은 여전히 희망적입니다. 그러나 신실하신 하나님은 백성들을 구원하기 위해 그분께서 친히 중보자가 되셨습니다(16절). 이 상황에서 이스라엘의 유일한 소망은 하나님뿐입니다. 하나님은 인간들의 무능력을 의지하거나 기다리지 않으시고 '자기 팔'과 '자기 의'를 의지하여 이스라엘을 살리는 데 열심을 내셨습니다. 하나님은 공의의 갑옷을 입고, 구원의 투구를 쓰고, 보복의 속옷을 입고, 열심의 겉옷을 입고, 역사 속에 나타나셔서 그 기운에 몰려 급히 흐르는 강물처럼 시온을 구속하기 위해서 오십니다(19절). 그분은 대적을 물리치십니다. 큰 대적은 외부의 세력만이 아니라 우리 안에 존재하는 높아진 자신과 죄입니다. 죄에서 떠난 야곱의 자손들에게 하나님은 오셔서 선물로 그의 영(my Spirit)과 말씀을 믿는 자의 입(mouths)에 두고 영원히 떠나지 않겠다고 언약을 세우셨습니다(21절).

사막 교부의 성결운동

로마제국 초기의 심한 박해에도 불구하고 기독교 교세는 날로 확장되어 갔습니다. 그러나 콘스탄티누스에 의해서 기독교가 공인되자 집단적인 개종현상이 일어났고, 교세가 커지자 교회는 큰 재산의 소유자가 되었습니다. 교회는 하나님의 나라보다 세상의 이익과 지위에 몰두했습니다. 이때 경건한 열성적인 신자나 성직자들에게 교회의 세속화에 반대하고 초대교회로 돌아가려는, 사막의 영성운동이 일어났습니다. 사막에 거하는 사람들의 수가 여러 도시 주민들의 수와 같을 정도로 많아졌습니다. 오르(Or)에게는 10만 명의 제자들과 1,000명의 수도사들이 있었고, 암몬(Ammon) 밑에는 3,000명의 수도사들이 있었고, 옥시린쿠스에는 10,000명의 수도사와 20,000명의 수녀들이 있었습니다. 사막의 생활은 파코니우스에 의해서 집단적인 성격을 띠면서 수도원 제도로 발전했습니다.

사막의 교부들은 현실 도피적인 사람들로 간주되기 쉽습니다. 하지만 익숙한 삶에서 익숙하지 않은 삶으로, 낯익은 곳에서 낯선 곳으로의 도피는 세상과 인간과의 관계에서 하나님과의 관계로 전환을 의미합니다. 그들은 단지 지리적 장소의 이동이 아니라 너무도 많은 죄의 관성에 의해 진행되고 있는 일상사로부터 삶을 전환했습니다. 그들은 내적 삶의 정화를 통해 하나님 말씀을 묵상하고 실천하고자 했으며, 하나님과의 만남을 추구했습니다. 사막의 운동은 영성운동입니다. 그들은 그 누구보다 하나님을 사랑했습니다. 그들은 기도했고 금식했으며 절제했습니다. 그들에게 기도는 기도 속으로 들어가 자신이 기도가 되는 것이었습니다. 회개와 기도와 자기희생에 의한 '일생 동안 사랑 안에서 죽는 생활'을 통해 하나님 앞에 서는 법을 배워 나갔습니다. 그들은 자신을 강한 자나 세상이 존재할 수 있도록 지탱해 주는 자가 아니라 죄인이요 연약한 자로 여겼습니다. 그들은 때로 하나님의 음성을 듣기 위하여 오랫동안 침묵했습니다.

그들의 목표는 단순함과 온전함입니다. 그들은 성령 안에서 참된 자유를 누렸으며, 현실에서 눈을 들어 더 높은 이상을 추구했으며 영원성을 추구했습니다. 참된 사랑을 못하게 방해하는 것들을 끊고 자유를 얻는 자기 비움, 자기 정화의 길을 추구했습니다. 참된 영적 자유를 얻지 못하게 가로막고 있는 것들을 훈련을 통해 겸손의 영성으로 가꾸어 갔습니다. 자신을 주장하고 드러내는 교만과 달리, 자기를 부인하고 낮추며 십자가를 지면서 주님께 순종했습니다. 그들은 마음을 집중하여 모든 죄와 정욕들을 물리치기 위해 침묵과 고독에 몰두했습니다. 동시에 그들은 사막에 있는 이교도들을 전도하는 데 힘을 쏟아 순회전도 했습니다. 많은 사람들이 그들의 설교를 듣기 위해 사막으로 몰려왔으며 그의 앞에서 왕과 백성, 심지어 짐승까지 회개했다고 합니다. 그들은 사람들의 호소를 들어주며 화평케 하는 사람들이었습니다. 그들은 마귀들을 대적하기 위해 무장했습니다.

대표적인 사막의 교부(Fathers of Desert)는 3

세기 말 이집트 사막에서 은둔생활을 한 성 안토니(St. Anthony, 251~356)와 높은 기둥에서 20년, 40년을 지낸 아주 독특한 사람 시므온입니다. 안토니는 나일 강의 한 부유한 집안의 아들로 태어나 영적 관심을 갖던 중 "네가 온전하고자 할찐대 가서 네 소유를 팔아 가난한 자들을 주라"(마 19:21)는 말씀을 듣고 모든 재산을 가난한 자들에게 나눠주고 사막으로 떠났습니다. 안토니의 삶은 히포의 어거스틴과 나지안주의 그레고리와 오늘날 가톨릭 수도사인 토마스 머튼에게 영향을 끼쳤습니다. 사막운동은 야만인들의 약탈과 로마가톨릭의 공격으로 급속도로 쇠약해졌습니다. 하나님을 경험하기 위해서 그들과 같이 살아야 하는 것은 아니지만 하나님과 씨름할 수 있는 '영적인 사막의 공간'은 있어야 합니다.

부흥을 위한 기도

1. 우리의 죄악 공화국을 청산합시다.

죄를 짓는 것은 인간입니다. 그 죄를 회개하지 못하게 하는 것은 사단입니다.
죄의 항목들을 철저히 회개하며 기도합시다.

2. 시대의 중재자가 됩시다.

우리는 고통 받는 이 시대의 영적 중보 기도자가 되어야 합니다.
그리스도와 세상을 연결하는 영적 다리(spiritual bridge)가 되도록 기도합시다.

3. 기도는 부르짖고 듣는 것입니다.

우리의 분주함을 내려놓고 하나님께 귀 기울이면 주께서 말씀하시는 음성을 들을 수 있습니다.

묵상을 위한 질문

1. 당신에게 처절히 회개해야 할 죄가 있습니까?
2. 당신이 기도로 중보해야 할 사람이 있습니까? 중보기도 리스트를 작성해 보십시오.
3. 하나님과의 깊은 만남을 위해 은밀한 시간과 공간을 가져봅시다.

22일

부흥의 새벽

일어나라 빛을 발하라

이사야 VISION

여호와의 영광이 네 위에 임한다.
무리가 다 모여 네게로 온다.
큰 바다의 부와 땅 위의 존귀가 돌아온다.
다시는 해가 지지 않는다.

memo

새벽을 여는 기도

신실하고 자비로우신 하나님, 주님과 은혜를 사모하여 이 자리에 모였습니다.
하늘을 가르시고 강림하사 말씀을 깨달을 수 있도록 학자와 같은 귀를 주옵소서.
말씀 중에 우리 모두 비전과 꿈을 꾸게 하옵소서.
교회를 새롭게 하시고, 민족을 치유하시며 열방이 주께 돌아오게 하옵소서.
잉태한 것들이 해산되게 하옵소서.
예수님의 이름으로 기도합니다. 아멘.

- **오늘의 말씀** 이사야 60:1~22
- **외울 말씀** "일어나라 빛을 발하라 이는 네 빛이 이르렀고 여호와의 영광이 네 위에 임하였음이니라 보라 어두움이 땅을 덮을 것이며 캄캄함이 만민을 가리우려니와 오직 여호와께서 네 위에 임하실 것이며 그 영광이 네 위에 나타나리니 열방은 네 빛으로, 열왕은 비취는 네 광명으로 나아오리라"(1~3절).

하나님께 나아감

가장 어두울 때 별이 빛나며 새벽의 여명이 오듯이 하나님의 비전은 가장 어두울 때 임합니다. 모두 절망하며 끝났다고 여길 때 하나님은 자신의 역사를 시작하십니다. 역사 연구에 의하면 부흥은 가장 어두울 때, 하나님이 전혀 아무런 힘을 발휘하지 못한다고 여겨질 때, 백성들도 더 이상 하나님을 붙잡으려고 하지 않을 때 일어났습니다. 미국의 노스햄프턴과 원산 · 평양 대부흥도 시대적으로 암울할 때 일어났습니다. 하나님은 백성들에게 비전의 메시지를 주시며 "때가 되면(in its time-kairos) 나 여호와가 속히 이루리라"고 말씀하십니다. 우리는 지금 당장 원하지만 주님은 그분의 때로 기약하십니다. '지금 당장' 이란 말처럼 조급하게 하나님의 뜻을 그르치는 것은 없습니다. 먼저 일어나 빛을 발하여야 합니다.

부흥의 메시지

1. 하나님이 임하신다(1~2절)

"보라 어두움이 땅을 덮을 것이며 캄캄함이 만민을 가리우려니와"(2절). 시대는 점점 어두워지고 희망의 빛은 꺼져 가고 있습니다. 그렇지만 하나님의 백성들에게 영광이 임합니다(cf. 출 10:23). 이제 모든 것이 끝났다고 느껴질 때, 우리의 가능성과 기대가 무너지는 바로 그때 하나님은 하늘을 가르고 주의 택한 백성들에게 빛으로, 이 땅에 통치자로 오십니다. 왜냐하면 이 역사는 사단의 왕국이 아니라 여전히 하나님이 지으셨고 그분의 사랑 속에 있으며 그분이 통치하시며 회복해야 할 곳이기 때문입니다. 부흥은 물질과 사회의 변화에서 출발하지 않고 여호와가 먼저 임하므로 시작합니다. 인류를 회복하기 전에 여호와의 영광이 백성에게 임하며 그 영광은 빛으로 임합니다. 그러므로 우리는 이 시대 속에 유일한 빛, 그리스도의 빛으로 나타나야 합니다(마 5:14, 16). 세상이 가장 어두울 때 성도와 교회는 그 가운데 일어나 빛을 발해야 합니다. 하나님의 빛, 소망의 빛, 생명의 빛, 세상이 줄 수 없는 새로운 빛이 바로 교회 안에 있음을 나타내야 합니다.

2. 하나님의 영광이 임하면 무리가 돌아온다(3~4, 8절)

향기가 있는 곳에 나비가 모이듯, 등대 빛을 따라 배들이 인도를 받듯, 여호와의 영광과 시온의 빛을 따라 열방과 왕들이 나아옵니다(3절). 뿐만 아니라 사방에 흩어졌던 하나님의 친 백성들이 다 모여서 그 빛을 향하여 행렬합니다(4절). 잃었던 아들들이 돌아오고 딸들이 안기어 오며 하나님을 떠났던 백성들이 기쁘게 돌아옵니다. 구원의 날에 그 예언이 성취되는 것을 보고 빛을 발하던 이들이 희색을 발하며 마음이 놀라고(thrill) 또 화창(rejoice)해집니다(5절). "저 구름같이, 비둘기들이 그 보금자리로 날아가는 것같이 날아오는 자가 누구냐?" 하나님의 백성들뿐만 아니라 이제 하나님의 위대하심을 본 각 나라의 족속과 방언하는 자들도 흰 옷을 입고 주께로 나아옵니다(계 7:9~10). 이제 이사야 54장에서 주어진 비전처럼 과거에 황폐했던 곳, 지나가는 자가 없었던 곳이 준비된 넓은 장막마저 좁게 보일정도로 하나님의 백성들로 크게 번성하게 됩니다.

3. 하나님의 영광이 임하면 부가 몰려온다(5~9절)

하나님의 영광이 임하면 바다의 풍부와 이방나라의 재물마저 돌아옵니다. 미디안과 에바의 어린 낙타가 돌아오고, 스바 사람들이 풍부한 금과 유향을 가지고 와서 여호와를 찬송합니다(6, 17절). 게달의 양무리가 모이며, 느바욧의 수양이 하나님의 단 위에 공급되며 그것을 받음으로 하나님의 집이 영화롭게 됩니다(7절). 다시스의 은, 금이 돌아오고 이방나라의 귀한 재물이 들어오기 위해서 성문을 주야로 활짝 열어 놓아야 했습니다. 또한 세상을 주물렀던 왕들은 이제 패하여 여호와께서 포로로 이끌고 오십니다. 온갖 귀한 레바논의 영광인 잣나무, 소나무, 황양목이 돌아와서 하나님의 거룩한 곳을 영화롭게 합니다. 가난하던 땅이 부해지자 이 광경을 보고 백성들이 '희색을 발하며 마음이 놀라고 또 화창' 하게 됩니다. 그 구원의 날에 이스라엘은 비로소 하나님만 자신들의 구원자요, 구속자요, 야곱의 거룩한 자이신 줄 깨닫고 고백합니다. 하나님의 영광이 회복되면 잃었던 모든 것들이 다시 회복됩니다(cf. 삼상 7:14).

4. 때가 되면 이루리라(10~22절)

이스라엘이 하나님을 떠나고 은혜를 떠났을 때, 노하심으로 소중한 것들이 흩어지고 홀로 남았지만, 하나님께서 돌아오시자 그의 은혜로 이방인들이 와서 빈 것을 채워주며 무너진 성벽을 쌓기 시작합니다(18절). 은혜가 우리의 삶을 풍요롭게 만듭니다. 지배자로 자처했던 왕들이 하나님의 백성들을 섬기기 시작합니다(10절). 섬기지 않던 백성들과 나라들은 도리어 섬멸당합니다. 아브라함을 축복하는 자에게 복이 임하고 아브라함을 저주하는 자에게 저주가 임한 것처럼 이스라엘을 대적하는 자들이 다 멸망하게 됩니다(14절). 과거에 황폐했던 곳이 아름다워지고 추하던 것들이 거룩해지며 전에는 오는 자들이 없었더니 이제는 사람들이 북적거리며 찾아옵니다. 아무리 많은 것을 잃었어도 하나님의 영광이 임하면 잃은 것보다 더 크게 회복됩니다. 주님은 "황폐와 파멸이 네 국경 안에 다시 없을 것이며 다시는 수치를 당하지 않으며 슬픔도 끝나게 된다"고 말씀하십니다. 하나님은 이스라엘의 해를 영원히 지지 않도록 하십니다(your sun will never set again, 20절). 여호와가 영원한 빛이 되시기 때문입니다. 더욱 중요한 것은 백성이 다 의롭게 되어 땅을 영영히 차지하게 되는 것입니다. 하나님의 영광 안에 있는 자는 결코 작지 않습니다. 우리 작은 자가 천(clan)을 이루고 약한 자가 강국(a mighty nation)을 이루기 때문입니다. 이제 하나님은 "때가 되면 나 여호와가 속히 이루리라(나 야훼가 제 때에 지체 없이 이루리라-공동번역 22절)"고 말씀하십니다. 이 약속을 받은 자는 신앙의 남은 자들입니다.

역사 속의 부흥

평양 대부흥운동

1907년은 한국 근대사 중 가장 처절하고 암울한 시대였습니다. 을사조약과 고종 퇴위라는 아픔 속에 있었습니다. 1906년 10월, 미국의 북장로회 해외 선교부 위원인 존스턴은 평양 집회에서 영국의 웨일즈, 인도 그리고 호주의 부흥을 소개하며 "조선에서는 누가 성령 충만을 받고자 하느냐? 원하는 자는 거수하고 기립하라"고 말했습니다. 누구도 감히 응답하는 자가 없었을 때, 장로 길선주(후에 목사가 됨)가 감동받아 거수하고 일어섰습니다. 평양 교인들은 1907년 1월 평남도사경회를 위하여 오랫동안 기도했습니다.

평남도사경회는 1907년 1월 6일(주일)부터 10일간 계획되어 있었습니다. 남자 8반은 장대현교회에서, 부인들은 4곳에, 학생들은 숭덕학교에서 모였습니다. 그리고 저녁에는 장대현교회에서 연합집회로 모였습니다. 기대 속에 시작된 주일 첫날 저녁 집회는 '모든 것이 꽉 막혀 버린 듯 생기가 없는 형식적인 것'으로 끝났습니다. 선교사들은 다음날 정오 하나님께 도움을 구하는 기도회를 가졌습니다. 마침내 월요일 낮 집회에서 통회 자복하는 현상이 숭덕학교 학생모임에서 시작되었고, 길선주 장로가 친구가 유언하며 맡긴 돈 200원 중에 100원을 가로 챈 사실을 고백하고 회개하면서 남자 8반으로 이어졌습니다. 리 선교사가 인도한 저녁집회는 5~6백여 성도들이 새벽 2시까지 남아 기도했습니다. 리

선교사가 통성기도 후 자백할 사람이 있느냐고 묻자, 성령이 회중 가운데 임했습니다. 한 사람씩 일어나더니 자기 죄를 자백하고 울음을 터트렸으며, 바닥에 쓰러져 손바닥으로 마루를 치면서 몸부림쳤습니다. 리 선교사의 요리사는 "목사님, 나 같은 놈도 소망이 있나요? 용서 받을 수 있나요?"라며 통곡했습니다. 집회는 말로 형용할 수 없는 성령의 쏟아 부으심이었습니다.

이 물결은 숭실전문의 한 학생이 간음과 미움, 아내를 사랑하지 않은 죄를 자백하며 울 때 온 학생에게 임했고, 숭의여학교 학생들과 숭덕소학교와 숭덕 여자소학교 학생들에게도 임했습니다. 하지만 여자 성인반만큼은 반응이 없었습니다. 그래서 부인들만을 위한 집회가 여러 번 있었고 주일을 지나 월, 화요일 집회에서 한 여인이 괴로워 몸부림치다가 혼절하자, 다른 사람들도 자신을 통제하지 못하는 상황에 빠져들었습니다. 계획보다 길어진 평양 기도집회는 1월 22일에 끝났지만 부흥운동의 열기는 오히려 그 때부터 고조되었습니다. 2월에 숭실중학교와 대학으로 확산되어 매일 오후 4시부터 집회를 일주일 동안 가졌습니다. 교실이나 교정은 둘씩 혹은 셋씩 모여 울면서 무릎을 꿇고 시험 중에 저지른 부정행위, 절도, 속임수, 험담, 불평 등 온갖 죄를 자백했습니다. 3월에는 평양 장로회 신학교로 번졌으며 부흥운동은 전국에서 모인 75명의 신학생들과 사경회를 마치고 돌아간 전도 부인들을 통해서 지방으로 확산되었습니다. 선천, 의주, 곡산 및 중화지방, 서울 승동교회, 새문안교회, 연동교회를 거쳐 청주와 보수적인 대구 및 경북 지방으로 번졌습니다.

부흥은 감리회로 번져 개성, 원산, 수원, 서울로 이어졌으며 해주, 증산, 영변으로 번져나갔습니다. 인천 제물포교회와 공주는 평양 부흥운동 소식을 듣고 평양교회에 전도인을 요청, 평양에서 내려온 전도자를 통해서 부흥의 불이 지펴졌습니다. 평양 부흥은 1908년에 제주도와 중국 산동과 하와이로 번졌으며, 1909년에는 백만 명 구령운동으로 이어졌습니다. 선교사들은 1907년을 한국의 오순절 운동이라고 말했습니다.

평양 대부흥운동은 사경회를 통해서 일어난 말씀운동이었습니다. 그리고 통성기도가 집단적 체험과 갱신을 일으켰습니다. 이 강력한 불로 인하여 평양은 동방의 예루살렘이라는 별명을 갖게 되었습니다. 이 운동은 한국인들에게 기독교를 체험하게 했으며, 사회의 윤리적 갱신을 가져왔습니다. 한국적 상황에서 죄로 인식되지 않았던 축첩, 노비, 술, 담배, 아편, 노름 등이 죄로 인식되면서 사회가 건전한 방향으로 성숙해졌습니다. 개인각성이 민족각성으로 승화되었으며, 한국 교회의 성장을 가져왔습니다. 1905년 5만 명의 성도가 평양 대부흥운동을 거치면서 1909년에는 20만 명으로 늘어났으며 전도가 활발하게 이루어졌습니다. 이 부흥운동은 한국 교회를 자립하게 했습니다. 그리고 성령의 하나 되게 하심으로 교회의 연합이 있었습니다. 성서공회, 성서번역실행위원회, 연희전문대학, YMCA 등이 서로 협력하였습니다. 이 운동은 당시 한국사회에 영향을 끼쳐 기독교를 가장 신뢰할 수 있는 종교로 확인시켰으며 민족의 에너지를 축적해 3·1운동과 민족독립운동을 일으키는 데 크게 기여했습니다. 이제 기독교가 세상을 걱정하기보다 세상이 기독교를 걱정하기에 이른 오늘 한국 교회는 다시 한 번 회개하며 우리가 저지른 죄를 통회해야 합니다. 하나님이 다시 이 민족을 쓰시도록….

부흥을 위한 기도

1. 일어나 빛을 발합시다.

가장 나쁜 선택은 절망하는 것입니다.

삶이 어둡지만 부흥의 약속을 믿고 열정의 불꽃을 태우도록 기도합시다.

2. 때가 되면 이루어집니다.

하나님의 모든 약속은 때가 있습니다.

우리가 기도하며 뿌린 것들은 하나님의 때가 있음을 믿고 인내하며 기도합시다.

3. 한국 강산을 살리기 위해 전날의 부흥을 사모합시다.

평양에서 일어났던 성령의 부으심이 지금 여기에서 일어나도록 기도합시다.

묵상을 위한 질문

1. 가장 절망스러울 때 여호와의 빛을 발하라고 하는데 어떻게 빛을 발할 수 있습니까?
2. 하나님의 약속에 인내가 필요함은 왜입니까?
3. 길선주 목사처럼 이 시대의 부흥을 위해 거수하며 일어서겠습니까?
4. 오늘 배운 내용 중에 당신에게 가장 감동적인 것은 무엇입니까?

23일 부흥의 동력

여호와의 신이 임했다

이사야 VISION

주 여호와의 신이 내게 임한다.
대대로 무너져 있던 것이 중수된다.
고토(故土)에서 배나 얻게 된다.
구원의 옷과 의의 겉옷으로 단장된다.

memo

새벽을 여는 기도

신실하고 자비로우신 하나님, 주님과 은혜를 사모하여 이 자리에 모였습니다.
하늘을 가르시고 강림하사 말씀을 깨달을 수 있도록 학자와 같은 귀를 주옵소서.
말씀 중에 우리 모두 비전과 꿈을 꾸게 하옵소서.
교회를 새롭게 하시고, 민족을 치유하시며 열방이 주께 돌아오게 하옵소서.
잉태한 것들이 해산되게 하옵소서.
예수님의 이름으로 기도합니다. 아멘.

- **오늘의 말씀** 이사야 61:1~11
- **외울 말씀** "주 여호와의 신이 내게 임하셨으니 이는 여호와께서 내게 기름을 부으사 가난한 자에게 아름다운 소식을 전하게 하려 하심이라"(1절).

하나님께 나아감

낡고 보잘것없는 바이올린 하나가 경매에 붙여졌습니다. 한 사람이 1실링을 부르자 폭소가 나더니 그 값에 건네주라고 누군가 말했습니다. 잠시 후 한 노인이 나와 그 바이올린을 켜자 낡은 악기로부터 절묘한 선율이 퍼졌습니다. 사람들은 그 소리에 매혹되었고 경매가 다시 시작되었습니다. "5파운드", "10파운드." 바이올린은 '100파운드'로 낙찰되었습니다. 전과 다름없는 바이올린이었는데…. 그 낡은 바이올린은 대가에 의해 명품으로 바뀌었습니다. 쓸모없고 무능한 존재지만 하나님의 성령에 붙들리면 가치 있고 위대한 인생으로 바뀝니다. 연약하기 짝이 없었던 제자들이 성령으로 질과 양이 달라졌습니다. 사역의 원동력은 성령의 부으심에 있습니다. 로이드 존스는 "모든 부흥은 실제로 오순절에 일어났던 일의 반복이다"라고 말했습니다. 본문은 예수님께서 공생애의 첫날 나사렛 회당에서 무리들에게 풀어준 말씀입니다. 예수님은 "이 글이 오늘날 너희 귀에 응하였느니라"고 말씀하심으로 오늘 우리 시대가 성령 시대임을 말씀하셨습니다.

부흥의 메시지

1. 여호와의 신은 약속되었다(1~3절)

주 여호와의 신이 부어지면 특별한 사명이 주어집니다. 아버지께서 아들을 보내심과 같이 성령은 우리들을 보냅니다(cf. 요 20:21). 성령은 부흥과 회복을 위한, 중요한 하나님의 마지막 약속이자 선물입니다. 성령을 받은 자는 복음 전도자로 파송됩니다(cf. 행 1:8). 파송된 자는 하나님의 영으로 말미암아 상한 마음과 영을 고쳐줍니다(1절). 포로 된 자에게 자유를, 갇힌 자에게 놓임을 선포합니다. 믿는 자에게는 여호와의 은혜의 해(jubilee, cf. 레 15장)를, 불신자들에게는 신원의 해(보복의 날-the day of vengeance)를 전합니다. 하나님의 영에 충만하신 예수님은 "아들이 너희를 자유케 하면 너희들이 참으로 자유하리라" 말씀하셨습니다(요 8:36; 고후 3:17). 이 영은 약속되었고, 사모하는 자에게 주어집니다(눅 24:49; 요 14:26). 기름부음 받은 자는 예루살렘과 온 유대와 사마리아와 땅 끝까지 이르러 아름다운 소식을 전하게 됩니다.

2. 여호와의 신은 변화를 일으킨다(3~7절)

하나님의 영(靈)은 슬퍼하는 자에게 화관을(crown of beauty), 재 대신에 기쁨을, 근심 대신에 찬송의 옷을 주십니다. 하나님의 영은 형편없는 우리를 여호와께서 심으신 그 영광을 나타낼 자로 만드십니다(3절). 하나님의 영은 사람들을 세워줍니다. 성령은 마른 뼈를 하나님의 군대로 일으켜 세웁니다. 마른 뼈와 같았던 자들에게 여호와의 신이 임하자 그들은 황폐한 곳을 다시 쌓고 무너진 곳을 다시 일으켜 세웁니다(겔 37:1~6). 성령으로 말미암아 중단된 모든 일들(예루살렘 재건)이 힘을 얻어 다시 추진됩니다. 주의 성령이 임하면 무너진 마음, 가정, 교회가 다시 살아납니다. 성령은 모든 것을 가능하게 하십니다(슥 4:6). 하나님의 성령은 우리들을 제사장과 봉사자로 세워줍니다(6절). 하나님의 영이 임하면 전에 손해 난 곳(고토)에서 두 배의 보상을 받게 됩니다(7절). 요엘서 "내가 전에 너희에게 보낸 큰 군대 곧 메뚜기와 늣과 황충과 팟종이의 먹은 햇수대로 너희에게 갚아주리니"라는 말씀(욜 2:25)처럼 갑절의 은총이 나타납니다(시 90:15 "우리를 곤고케 하신 날수대로와 우리의 화를 당한 년수대로 기쁘게 하소서"). 여호와의 신이 임하면 사명자가 됩니다. 새로운 역사를 일으키는 사람들로 변화되어 우뚝우뚝 쓰임 받게 됩니다.

3. 여호와의 신은 복 받는 자손이 되게 한다(8~9절)

하나님의 영은 "그 자손을 열방 중에, 그 후손을 만민 중에 알리리니 … 여호와께 복 받은 자손이라 인정"을 받게 만듭니다(9절). 형편없던 이들이 주의 영으로 존귀를 얻습니다. 여리고의 라합은 기생이었으나 하나님을 모시고 신앙의 사람 유다지파 살몬과 결혼했습니다. 라합은 살몬 사이에서 보아스를 낳았고 보아스는 오벳을, 오벳은 이새를, 이새는 이스라엘 역사상 가장 위대한 왕인 다윗을 낳았습니다. 그 다윗의 28대손에서 인류의 구세주, 예수 그리스도가 오셨습니다. 멸시, 부끄러움 투성인 가문이 가장 존경받고 아름다운 가문이 되었고, 세속적인 가문이 성스러운 가문이 된 것입니다. 다윗의 영영한 언약은 주의 영이 우리 안에 내재하심으로 성취됩니다(cf. 렘 32:38~42).

4. 여호와의 신은 공의와 구원의 겉옷을 입혀준다(10~11절)

하나님의 영은 우리의 마음을 변화시켜 하나님이 주시는 넘치는 기쁨을 경험하게 합니다. 주의 영은 큰 기쁨을 누리게 만듭니다. 이 기쁨은 소유로 인해 발생하지 않고 존재로 인해 얻어집니다. 하박국 말씀처럼 아무것이 없어도 여호와로 인하여 즐거워하는 복입니다(cf. 합 3:17~18; 사 61:10).

이것은 죄 사함의 기쁨이요 하나님의 사랑을 아는 기쁨이며 다가올 영광을 바라보는 기쁨입니다. 여호와의 신은 우리에게 하나님 구원의 옷과 공의의 겉옷을 입혀주십니다. 대제사장 여호수아는 이 옷을 입기 전, 하나님 앞에서 누더기와 같이 더러운 의를 지니고 있었습니다. 하지만 하나님의 은혜로 의의 옷을 입고 어느 누구 앞에서도 두려움 없이 설 수 있게 되었습니다(사 6:1~7; 슥 3:1~5). 이것은 신랑이 사모를 쓰며 신부가 자기 보석을 단장함과 같이 정말 아름다운 성도의 보화입니다(10절). 주의 영은 각 민족과 국가들 앞에서 아들을 통해 이루신 하나님의 구원과 의를 증거합니다. 주의 영은 아들로 여호와의 존귀를 얻게 하십니다(11절). 보혜사 성령은 예수께서 행하신 일들을 증거합니다(요 16:14~15).

역사 속의 부흥

오순절 대강림

부활하신 예수님은 제자들에게 "예루살렘을 떠나지 말고 내게 들은바 아버지의 약속하신 것을 기다리라. 요한은 물로 세례를 베풀었으나 너희는 몇 날이 못 되어 성령으로 세례를 받으리라"고 말씀하셨습니다. 성도들이 약속을 믿고 기도하기에 전혀 힘쓸 때 성령님이 하늘을 가르고 강림하셨습니다. 어네스트 베이커(Ernest Baker)는 "모든 부흥은 하나님의 말씀의 성취다. 모든 부흥은 그 하나님의 말씀의 약속을 붙잡고 그것을 믿는 몇몇 사람들을 통해 일어났다"고 했습니다. 존 스토트는 오순절 성령 강림은 교회사에 있었던 첫 번째 종교 부흥이라고 말했습니다.

부활하신 예수 그리스도의 영이 그들의 삶에 생명이 되기 위해 내주하시는 성령으로 오셨습니다. 오순절 삶의 가장 기본적인 축복이 되었습니다. 모였던 성도들은 하나님의 임재를 생생하게 느꼈습니다. 그들은 성령이 불의 혀같이 갈라져서 각 성도들에게 임하는 현상을 직접 목격했습니다(행 2:3). 성령의 역사는 보지 못한 것을 보게 했으며, 듣지 못한 것을 듣게 했으며, 말할 수 없었던 것들을 말하게 했습니다. 또한 그들은 자기 죄를 깊이 자각하게 되었고(행 2:37), 하나님의 임재로 인해 하나님을 경외하는 마음을 갖게 되었습니다(행 2:43). 오순절 사건은 교회를 탄생시켰으며 교회를 교회되게, 성도들을 성도되게 만들었습니다. 제자들의 환경은 달라지지 않았습니다. 밖의 위협은 여전했지만 제자들은 달라졌습니다. 사방에 우겨 싸임을 당하여도 그들은 싸이지 않았으며 항거할 수 없는 기쁨으로 가득 찼습니다. 저들의 기도는 달랐으며 하나님의 큰일에 대하여 주고받았습니다. 꿈이 없었던 이들이 거룩한 꿈을 꾸었으며 이 꿈들은 많은 이에게 전염되었습니다. 성령을 통해 새 생명과 기쁨, 영적 교제와 예배, 자유와 담대함, 그리고 증인으로서 능력의 삶을 살았습니다.

오순절 성령 강림은 화해와 통일을 이루었습니다. 저들은 다른 방언으로 사람들과 의사소통을 하였습니다. 인종과 언어의 벽이 허물어졌습니다. 이 경험은 성도들로 하여금 생명력 있는 신앙생활로 이끌었습니다. 오순절의 성령운동은 에스겔 골짜기의 마른 뼈와 같이 무기력한 교회와 성도들에게 임한 생명이었습니다. 힘으로 안 되던 일들이 "은과 금은 내게 없거니와 나사렛 예수 그리스도의 이름으로" 되게 했습니다. 오순절은 선교의 시발점이 된 날입니다. 성령의 권능을 받자 제자들이 예루살렘과 온 유대와 사마리아와 땅 끝까지 이르러 그리스도의 증인이 되었습니다. 대중 앞에서 공개적으로 예수가 그리스도와 주 되심을 선포했습니다. 그들은 거리와 솔로몬 행각에서 담대하게 외쳤습니다. 성령의 바람은 하루에도 3,000명, 5,000명씩 사람들을 그리스도께로 인도했습니다. 오순절 이전에 신자들의 수는 약 120명이었지만(행 1:15), 성령이 임한 후에 3,120명으로 26배나 증가했습니다. 성령은 예수 그리스도의 십자가 사건이 온 인류를 위한 사건으로 퍼져 나가게 했습니다. 예루살렘은 두려움과 거룩함으로 싸였습니다. 욕심을 버리고 이웃을 생각했으며 날이면 날마다 모여 기도했고 서로 섬기며 봉사함으로 세상 사람들로부터 칭찬을 받았습니다. 교회는 그 시대의 소망이 되었습니다. 마틴 로이드 존스는 "모든 부흥은 오순절 사건의 재현이다"라고 말했습니다. 이 성령의 바람은 오늘 우리에게도 계속됩니다. "오 하나님, 오직 하나만 구합니다. 성령을! 성령을 주옵소서! 우리 가운데 다시 하늘을 가르시고 강림하사 권능을, 은혜의 해를 주옵소서. 그리고 이 땅을 고쳐주옵소서!"

부흥을 위한 기도

1. 성령 충만한 사람이 됩시다.

바울은 "술 취하지 말라 이는 방탕한 것이니 오직 성령 충만을 받으라"고 하였습니다. 주께서 약속하신 말씀을 믿고 성령 충만할 때까지 기도합시다.

2. 성령의 능력을 힘입어 무너진 곳을 일으키는 자가 됩시다.

허무는 자가 아니라 세우는 자, 일으키는 자, 살리는 자가 되도록 구합시다.

3. 성령의 은사를 사모합시다.

성령이 임하면 여러 가지 은사가 나타납니다. 주의 일을 감당하기 위해 필요한 각양의 은사를 받기 위해 겸손한 마음으로 간절히 기도합시다.

4. 모이기에 힘쓰고, 기도하기에 힘쓰고, 구제하기에 힘씁시다.

모이면 기도하고 나가면 전도와 구제하는 자가 되어 이 시대 작은 밀알이 되도록 기도합시다.

묵상을 위한 질문

1. 성령이 행하시는 일들은 무엇입니까?
2. 성령 충만을 위해서 늘 기도하십니까?
3. 오순절운동이 모든 부흥운동의 열쇠가 되는 이유는 무엇입니까?

24일 부흥의 간구

그로 쉬지 못하시게 하라

이사야 VISION

뭇 왕이 우리의 영광을 볼 것이다.
하나님이 우리를 기뻐하실 것이다.
우리의 구원이 임한다.
사람들이 우리를 일컬어 거룩한 백성이라 할 것이다.

memo

새벽을 여는 기도

신실하고 자비로우신 하나님, 주님과 은혜를 사모하여 이 자리에 모였습니다.
하늘을 가르시고 강림하사 말씀을 깨달을 수 있도록 학자와 같은 귀를 주옵소서.
말씀 중에 우리 모두 비전과 꿈을 꾸게 하옵소서.
교회를 새롭게 하시고, 민족을 치유하시며 열방이 주께 돌아오게 하옵소서.
잉태한 것들이 해산되게 하옵소서.
예수님의 이름으로 기도합니다. 아멘.

- **오늘의 말씀** 이사야 62:1~12
- **외울 말씀** "또 여호와께서 예루살렘을 세워 세상에서 찬송을 받게 하시기까지 그로 쉬지 못하시게 하라"(7절).

하나님께 나아감

팔레스타인은 지형학적으로 대륙과 대륙으로 연결되어 있어 강국 사이의 화약고 역할을 했습니다. 팔레스타인은 페르시아 왕의 애굽 원정으로 정복, 점령되어 이스라엘 백성들은 쉬지 못했고 항상 피곤하며 늘 지쳐 있었습니다. 백성들은 구원은커녕 그들의 소산물마저 잃어버려 두려워 떨었습니다. 이런 상황에서 백성들은 믿음을 잃었습니다. 하나님은 그들에게 그들의 구원과 재건을 위해서 기도할 것을 가르쳐주셨습니다. 기도는 하나님의 역사를 일으키는 중요한 열쇠입니다. 본문은 특히 '쉬지 않게 하라' 는 말씀이 자주 반복되어 나타납니다.

부흥의 메시지

1. 하나님은 의와 구원을 위해서 쉬지 않으신다(1~2a절)

예수님은 "아버지께서 이제까지 일하시니 나도 일한다"고 하셨습니다(요 5:17). 창조의 하나님은 온 인류가 구원을 얻기까지 지금도 쉬지 않으시는 섭리의 하나님이십니다. 하나님은 부흥의 중요 내용인 시온의 의가 빛같이 예루살렘의 구원이 횃불같이 나타나도록 시온을 위해서 잠잠하지 아니하며 예루살렘을 위하여 쉬지 아니하겠다고 선언하셨습니다(1절). 하나님은 이 구원의 물결을 지금도 친히, 그의 독특한 방법으로 그의 사람들을 통해서, 그들과 함께, 그들 안에서 온 세계에 일으키고 계십니다.

2. 하나님은 성취하시기까지 쉬지 않으신다(2b~5절)

이스라엘은 스스로 버린 자처럼 여겼습니다. 그러나 다시는 버린 자처럼 여겨지지 않게 됩니다. 하나님이 그들을 기쁘게 받으셨기 때문입니다. 옛 존재에서 새로운 존재가 된 그들에게 하나님은 새 이름을 주셨습니다. 시온과 예루살렘이란 이름 이외에 헵시바(Hephzibah-내 기쁨이 그녀 안에 있다)와 쁄라(Beulah-결혼했다. 내 아내)란 이름을 주셨습니다(4절). 여호와는 믿음이 없고 음란하게 놀아난 이스라엘을 새 신부 맞이하듯 맞이하십니다. 시어머니 나오미가 과부이자 이방 여인인 며느리 룻을 보아스에게 재가시키고자 했습니다. 걱정하는 룻에게 나오미는 "내 딸아 이 사건이 어떻게 되는 것을 알기까지 가만히 앉아 있으라 그 사람이 오늘날 이 일을 성취하기 전에는 쉬지 아니하리라"고 말했습니다(룻 3:18). 보아스의 열심으로 모압 여인 룻이 받아진 것처럼 하나님은 허물 많은 이스라엘을 새롭게 고쳐서 자기의 기뻐하는 거룩한 신부로 삼으십니다. 이 일을 이루기까지 하나님은 결코 쉬지 않으십니다. 하나님의 기쁨은 애굽도 고레스도 아니라 바로 버려졌다가 건짐 받은 이스라엘입니다(5절).

3. 하나님은 보호하기를 쉬지 않으신다(6~7절)

여호와께서 백성들을 보호하기 위해 파수꾼(watchmen)을 세우십니다. 하나님이 세우신 파수꾼들은 전날에 실패했던 게으른 파수꾼들이 아닙니다(cf. 사 56:9~12). 저들은 하나님의 말씀을 의뢰하며 순종하는 그 시대의 남은 자들입니다. 하나님은 왕과 종들을 세워 그의 백성들을 지켜주십니다. 그리고 파수꾼에게 모든 것을 맡기고 멀리 떠나 계신 것이 아니라 그분 스스로가 우리를 지키고 계십니다(7절). 우리의 믿음, 소망(비전), 그리고 사랑이 빼앗기지 않도록 하십니다. 그래서 낮의 해와 밤의 달도 우리를 해치지 못하게 보호하십니다. 그는 더 이상 우리의 것들이 빼앗기지 않도록 보호해 주십니다. 이런 확신에 대하여 사도 바울은 "너희 속에 착한 일을 시작하신 이가 그리스도 예수의 날까지 이루실 줄을 우리가 확신하노라"고 하였습니다(빌 1:6).

4. 기도에 쉬지 않는 자가 되라(7절)

바울은 "내가 하나님의 열심으로 너희를 위하여 열심을 내노니"라고 말했습니다. 파수꾼의 사명은 주야로 계속 여호와께서 기억하시도록 외치는 것입니다. 그는 "여호와께서 예루살렘을 세워 세상에서 찬송을 받게 하시기까지 그로 쉬지 못하시게 하라"고 외칩니다(7절). 파수꾼, 비전 메이커, 리더는 기도하는 자입니다. 우리는 여호와께서 역사하시도록, 예루살렘이 재건되도록, 하나님이 하늘을 가르며 강림하시도록, 수고한 것들이 이방인이나 원수들이 해하지 못하도록 쉬지 않고 기도하는 자여야 합니다(cf. 삼상 11:23; 사 62:7). 존 킬패트릭은 "하나님의 백성들이 열정적인 기도의 훈련으로 준비되고 변화되도록 자신을 허용할 때 부흥은 일어난다"고 말했습니다. 오랫동안 부흥을 위해서 기도한 곳에 부흥이 일어났습니다. 성경에 "내 이름으로 일컫는 내 백성이 그 악한 길에서 떠나 스스로 겸비하고 기도하여 내 얼굴을 구하면 내가 하늘에서 듣고 그 죄를 사하고 그 땅을 고칠찌라"고 하셨습니다(대하 7:14). 기도에 헌신하는 사람들이 있는 곳이라면 부흥은 어디서든지 가능합니다. 에스겔은 "나 여호와가 말하였으니 이루리라 나 주 여호와가 말하노라 그래도 이스라엘 족속이 이와 같이 자기들에게 이루어주기를 내게 구하여야 할찌라"고 말씀하셨습니다(겔 36:36b~37a).

5. 길을 닦기에 쉬지 않는 자가 되라(10~12절)

이사야는 40장부터 반복적으로 "성문으로 나아가라 나아가라 백성의 길을 예비하라 대로를 수축하고 수축하라 돌을 제하라 만민을 위하여 기를 들라"고 외칩니다. 우리의 사명은 우리만을 위한 것이 아니라 세상 만민들이 구원을 받도록 길을 닦고 기를 드는 것입니다(10절). 그 깃발은 하나님의 구원이 그 땅에 임하였다는 표시입니다(11절). 누구나 그 깃발을 보는 자들은 함께 그 구원으로 나아올 수 있습니다. 그 구원과 승리의 깃발은 그리스도의 십자가를 통해서 휘날리고 있습니다. 상급과 보응이 하나님께 있다는 사실을 안 백성들이 이제 돌아옵니다. 찾은 바 된 백성들이 옵니다. 우리는 구원을 받아야 할 자들이 거친 길을 보고 실족하지 않도록 길을 닦아야 합니다. 우리 때문에 복음의 문턱이 높아지고 쌓인 적대감을 허물어야 합니다. 이 새로운 부흥과 하나님의 역사가 오도록 회개의 길, 성결의 길, 화평의 길을 닦고, 그 위에 그리스도와 세상에 지친 영혼들이 오도록 준비해야 합니다. 그렇게 준비하는 곳은 더 이상 버림받은 성읍이 되지 않았습니다. 돌아온 자들은 하나님의 거룩한 백성이라 불릴 것입니다(12절).

역사 속의 부흥

펜사콜라 부흥운동

조용기 목사는 1991년 미국 워싱턴 주 시애틀 집회에서 미국의 영적 쇠퇴를 깊이 염려하며 미국 교회의 부흥을 위해서 간절히 기도했습니다. 그때 조 목사는 성령의 감동으로 미국 지도를 가져오게 한 후, 손가락으로 좁고 길게 돌출한 플로리다 주의 펜사콜라 도시를 가리켰습니다. "주님께서 이렇게 말씀하십니다. '이 도시로부터 불길이 일어나 마침내 전 미국이 타버릴 것이다' 라고."

존 킬패트릭(John Kilpatrick)은 홀어머니 밑에서 아버지의 사랑을 그리워하며 자랐습니다. 어느 날 그는 거대하고 따뜻한 손이 그의 어깨를 쓰다듬으며 "두려워하지 마라. 존, 내가 너의 아버지가 되어 주마"라고 하는 소리를 들었습니다. 그는 중학교 생물 시간에 "존, 내가 너를 내 말씀을 전하는 자로 불렀단다. 너의 삶에 나쁜 영향을 줄 소년과 소녀들을 멀리 하렴. 그들과 가까이 하면 내가 너를 잃어버리게 된단다. 오늘 네가 나의 말씀을 결코 의심하지 않도록 너에게 나의 부름을 확신시켜 주마"라는 소리를 들었습니다.

1982년 펜사콜라 브론스빌교회로 부임한 존

킬패트릭은 교회가 성장하였음에도 불구하고 왠지 공허하며 허전했습니다. 1992년 8~9월 동안 킬패트릭 목사는 토요일 밤마다 성령세례를 간구하는 사람들을 위해 기도했습니다. 그는 성도들에게 성령세례를 받도록 기도했고, 12가지의 기도 깃발을 만들어(사 31:9) 성도들로 하여금 자신들에게 필요한 깃발 아래서 기도하도록 하였습니다. 존은 "만일 저들이 이 집을 계속 기도의 집으로 만든다면, 나는 나의 영광으로 이 집을 방문하리라"는 성령의 음성을 들었습니다. 1995년 어버이날 예배 때, 방문자 스티브 힐이 설교를 했습니다. 그가 사람들을 강단으로 초청했을 때 갑자기 예전에 경험해 보지 못했던 방법으로 하나님께서 하늘을 가르고 강림하시어 성도들에게 임했습니다. 교회는 갑자기 타오르기 시작한 부흥의 불길로 인해 주체할 수 없었습니다. 십대 소년들이 성령의 권능 아래 억제할 수 없이 진동을 하고, 잘 차려입은 부유한 사업가들이 무릎을 꿇고, 부인들과 젊은 어머니들은 춤을 추고, 어린아이들은 두 손을 높이 들고 찬양하였습니다. 마약 중독자들과 창녀들도 마룻바닥에 엎드려 회개했습니다.

매일 밤 수천 명의 사람들이 교파와 인종을 초월하여 미국 전역과 전 세계로부터 펜사콜라 브론스빌교회로 모여들었습니다. 그들은 이곳에서 일어나고 있는 하나님의 임재를 보기 원했습니다. '성령의 불'의 축제가 시작된 이후 불과 몇 주일 동안 97,000명의 남녀노소, 십대와 할아버지와 할머니, 친구들과 이웃들과 가족들, 목회자들과 평신도 지도자들이 저녁 집회에 참석했습니다. 10,000명 이상의 사람들이 예수 그리스도를 구세주로 영접했습니다. 존 목사는 자신에게 찰스 피니의 믿음도, 아주사 거리의 윌리엄 시무어의 끈질긴 힘도, 조나단 에드워즈의 직감도 없었지만 이런 은총이 임하기를 지난 2년 반 동안 계속 기도했었습니다. 2년 동안 펜사콜라에서 일고 있는 부흥은 지칠 줄 모르게 번져갔습니다. 이유는 펜사콜라 브론스빌교회 교인들이 연합하여 2년 반 동안 열심히 기도했기 때문입니다. 존 목사는 "하나님의 백성들이 열정적인 기도의 훈련으로 준비되고 변화하도록 자신을 허용할 때 부흥이 일어난다"고 말했습니다. 놀라운 사실은 이 교회를 방문했던 교회들이 덩달아 부흥했다는 것입니다.

브론스빌교회는 다음과 같습니다.

1. 부흥을 위해 간절히 기도했습니다.
2. 영적인 갈급함과 굶주림의 태도를 가졌습니다.
3. 부흥을 기다리는 겸손함과 값을 지불하려는 헌신과 희생이 있었습니다.
4. 다스리는 권리를 이양하고 섬기고 헌신하는 자세를 가졌습니다.
5. 오직 하나님께 영광 돌리려는 목적의식이 있었습니다.
6. 죄에 대한 적대감과 경건에 대한 강력한 추구가 있었습니다.

부흥을 위한 기도

1. 쉬지 말고 기도합시다.
삶의 실패는 기도의 실패입니다.
하나님이 우리의 삶에 쉬지 않으시도록 계속해서 기도하는 자가 됩시다.
2. 길을 닦는 자가 됩시다.
민족과 지역이 여호와의 구원을 얻도록 거친 길, 높아진 마음을 닦으며 기도합시다.
3. 교회 부흥을 위해 기도합시다.
2년 반 동안 부흥을 위해 기도했던 브론스빌교회처럼 부흥을 위해 작정 기도합시다.

묵상을 위한 질문

1. 하나님이 당신을 위해서 쉬지 않고 일하시는 것은 무엇입니까?
2. 신부와 파수꾼으로서 우리가 해야 할 중대한 사명은 무엇입니까?
3. 본문을 통해 발견한 우리의 사명은 무엇입니까?
4. 브론스빌교회 부흥의 원인과 특징은 무엇입니까?

25일 부흥의 경성

주여, 어디 계십니까?

이사야 VISION

여호와께서 포도즙 틀을 밟고 오신다.
모든 것이 우리 곁에서 점점 멀어질 때 우리 자신을 보라.
주는 우리 아버지시라.

memo

새벽을 여는 기도

신실하고 자비로우신 하나님, 주님과 은혜를 사모하여 이 자리에 모였습니다.
하늘을 가르시고 강림하사 말씀을 깨달을 수 있도록 학자와 같은 귀를 주옵소서.
말씀 중에 우리 모두 비전과 꿈을 꾸게 하옵소서.
교회를 새롭게 하시고, 민족을 치유하시며 열방이 주께 돌아오게 하옵소서.
잉태한 것들이 해산되게 하옵소서.
예수님의 이름으로 기도합니다. 아멘.

- **오늘의 말씀** 이사야 63:1~19
- **외울 말씀** "주여 하늘에서 굽어 살피시며 주의 거룩하고 영화로운 처소에서 보옵소서 주의 열성과 주의 능하신 행동이 이제 어디 있나이까 주의 베푸시던 간곡한 자비와 긍휼이 내게 그쳤나이다"(15절).

하나님께 나아감

영화 '전쟁과 사랑' 에서 집단 수용소에 수감된 자 중 한 명이 밤에 탈출했습니다. 흥분한 독일 나치는 임의로 사람을 선별하여 공개처형하려고 했습니다. 그때 한 유대인이 이렇게 외쳤습니다. "오 하나님, 당신은 어디 계십니까?" 삶의 질곡과 어둠이 깊어질 때 우리는 베드로처럼 환경에 묻혀 하나님을 보지 못합니다(cf. 마 14:30). 하나님은 역사 안에 있었고 아들이 십자가에 달리시는 그곳에 함께 고통을 당하셨습니다. 이사야 63장은 이스라엘의 탄식시입니다. 모든 탄식시가 그렇듯이 이사야는 스스로 숨어 계시는 하나님(사 45:15)이 여전히 현존하시며 역사를 주관하심을 노래합니다.

부흥의 메시지

1. 하나님은 만민을 밟고 다가오신다(1~6절)

성루에 있는 파수꾼은 화려한 의복에 큰 능력으로 걸어오시는 이를 봅니다. 그는 보초병이 수하하듯 "당신이 누구냐"고 묻습니다. 그러자 그는 "에돔에서 오며 홍의를 입고 보스라에서 오는 자가 누구뇨 그 화려한 의복 큰 능력으로 걷는 자가 누구뇨 그는 내니 의를 말하는 자요 구원하기에 능한 자니라"고 대답합니다(1절). 에돔('붉다' 라는 뜻을 가짐–to be red)과 에돔의 대표 도시인 보스라가 피투성이가 된 것은 여호와께서 그들을 심판하셨기 때문입니다. 포도즙 틀을 밟듯이(cf. 애 1:15; 욜 4:13; 계 14:19) 하나님이 노와 분으로 악인들을 밟으셔서 그 피로 옷이 붉게 물들었습니다. 하나님은 그의 백성들을 조롱하며 무시하던 자들을 심판하셨습니다. 도와주는 이 없이 홀로 그의 팔이 이런 일을 행하신 것입니다. 베스터만(Westermann)은 에돔을 모든 이방민족으로 해석했습니다. 우리의 눈에 하나님이 보이지 않을 때 하나님은 역사의 심판주가 되어 세상 저편에서 악인을 심판하고 계셨습니다. 악인을 심판하신 여호와가 이제 그의 백성들을 신원하기 위해 다가오십니다. 원수 갚는 날(days)이 주의 마음에 있고 구속할 해(years)가 그의 손 안에 있습니다. 하나님의 심판은 날 수처럼 잠깐이지만 구속은 해(years)처럼 영원합니다.

2. 하나님은 환난에 동참한다(7~9절)

하나님이 어디 계신지 의문을 품는 백성들에게 이사야는 하나님의 사랑과 그 큰 자비를 말합니다. 전날에 행하신 여호와의 일들을 기억하는 것은 현재 우리의 삶에 큰 도움이 됩니다. 전에 도우셨던 하나님은 지금도 도우시기 때문입니다. 과거를 기억하는 것은 이스라엘의 예배, 교육, 훈계에 있어서 중요한 주제였습니다. 하나님이 이스라엘 백성들에게 큰 사건마다 신앙의 기념비를 세우도록 명령하신 것은 후일에 자손들이 "이것이 무엇이뇨"라고 물을 때 여호와께서 강한 팔로 그의 백성들을 구원하셨다는 것을 가르치기 위함이었습니다. 이렇게 도우셨던 하나님은 이스라엘의 모든 환난에 동참하십니다(9절). 몰트만은 예수님이 십자가에 달리실 때 "하나님께서 십자가에 함께 달리셨다"고 말했습니다. 루카이도는 "하나님은 정글을 바꿈으로 희망을 주시지 않는다네. 그분은 자신의 아들을 정글 속의 우리에게 내주심으로써 소망을 되살려주신다"고 말했습니다. 그분은 우리의 아픔을 멀리하시는 분이 아니라 질고를 알며 담당하시는 분입니다. 환난 가운데 있는 우리를 위해 친히 일어서시는 분입니다.

3. 반역은 하나님의 역사를 역전시킨다(10~15절)

백성들이 평안하자 하나님을 잊어버렸습니다. 신명기에서 하나님은 그들이 가나안 땅에 들어가서 파지도 않은 우물을 얻으며 심지도 않은 실과를 거둘 때 하나님을 잊지 말 것을 경고했습니다(신 6:10~12). 그런데 먹고 살 만큼 평안해지자 조강지처를 버린 배역한 자처럼 이스라엘은 하나님을 잊어버렸습니다. 그러자 돕던 하나님이 돌이켜 대적이 되어 그들을 치셨고(10절) 능하신 하나님이 이스라엘을 돕게 만들었던 주변 민족들로 하여금 일제히 배반하며 적이 되게 하셨습니다. 그들은 하나님을 근심케 하였습니다(11절). 영광의 팔로 홍해를 갈라지게 하셨으며 광야의 거친 길에서도 넘어지지 않도록 이스라엘 백성들을 붙잡아 주셨던 하나님을 잊었습니다(13절). 주의 백성들을 향하여 열성을 보이신 주의 능하신 행동들이 이제는 어디 있는지, 자비와 사랑이 그의 백성들에게 그쳤습니다. 하나님을 잊은 것이 그분의 침묵이 되었으며 저들에게 재앙이 되었습니다. 하나님께서 징계의 채찍을 허락하신 것은 하나님의 구원의 능력과 사랑을 기억하고 다시 돌아오게 하기 위한 하나님의 섭리입니다.

4. 주는 우리 아버지시다(16~19절)

죄와 허물로 인해 이스라엘의 성소는 유린당했고, 주의 다스림을 받지 못했으며, 주의 이름으로 칭함을 받지 못했습니다. 포로기 이후 계속해서 어려움을 당한 그들은 하나님과 같은 이가 없음을 깨달았습니다. 이사야는 이제 세상 것을 더 의지하지 않으며 오직 하나님만이 우리의 아버지라고 고백합니다(16절). 오랫동안 이스라엘은 하나님을 아버지로 부르지 않았습니다. 하나님을 아버지로 고백하는 것은 하나님과 백성들과의 관계가 그들의 조상 아브라함과 이스라엘(야곱)과의 관계보다 훨씬 가까워졌음을 의미합니다. 저들이 하나님께 다가감보다 하나님께서 저들에게 더 가까이 왔음을 의미합니다. 하나님은 예수 그리스도를 통해서 우리 가운데 오셨습니다. 그의 은혜로 인하여 우리도 하나님을 아바 아버지라 부를 수 있게 되었습니다(롬 8:15; 갈 4:6). 하나님에 대한 이러한 확신 때문에 이사야는 하나님께 담대히 '돌아오소서' 라고 요청할 수 있었습니다. 그리고 이제 자신들이 주의 길에서 떠나가도록 방치하지 말 것을 기도했습니다(17절). 마음의 완고함은 사술의 죄와 같기 때문입니다. 그들은 전에 주를 경외하지 못한 것을 고백하며 여호와께서 다시 돌아오길 기도합니다. 전능하신 그 아버지가 돌아올 때 대적의 손에서 자유하게 됩니다.

역사 속의 부흥

제1차 영적 대각성운동

(Great Awakening, 1720~1772)

조나단 에드워드(Jonathan Edwards, 1703~1758) 목사는 "이 시대의 가장 큰 비극은 하나님의 백성들이 하나님을 기뻐하지 않는 것과 하나님을 두려워하지 않는 것이다"라고 말했습니다. 그는 1703년 10월 5일 코네티컷 주의 이스트 윈저에서 11자녀 중 외아들로 태어났습니다. 그의 부친 디모데 에드워드는 이스트 윈저의 회중교회 목사였습니다. 조나단 에드워드는 어린 시절에 회심했고, 12세에 예일대학에 입학했습니다. 그리고 그는 1720년 예일대학을 최우등으로 졸업했습니다. 에드워드는 복음 사역이 그의 소명임을 확신하고 1720년 10월에 신학을 위하여 예일로 다시 돌아갔습니다. 6년 후 그는 그의 할아버지 솔로몬 스토다드가 시무하는 매사추세츠 주 노스햄프턴(Northampton)교회의 강도사가 되었습니다. 그는 1727년 2월 15일, 회중교회에서 목사 안수를 받고 사라 피에르폰트와 결혼했습니다. 그녀의 부친은 목사로서 예일대학의 설립자 중 한 분입니다.

에드워드가 노스햄프턴교회의 담임목사로 시무할 때(1729) 그 교회 성도들의 신앙은 무미건조했으며, 젊은 청년들은 밤거리를 돌아다니면서 술과 관능과 쾌락에 빠져 있었습니다. 가정 규율도 무너졌습니다. 서로 앙숙인 두 정당의 정치싸움으로 사람들의 마음이 갈라지고, 영적 기후도 마를 대로 말라 있었습니다. 믿음으로 구원을 받는다는 전통적인 구원관도 흔들렸습니다. 심지어 불신자들도 버젓이 교회의 회원으로 활동했습니다. 교회는 세상과 뒤섞여 있었고 성도들에게서 참된 신앙고백을 찾아보기 힘들었습니다. 그러던 중 1734년 봄날, 마을의 두 청년이 잇달아 죽자 사람들 사이에 영적인 문제와 영생의 문제가 심각하게 대두되었습니다. 그때 조나단 에드워드는 설교에서 "오직 믿음으로만 구원을 받는다"고 강조했습니다. 그해 12월, 5~6명이 중생을 체험했는데, 그중 한 사람은 마을에서 가장 평판이 안 좋은 여자였습니다. 이 여자의 극적인 변화를 사람들은 하나님의 은혜가 아니면 불가능한 일이라고 말했습니다. 이 일 후 6개월 동안 1,100명의 마을 주민 중에 300명이 회개하고 하나님께 돌아왔습니다. 마을은 하나님의 임재하심으로 충만해졌습니다. 이렇게 사랑과 기쁨으로 충만해져 본 적이 없었습니다. 각 가정들은 새롭게 발견한 구원의 선물로 인하여 기쁨이 넘쳤고, 회중이 드리는 예배는 살아서 꿈틀거렸으며 모든 사람들이 자발적으로 예배에 동참했습니다. 찬양 속에 생기가 있었고 하나님은 하나님으로 높임을 받았습니다.

'오직 믿음으로 말미암는 의(義)'에 대한 그의 설교는 코네티컷 리버 벨리 지역에 영적 부흥을 가져왔습니다. 에드워드는 원죄, 예정론, 거듭남의 필요성을 강조했습니다. 그의 유명한 설교 "진노하신 하나님의 손에 놓인 죄인들"에서 그는 회개하지 않은 죄인들이 지옥에서 맞게 될 운명에 대해서 생생하게 표현했습니다. 그는 부흥사도 아닙니다. 그는 부끄러움을 잘 타 설교 원고를 그대로 읽는 사람이었습니다. 그런데 그가 하나님 손에 붙잡혀 죄인들을 향해 설교할 때 하나님께서 하늘을 가르고 강림하셨습니다. 하나님의 권능 아래 많은 사람들이 가슴을 치고 회개했습니다. 이런 영적 대각성은 미 전역으로 퍼졌습니다. 작은 마을에 지펴진 부흥의 불은 삽시간에 미국 전 지역에서 활활 타올랐습니다. 수많은 영혼들이 하나님께 돌아왔습니다. 당시 기독교인이 8%밖에 되지 않았으나 이 대각성 운동은 기존 신자뿐만 아니라 사회에도 영향을 미쳤습니다. 사교댄스 홀이나 술집이 문을 닫았습니다. 지역이 갱신되었습니다. 그러나 에드워드는 본 교회의 배척으로 사임합니다(1750). 그리고 그는 스톡브릿지와 원주민 선교로 봉사하다가 뉴저지대학(1758, 지금의 프린스턴대학교)의 총장직에 취임했습니다. 하지만 5주 만에 천연두로 이 세상을 떠났습니다. 그는 천재로, 최고의 설교자로, 많은 저술을 통해서 미국 역사상 큰 영향을 끼친 유능한 하나님의 개혁 신학자였습니다.

부흥을 위한 기도

1. 예수님은 우리의 환난에 동참하시는 분입니다.

큰 환난 당할 때에 그 가운데 동참하신 예수님을 기억하며 낙망치 말고 기도로 하나님께 다가갑시다.

2. 주는 우리 아버지이십니다.

창조와 능력의 하나님이 그리스도로 말미암아 나의 아버지가 되심을 기억하며 감사기도 드립시다(요 20:17).

3. 우리 마음을 강퍅하게 맙시다.

우리 마음이 완악하여 주의 길에서 떠나지 않도록 여호와께서 우리에게 돌아오시도록 기도합시다.

4. 진노하심에 우리를 방치하지 맙시다.

하나님의 진노하심에 방치하지 말고 은혜 안에서 쓰임 받도록 기도합시다.

묵상을 위한 질문

1. 하나님이 침묵하시는 이유에 대하여 이야기해 봅시다.
   하나님이 당신의 삶에 침묵하고 계시다면, 당신은 어떻게 하나님께 다가가시겠습니까?
2. 인류의 심판자는 누구입니까?
3. 힘들 때 하나님의 은혜를 기억하면서 잘 극복한 일이 있습니까?
4. 조나단 에드워드의 주된 설교 말씀은 무엇이었습니까?

26일

부흥의 소망

이 현상이 이미 오래였으니

이사야 VISION

여호와께서 하늘을 가르고 오신다.
여호와께서 생각하지 못한 두려운 일을 행하신다.

memo

새벽을 여는 기도

신실하고 자비로우신 하나님, 주님과 은혜를 사모하여 이 자리에 모였습니다.
하늘을 가르시고 강림하사 말씀을 깨달을 수 있도록 학자와 같은 귀를 주옵소서.
말씀 중에 우리 모두 비전과 꿈을 꾸게 하옵소서.
교회를 새롭게 하시고, 민족을 치유하시며 열방이 주께 돌아오게 하옵소서.
잉태한 것들이 해산되게 하옵소서.
예수님의 이름으로 기도합니다. 아멘.

- **오늘의 말씀** 이사야 64:1~12
- **외울 말씀** "주께서 기쁘게 의를 행하는 자와 주의 길에서 주를 기억하는 자를 선대하시거늘 우리가 범죄하므로 주께서 진노하셨사오며 이 현상이 이미 오랬사오니 우리가 어찌 구원을 얻을 수 있으리이까"(5절).

하나님께 나아감

독수리의 수명은 평균 40년이지만 독수리가 금식하며 아침 이슬을 마시며 얼마간의 기간을 더 지나면 수명은 120년으로 연장된다고 합니다. 거룩한 성읍 시온이 광야가 되며 예루살렘이 황폐해졌습니다. 백성들은 이 현상이 이미 오래 되었음을 기억합니다. 다니엘이 예레미야 서책을 통해서 70년 동안 조국의 무너짐과 황폐함을 기억하며 기도하였듯이 백성들도 침체의 오래 됨을 놓고 탄식합니다. 백성들은 하나님의 침묵 앞에서 하나님의 강림을 간절히 사모합니다.

부흥의 메시지

1. 남은 자들은 하나님의 위력을 알고 있다(1~3절)

세상이 떠들고 군왕들이 판을 친다 하더라도 주께서 목소리 한번 발하시면 상황은 얼마든지 달라질 수 있습니다. 백성들은 "이번에 하늘을 가르고 강림하셔서 주의 원수들이 주의 이름을 알게 해 달라"고 간구합니다. 엘리야는 갈멜산에서 "저녁 소제 드릴 때에 … 아브라함과 이삭과 이스라엘의 하나님 여호와여 주께서 이스라엘 중에서 하나님이신 것과 내가 주의 종인 것과 내가 주의 말씀대로 이 모든 일을 행하는 것을 알게 하옵소서"(왕상 18:36; 삿 16:28)라고 간구했습니다. 하나님이 강림하시자 여리고 백성들이 간담 녹듯, 큰 위력으로 가로막았던 산들이 진동했습니다(1절). 하나님은 두려워 떠는 스룹바벨에게 "큰 산아 네가 무엇이냐 네가 스룹바벨 앞에서 평지가 되리라"고 말씀하였습니다(슥 4:7). 부흥은 주께서 하늘을 가르시고 우리 삶의 현장 속에 나타나는 것입니다. 여호와의 신이 강림할 때 옥에 갇힌 바울과 실라의 착고가 풀어지고 옥문이 열린 것처럼 여호와께서 강림하시면 우리 생각 밖의 두려운 일이 일어납니다.

2. 남은 자들은 하나님이 누구에게 임하는지 알고 있다(4~5절)

여호와는 무소부재의 하나님이시지만 자신을 앙망하는 자에게 임하십니다(4절). 잠언에 "나를 사랑하는 자들이 나의 사랑을 입으며 나를 간절히 찾는 자가 나를 만날 것이니라"고 하였습니다(잠 8:17; 렘 29:13). 여호와는 기쁘게 공의를 행하는 자에게 임하십니다. 미가는 "사람아 주께서 선한 것이 무엇임을 네게 보이셨나니 여호와께서 네게 구하시는 것이 오직 공의를 행하며 인자를 사랑하며 겸손히 네 하나님과 함께 행하는 것이 아니냐"고 말씀하셨습니다(미 6:8). 불의와 악을 행하면 소멸하는 불의 심판을 당합니다. 그러나 거칠고 힘든 주의 길을 걸으면서 실망하지 않고 기쁘게 의를 행하며 주를 기억하는 자에게 하나님은 임하십니다(5절).

3. 남은 자들은 왜 하나님이 떠났는지 알고 있다(6~7절)

경건한 이스라엘의 남은 자들은 하나님이 떠난 것과 잠자코 계시며 그들의 상황에서 왜 침묵하고 계시는지 알고 있었습니다. 그것은 하나님에게 문제가 있는 것이 아니라 그들 자신에게 있었습니다. 그들은 이렇게 외칩니다. "우리가 범죄하였습니다." 자신을 알면 미래가 닫히지 않습니다. 가장 큰 발견은 우리가 죄인이라는 사실입니다. 우리의 의는 자랑할 것이 없는 더러운 옷과 같이 부정하며, 잎사귀같이 시들어 버립니다(cf. 창 3:7). 아담과 하와가 죄를 범한 후 무화과나무 잎으로 그들의 수치를 가려 보려고 했으나 가리지 못한 것처럼 우리의 의는 자신의 수치를 결코 가리지 못합니다. 이런 모습으로 저들은 주의 이름을 부르지 못했습니다. 또 스스로 분발하여 주를 붙잡을 수도 없었습니다(7절). 내가 잘못하고 있다는 것을 아는 것 자체가 하나님의 은총입니다. 자신을 모르는 것은 무지함과 형벌만 계속하게 합니다. 그것이 여호와로 하여금 그의 얼굴을 숨기시게 만들었습니다. 이 현상이 이미 오래 되었습니다. 이제 더 이상 방치할 수 없습니다.

4. 남은 자들은 하나님을 간절히 찾았다(8~12절)

거룩한 성읍들과 시온이 광야가 되고 예루살렘이 황폐해졌으며 주를 찬송하던 거룩하고 아름다운 성전이 불탔습니다. 그들이 즐거워하던 가옥과 도시가 다 황폐해졌습니다(10절). 이들은 이 문제들을 다른 데서 해결하지 않고 하나님께 향했습니다. 왜냐하면 하나님은 아버지시고 토기장이시기 때문입니다(cf. 렘 18장; 사 29:16, 30:14, 41:25). 이 고백은 하나님이 아니고서는 세상에 존재할 수도 없고, 쓸모없어 밟힐 수밖에 없다는 자의식의 고백입니다. 그들은 하나님의 은혜가 그 상황 속에서도 여전히 유효한 것으로 믿고 다시 한 번 하나님께서 은혜를 베풀어주시도록 구했습니다(시 80:14). 우리에게 새 힘과 용기를 주는 것은, 하나님의 은혜와 성품을 아는 지식입니다. 이사야는 "우리는 다 주의 손으로 지으신 것입니다(우리는 모두 당신의 작품입니다–All of us are the work of your hand–공동번역)"라고 고백했습니다(8절). 그들은 문제보다 하나님께 집중했습니다. 문제는 어두운 곳에서 자라

점점 커지지만 진리의 빛 가운데로 나오면 줄어듭니다(Problems grow in the dark and become bigger and bigger, but when exposed to the light of truth, they shrink). 하나님의 거룩한 영광은 모든 죄인들로 하여금 두려워 떨게 하고 그 앞에 굴복하게 했습니다. 이스라엘의 절망적 상황을 극복할 수 있는 길은, 오직 하나님께서 그 백성들 위에 영광스럽게 임재해 주시는 것뿐입니다. "하나님, 이 현상이 이미 오래 되었사오니 우리의 침체가 오래 되었사오니 우리의 황무함이 오래 되었사오니 이제 너무 분노하지 마시며 죄악을 영원히 기억하지 마시고 사해 주옵소서 우리를 회복시켜 주옵소서." 성도는 환난 날에 엎드려 눈물로 기도하는 자입니다. 하나님과의 관계 속에서 하나님의 은총을 생각하며 회복을 꿈꾸는 자입니다.

역사 속의 부흥

에즈베리의 학생부흥

청년이 20% 이상 되면 조직에 변화가 일어납니다. 젊음은 항상 교회 부흥과 선교의 초석이었습니다. 시대를 초월하여 일어난 대각성 부흥운동 안에는 젊은이들이 항상 있었습니다. 많은 젊은이들이 은혜 받고, 세계 선교로 헌신했습니다. 시편기자는 "주의 권능의 날에 주의 백성이 거룩한 옷을 입고 즐거이 헌신하니 새벽이슬 같은 주의 청년들이 주께 나오는도다"(시 110:3)고 하였습니다. 권능의 날, 하나님의 영이 부어지면, 젊은이들이 "예언하며 환상을 보고" 즐거이 헌신하게 될 것입니다.

1970년대 미국 대학 캠퍼스들은 월남 파병 반대 투쟁과 각종 데모에 휩싸였습니다. 캠퍼스는 새로운 세대의 흐름(히피족) 속에서 가치를 잃은 채 큰 몸살을 앓았습니다. 교회가 사회적인 이슈와 논쟁 속에 힘을 잃어버릴 때, 켄터키주 윌모어의 에즈베리대학과 신학교 안에 하나님이 하늘을 가르고 강림하셨습니다. 1970년 2월 3일 화요일, 대학의 정기 채플 시간, 뜻밖의 간증시간이 있었습니다. 한 4학년 학생이 자신의 삶을 고백했습니다. "저는 지금까지 대학에서 시간만 낭비했습니다. 하지만 그리스도께서는 저를 만나주셨고 저는 변화되었습니다. 어젯밤 성령께서 제게 들어오셨고 제 삶을 채워주셨습니다. 난생 처음 크리스천이란 사실에 가슴이 뜁니다. 이제는 무엇을 준다 해도 공허한 삶으로 돌아가고 싶지 않습니다." 이 단순한 간증을 타고 성령님은 각자의 마음을 흔들었습니다. 젊음의 공허함, 무질서와 무의미에 빠졌던 이들의 가슴을 성령께서 움직이신 것입니다. 학생들은 회개했고 이 회개운동은 캠퍼스 부흥으로 확산되어 나갔습니다.

사람의 마음을 움직여 그 내면의 것을 드러내며 새롭게 수술하시는 이는 성령님이십니다. 평범한 내용이라 할지라도 성령께서 임하여 그 마음을 흔들면 강한 변화가 일어납니다. 그날이 그랬습니다. 간증과 채플이 끝난 다음, 그리스도께 새로운 헌신을 다짐하는 학생들이 스스로 결단하며 강단 앞으로 나왔습니다. 그들은 자신들의 도적질, 속임수, 분냄, 질투, 정욕, 세상적인 태도, 편견과 교만, 증오 등 여러 죄에 대하여 고백했습니다. 저들이 하나님의 용서와 치유를 구했을 때 성령은 저들의 깨어진 관계를 회복하셨습니다. 하나님과 화평하기 시작했으며 지체들의 소중함을 다시 발견했습니다. 자신들이 저지른 죄에 대해 배상했습니다. 화요일 아침에 시작된 간증, 찬양, 죄 고백, 기도는 중단없이 185시간 동안 계속되어 한 주 후, 수요일 새벽 3시경에 끝났습니다.

부흥의 소문이 전화, 신문, 입으로 전해지기 시작했고, 많은 사람들이 구경하기 위해서 왔습니다. 이 운동은 에즈베리 부흥운동으로 끝나지 않았습니다. 하나님의 영의 역사는 에즈베리에서 이웃 신학교로, 그리고 미국 전역의 교회와 캠퍼스로 불 번지듯 번졌습니다. 학생들로 구성된 증거 팀들이 미국 전역의 교회 130개 대학, 신학교, 성경학교에서 하나님을 증거했습니다. 교회와 교단 안에 짙게 그려져 있었던 인종의 벽이 허물어졌으며 학생 부흥운동은 다른 성도들의 마음까지 움직였습니다. 테네시 주 사우스 피츠버그 고등학교에서는 700명 중 500명이 그리스도께 헌신했습니다. 많은 곳에서 수많은 이들이 복음에 헌신, 선교사로 지원했습니다. 하나님의 놀라운 역사에 대한 증거가 북미와 다른 대륙들에 퍼져나갔습니다. 그러나 에즈베리의 부흥운동은 생명력이 짧았습니다. 저들의 부흥운동은 말씀 중심보다 체험 중심이었기 때문입니다. 신비로운 체험도 말씀이 없을 때 오래 가지 못합니다. 진정한 부흥은 말씀 안에 서야 하며 말씀과 함께 나가야 합니다. 한 곳에서 영적 대각성이 활활 타오르다 꺼지면 하나님은 새로운 지역에서 그 불을 붙이십니다. 성령님은 에즈베리 부흥의 불씨를 휘튼대학으로 옮기셨습니다.

부흥을 위한 기도

1. 침체의 현상이 이미 오래 되었습니다.

우리는 오늘날 가정, 개인, 교회와 기독교의 오래 된 침체를 보고 있습니다.

이 현상에서 벗어나도록 기도합시다.

2. 여호와께서 강림하시도록 기도합시다.

여호와의 신이 임하여 이 침체의 늪에서 벗어나도록 더 큰 능력으로 역사하도록 기도합시다.

3. 확신을 갖고 기도합시다.

하나님은 우리 아버지시며 우리는 그의 백성입니다.

우리 기도가 응답됨을 확신하며 기도합시다.

4. 세상과 타협적인 신앙을 회개합시다.

세상에 푹 빠진 상태로 밝은 세상이 오지 못합니다.
이런 모습을 회개하며 바른 신앙관을 갖기 위해 기도합시다.

묵상을 위한 질문

1. 하나님이 강림하실 때 그 위력은 어떠합니까?
2. 하나님께 부르짖을 때 응답받지 못한 적이 있습니까? 그때 어떻게 해야 합니까?
3. 그리스도 안에서 나는 누구입니까?
4. 젊은이들이 교회 안에 잘 정착하기 위해 어떻게 해야 합니까?

27 일 부흥의 완성

새 하늘과 새 땅을 주소서

이사야 VISION

이방인이 하나님을 찾는다.
악한 자를 보응하신다.
여호와의 종들은 복을 받는다.
새 하늘과 새 땅이 창조되어 온다.

memo

새벽을 여는 기도

신실하고 자비로우신 하나님, 주님과 은혜를 사모하여 이 자리에 모였습니다.
하늘을 가르시고 강림하사 말씀을 깨달을 수 있도록 학자와 같은 귀를 주옵소서.
말씀 중에 우리 모두 비전과 꿈을 꾸게 하옵소서.
교회를 새롭게 하시고, 민족을 치유하시며 열방이 주께 돌아오게 하옵소서.
잉태한 것들이 해산되게 하옵소서.
예수님의 이름으로 기도합니다. 아멘.

- **오늘의 말씀** 이사야 65:1~25
- **외 울 말 씀** "보라 내가 새 하늘과 새 땅을 창조하나니 이전 것은 기억되거나 마음에 생각나지 아니할 것이라"(17절).

하나님께 나아감

한 옹기장이가 갓 빚은 옹기들을 풀무불 속에 집어넣고 있었습니다. 그 중의 일부는 금이 가고 깨져 있었습니다. 한 나그네가 노인에게 "같은 흙을 사용하면서 어느 것은 잘 빚고 어느 것은 못 빚었습니까? 아니면 어느 것에 더 수고를 기울이고, 어느 것에는 수고를 덜 하셨습니까? 아니면 어느 것에는 재료가 부족했습니까?"라고 물었습니다. 그러자 노인은 "옹기가 손상된 것은 그 그릇들이 불에서 견딜 수 없었기 때문입니다"라고 대답했습니다. 구원의 공동체는 다시 빚어질 필요가 있었습니다. 저들은 환난과 역경의 때에 인내하지 못해 실패했고 하나님의 뜻을 따르지 못했습니다. 그러나 하나님이 강림하셔서 새롭게 회복시키시면 황폐했던 곳이 새 하늘과 새 땅으로 변하게 됩니다.

부흥의 메시지

1. 죄는 반복된다(1~7절)

역사가 끊임없이 반복되듯이 인간의 죄도, 교계를 어지럽히는 이단도 반복되어 나타납니다. 패역한 백성들은 자신의 사명을 잊고 이방신과 이교도의 풍습인 무덤에서 죽은 영혼과 접촉하는 의식(necromancy-영매)에 취해 있었습니다. 저들은 하나님보다 우상 앞에 절했으며, 은밀한 죄를 지었으며, 정결하지 못한 행동을 했습니다(4절). 끊임없이 섬길 자를 택하라고 외쳐대지만 저들은 "내게 가까이 하지 말라 나는 너보다 거룩함이니라"(5절)며 순결과 은혜의 초청을 거절했습니다. 제사장들은 지식이 없어 망했습니다(호 4:6). 그들은 자신들이 조상 때에 있었더라면 선지자의 피를 흘리는 데 참예하지 않았으리라고 장담했던 바리새인들(마 23:30)과 같았습니다(겔 20:27~28; 사 65:7). 하나님의 펼쳐진 손을 붙들지 않고 자기 생각을 좇는 자는 반복된 죄에 빠집니다. 행동을 달아보시는 하나님은 그들의 행실들을 다 기록해 두셨습니다(6절). 저들의 불선한 길을 잠잠하지 않고 보응하실 것입니다. 왜냐하면 그들의 감추어진 것이 밝히 드러나기 때문입니다.

2. 백성이 구별된다(8~16절)

하나님은 양과 염소를 구별하듯이, 불의한 자들 가운데서 의로운 롯을 구별하듯이, 세상 사람들 가운데서 하나님의 종과 거짓된 종을 구별합니다(9절). 참 종은 말씀에 충성되게 반응하며 순종하는 자지만 거짓된 종은 하나님이 말씀하여도 자기의 생각을 따라 자기 길(their own way)과 고집(self-will)을 꺾지 않는 자들입니다. 그들이 제사장이라 할지라도 하나님께 믿음으로 반응하지 않는 자는 반드시 끊어지게 될 것입니다. 여호와를 찾는 자에게는 사론의 초장을(10절) 주지만 여호와를 버리며 그의 성산을 잊어버린 자들은 칼에 붙이십니다(12절). 가장 큰 죄(capital crimes)는 하나님을 버리는 것(forsaking)이며 하나님의 임재가 실현되는 성산을 잊는 것(forgetting)입니다(11절). 악한 자들에게 예수님께서 어떤 표적도 보여주지 않으신 것처럼 그들이 불러도 하나님은 대답하지 않을 것입니다(12절). 하나님의 종들은 먹을 것이나 그들은 주릴 것이며, 종들은 마실 것이나 그들은 갈할 것입니다(13절). 종들은 기뻐할 것이나, 그들은 마음이 슬프고 심령이 상하므로 통곡하며 수치를 당하게 될 것입니다. 하나님의 종들은 새 이름(헵시바, 뿔라)으로 불리지만, 그들은 저주거리가 될 것입니다(15절).

3. 새 하늘과 새 땅이 온다(17~25절)

죄는 순환하지만 하나님의 역사는 하나님의 목적을 향하여 꾸준히 나아갑니다. 하나님은 역사의 끝에 새 하늘과 새 땅을 펼쳐 놓으셨습니다. 새 하늘과 새 땅(new heavens and new land)은 이전 것(the first)과 비교할 수 없는 곳으로 하나님의 종들을 위하여 예비된 새로운 곳입니다(17절). 이사야에서 등장하는 새 하늘과 새 땅은 이 땅에 실현된 하나님의 나라입니다. 하나님의 강림으로 하나님의 나라가 실현된 은혜로운 천국입니다. 그곳은 우는 소리와 부르짖는 소리가 없는 즐거운 성입니다(19절). 그곳은 백성의 수한이 나무의 수한과 같이 장수하는 곳이며 일한 대로 수고하며 탈취를 당하지 않는 곳입니다(22절). 어떤 재난을 당하지도 않으며 여호와의 복된 자손이 되는 곳입니다(23절). 더 이상 폭력과 해함도 없으며 어떤 원수도 존재하지 않습니다. 이리와 어린양이 함께 먹으며 사자가 소처럼 짚을 먹을 것이며 뱀은 흙을 양식으로 삼을 것입니다(25절). 택한 자들이 부르기 전에 응답하실 정도로 백성과 하나님이 친밀해져 있는 곳입니다(24절).

과테말라 알모롱가

과테말라는 인구가 1,200만으로 우리나라보다 약간 큰 면적을 가진 나라입니다. 중미의 과테말라가 세계적 관심의 국가로 떠오른 것은 두 가지입니다. 첫째, 중남미 국가로는 보기 드물게 과테말라의 기독교 인구가 50%를 넘어섰다는 것입니다. 둘째, 기독교 비율이 0%였던 한 도시가 변하여 92%로 복음화된 것입니다. 이 도시는 과테말라시에서 4시간 거리인 '알모롱가(Almolonga)'입니다. 알모롱가는 10년 전만 하더라도 각종 범죄와 부정부패, 알코올중독과 우상으로 가득했습니다. 열악한 영농시설과 척박한 자연환경, 비가 잘 오지 않아 농작물이 제대로 자라지 못하는 곳이었습니다.

알모롱가는 전통적으로 뿌리 깊게 내려온 '막시몬(Maximon)'이라는 우상을 숭배했습니다. 스페인이 이 도시를 정복했을 때 막시몬을 없애려 하였으나 주민들의 거센 항의로 가톨릭 교회의 성인으로 탈바꿈시켜 주었습니다. 주민들은 이 우상, '성 시몬'에게 제사를 드렸고 각종 마술사와 역술인, 무당을 의지하면서 살아왔습니다. 시몬이란 원주민 언어로 '끼체(묶음)'입니다. 우상과 폭력이 난무한 곳에 복음은 변화를 만들었습니다.

과테말라 도시 대형 교회를 담임하고 있는 까바제로스 목사가 영적 전쟁과 축사 중심의 사역을 펼쳤습니다. 그는 알모롱가 시가 사단의 지배하에 있음을 깨닫고 영적 전쟁을 선포했으며, 각종 은사와 예언 사역으로 알모롱가 시를 강력히 몰아붙였습니다. 복음으로 정복당한 많은 무당들이 회개하여 그리스도를 영접했으며, 강력한 성령의 역사로 타 종교의 지도자들까지 하나 둘씩 개종되어 주민의 92%가 예수님을 믿는 기독교 도시가 되었습니다.

알모롱가의 부흥은 개인적 부흥의 역사에서 도시 부흥이란 새로운 패러다임을 만들었습니다. 많은 성령운동이 개인적 갱신과 부흥이었다면 알모롱가의 영적 대부흥은 개인의 갱신과 부흥의 역사를 넘어 도시 전체가 변화하고 이를 통해 교회가 폭발적으로 성장하는 새로운 역사였습니다.

이 '묶음'에서 헤어나자 하나님의 놀라운 축복이 임했습니다. 물 부족 현상으로 허덕이던 이곳에 샘이 터져 나와 풍부한 샘물을 이용, 식물을 재배하는 살기 좋은 땅이 되었습니다. 주 생산물인 당근은 세계 최대를 자랑할 만큼 크기와 맛으로 유명합니다. 과거에는 한 달 수확물이 트럭 6대 분이었으나 하나님의 영광스런 '터치' 이후 하루에 트럭 50대 분을 거두었습니다.

"내 이름으로 일컫는 내 백성이 그 악한 길에서 떠나 스스로 겸비하고 기도하여 내 얼굴을 구하면 내가 하늘에서 듣고 그 죄를 사하고 그 땅을 고칠찌라"(대하 7:14).

알모롱가의 부흥은 Before와 Now로 확연히 구분됩니다. 예수 그리스도의 복음은 알모롱가 주민들의 사고와 의식을 180도 변화시켰습니다. 도박과 알코올, 태만에 젖어 있던 주민들이 근면 성실해졌으며 하나님의 사랑 안에서 가정들이 회복되었습니다. 천대되었던 여자와 아이들이 존중히 여겨졌습니다. 30여 개에 이르는 술집, 유흥업소, 홍등가가 간판을 내렸습니다. 그리고 각종 범죄로 인하여 수형자들이 넘치던 네 곳의 교도소가 문을 닫았습니다. 기독교 지도자들은 알모롱가 시에 있는 교회들의 예배가 진정한 하늘의 축제라고 평가했습니다. 알모롱가 시에는 성도 수천 명을 자랑하는 대형교회들이 수십 개 있습니다. 특별히 대형집회가 있을 때에는 한 교회에 몰려오는 사람들을 다 수용할 수 없어서 거리와 공원에서 야외예배를 드립니다.

알모롱가의 엘샤다이교회는 지난 1989년 이래 세계 120개국 12,000여 명의 교회 지도자들을 초청하여 알모롱가 부흥을 소개했습니다. 이 집회에 신사도적 리더인 피터 와그너, 에드 실보소, 신디 제이콥스 등이 활발하게 사역하고 있으며, 세계적 규모 성회(World Congress)로 인정받고 있습니다.

부흥을 위한 기도

1. 죄의 반복을 끊읍시다.

찬송가 331장(새 찬송가 273장)의 "나 죄에 매여 고달파 이제 옵니다" 처럼 죄의 사슬이 끊어지도록 성령 충만을 받도록 기도합시다.

2. 구별된 삶을 삽시다.

책망 받는 악인의 생각과 길이 아니라 여호와의 종의 생각과 길을 찾읍시다.

그런 결단이 일어나도록 기도합시다.

3. 새 하늘과 새 땅을 바라봅시다.

하나님이 말씀하신 것들은 최종적으로 회복됩니다.

하나님의 부흥으로 우리가 사는 이 땅 위에 새 하늘과 새 땅이 이루어지도록 기도합시다.

4. 영적 우상을 제거해야 합니다.

알모롱가의 부흥은 영적 우상 막시온을 대적할 때 일어났습니다.

우리 지역의 영적 세력을 대적하며 하나님의 부흥이 나타나도록 기도합시다.

묵상을 위한 질문

1. 반복되는 죄로 인해 고민하십니까?
2. 새 하늘과 새 땅을 경험할 수 있는 삶은 어떤 것들이 있습니까?
3. 우리 교회를 통해 우리 지역 사회를 성화시킬 수 있는 방법에는 무엇이 있습니까?
4. 오늘 배운 내용 중에 당신에게 가장 감동적인 것은 무엇입니까?

28일

부흥의 파도

잉태한 것이 해산되다

이사야 VISION

임산케 된 일이 해산하게 된다.
너희가 위로를 받게 될 것이다.
여호와의 불이 강림하신다.
뭇 나라와 언어가 다른 민족들이 모여온다.

memo

새벽을 여는 기도

신실하고 자비로우신 하나님, 주님과 은혜를 사모하여 이 자리에 모였습니다.
하늘을 가르시고 강림하사 말씀을 깨달을 수 있도록 학자와 같은 귀를 주옵소서.
말씀 중에 우리 모두 비전과 꿈을 꾸게 하옵소서.
교회를 새롭게 하시고, 민족을 치유하시며 열방이 주께 돌아오게 하옵소서.
잉태한 것들이 해산되게 하옵소서.
예수님의 이름으로 기도합니다. 아멘.

- **오늘의 말씀** 이사야 66:1~24
- **외울 말씀** "여호와께서 가라사대 내가 임산케 하였은즉 해산케 아니 하겠느냐 네 하나님이 가라사대 나는 해산케 하는 자인즉 어찌 태를 닫겠느냐 하시니라"(9절).

하나님께 나아감

하나님이 말씀하시는 모든 꿈과 비전은 반드시 이루어집니다. 우리는 지금까지 이 꿈을 부인하며 거절하는 사람들을 보았습니다. 그들의 열악한 현실이 하나님을 믿고 따르는 데 가장 큰 걸림돌이었습니다. 백성들 스스로가 하나님의 꿈보다 쉬운 길을 선택했습니다. 그러나 우리 눈에 하나님의 말씀이 합리적으로 보이지 않을지라도 그것은 가장 합리적입니다. 하나님의 꿈은 두려움으로 둘러싸여 있다 할지라도 가장 확실합니다. 두려움 없이는 진정한 용기를 가질 수 없습니다. 하나님의 꿈과 부흥은 악한 자들을 물리치는 대 전쟁과 대 심판을 단행한 후에 이루어집니다. 하나님의 부흥을 부인함으로 악인이란 말을 듣지 말아야겠습니다.

부흥의 메시지

1. 하나님은 악을 심판하신다(1~6절)

하나님이 무엇을 기뻐하실까요? 보이는 화려함을 기뻐하실까요? 이스라엘의 자랑이던 옛 성전은 하나님의 기쁨보다 죄의 발상지였습니다. 그러면 또 새로운 조직과 성전일까요? 하나님은 "하늘은 나의 보좌요 땅은 나의 발등상이니 너희가 나를 위하여 무슨 집을 지을꼬"라고 반문합니다(1절). 세상은 자꾸 새로운 것을 만들지만 하나님이 없는 곳은 부패합니다. 하나님은 신령과 진정으로 예배하는 자를 찾으십니다(요 4:24). 그러면 소와 살진 짐승을 기뻐하십니까? 하나님은 소를 잡아 드리는 것은 살인함과 같고, 어린양으로 제사를 드리는 것은 개의 목을 꺾음과 같은 그들의 신앙에 염증을 느끼셨습니다(3절). 그들은 여호와의 이름으로 서로 미워하며 서로 정죄하며 분리하며 쫓아내는 일에 몰두했습니다(cf. 요 16:2). 하나님이 기뻐하시는 것은 제사보다 마음이 가난하고 심령에 통회하며 말씀을 듣고 떠는 것입니다(2, 5절). 사무엘은 "여호와께서 번제와 다른 제사를 그 목소리 순종하는 것을 좋아하심같이 좋아하시겠나이까 순종이 제사보다 낫고 듣는 것이 수양의 기름보다 나으니 이는 거역하는 것은 사술의 죄와 같고 완고한 것은 사신 우상에게 절하는 죄와 같음이라 왕이 여호와의 말씀을 버렸으므로 여호와께서도 왕을 버려 왕이 되지 못하게 하셨나이다"라고 사울 왕을 책망하였습니다(삼상 15:22~23). 하나님은 악을 행하는 자들에게 수치를 줍니다. 여호와의 분노의 소리가 들려오며 그 보응하는 여호와의 목소리가 성전에서부터 들려옵니다. 하나님의 심판이 성전에서 시작되고 있습니다(벧전 4:17 "하나님 집에서 심판을 시작할 때가 되었나니"). 이사야는 이미 세상 불신자들에 대한 하나님의 심판을 63~64장에서 예고하였습니다. 65~66장에서 하나님의 심판은 공동체 안에 거하면서 불신하는 자들에게 임합니다. 그들은 징벌을 받아 죽음을 보게 될 것입니다. 하나님은 그들의 행위와 사상(deeds and thoughts)을 안다고 하셨습니다(18a절). 저희에게는 하나님을 사랑함이 없고(cf. 요5:42), 불과 칼로 스스로 거룩한 체하며 스스로 정결하게 하고는 동산에 들어가서 은밀하게 가증한 일을 행하는 이중적 삶만 살았습니다. 그리스도께서 외식하는 자에게 중한 경고를 내리신 것처럼 헛된 경건과 이중적 삶을 사는 이에게 심판은 피할 수 없습니다. 그 심판의 불은 꺼지지 아니하며 그 벌레도 죽지 않는 불로써 형벌의 끔찍함을 인하여 모든 혈육에게 가증함이 될 것입니다(cf. 막 9:48; 사 66:24).

2. 임산케 하신즉 해산하게 하신다(7~14절)

하나님의 은총 아래 산 이스라엘은 진통하기 전에 해산하며 고통을 당하기 전에 순산합니다(7절, cf. 출 1:19). 나라가 어찌 하루에 생기며, 민족이 어찌 순식간에 나겠습니까?(8절) 하지만 하나님이 주신 비전은 순적하게 이루어집니다. 느헤미야가 52일 만에 성벽 공사를 끝내 적들을 당황하게 만들었듯이 하나님이 도우실 때 모든 일들이 순적하게 이루어집니다(cf. 창 24:12). 하나님이 그들에게 임산(꿈과 비전)하게 하셨은즉 해산(성취, 완성)하게 하신다고 약속하셨습니다(9절; 빌 2:13). 이사야 40장에 약속된 모든 하나님의 비전이 성취됩니다. 복역으로 지친 자들을 위로(comfort)하시겠다던 약속이 이루어져 만족을 얻게 됩니다. 예루살렘을 사랑하고 주의 말씀에 순종하는 자들에게 하나님의 평강이 강같이 흘러넘치게 될 것입니다(12절). 뭇 나라의 영광(glorification)을 넘치는 시내같이 부어 믿는 자들이 그 성읍의 젖(가장 값진 것)을 빨게 될 것입니다. 그러나 악인에게는 평강(peace)이 없습니다. 약속의 비전을 받았습니까? 하나님은 이사야를 통해, 우리의 황무함이 이미 오래 되었음을 아시고 무너진 곳을 수축하는 자가 되도록 당부하십니다. 무너진 교회, 무너진 가정, 무너진 민족, 무너진 기독교를 가슴에 품고 기도하는 이들에게 하나님은 그 꿈을 반드시 성취시켜 주실 것입니다.

3. 열방의 구원이 해산된다(15~24절)

하나님의 심판으로 패역한 우상숭배자들이 소멸되고 새 백성이 등장합니다. 새 백성이란 유대인들뿐만 아니라 하나님께로 돌아온 모든 이방인들을 포함합니다(18절). 이 예언은 그리스도께서 이방인들과 유대인들 사이의 화평이 되시고 막힌 담을 허신 십자가 사역 속에서 완성되었습니다(엡 2:14~18). 하나님은 나라와 언어가 다른 민족들을 불러 모읍니다(cf. 계 7:9; 사 60:2, 18). 그들은 택한 백성들을 구원하시며 의를 이루시는 여호와의 영광(회복 – 하나님의 통치, 하나님의 나라)을 보게 되며, 깨끗한 그릇에 예물을 담아 여호와께 모여 매월 초하루와 매 안식일에 경배하는 일을 행합니다(20, 23절). 존 파이퍼(John Piper)는 선교의 목적은 뭇 민족으로 하나님께 영광을 돌리게 함이라고 강조했습니다. 이제 하나님은 사독의 제사장이나 아론의 후예가 아닌 민족들 가운데서 제사장과 레위인을 택하여 삼고(21절) 세계 모든 민족을 구원하기 위해서 하나님의 영광을 본 자들을 선택하십니다. 그들은 하나님의 명성과 영광을 보지 못한 먼 나라로 파송되어 그의 영광을 전파합니다(19절). 새로운 공동체가 주님이 주신 사명을 맡아 일어서게 됩니다. 새 하늘과 새 땅이 항상 있음과 같이 꿈을 갖고 믿음에 순종하는 자들은 항상 존귀함을 받게 될 것입니다(22절).

역사 속의 부흥

YWAM의 물결

로렌 커닝햄이 바하마로 선교 갔을 때의 일입니다. 그는 하나님께서 그에게 말씀하시도록 오랫동안 기도했습니다. 그때 갑자기 그 눈앞에 세계지도가 펼쳐졌습니다. 그 지도는 마치 살아 있는 것처럼 움직였습니다. 모든 대륙을 한 눈에 볼 수 있었습니다. 파도가 대륙으로 밀려 들어왔다가 밀려 나가고 그리고 더 깊이 밀려 들어와서는 마침내 그 대륙을 완전히 뒤덮었습니다. 그 장면은 다른 장면으로 바뀌어 그 파도는 젊은 사람들로 변하여 온 대륙을 덮고 있었습니다. 그들이 대륙으로 올라가 거리, 음식점, 혹은 집집마다 다니며 복음을 전했습니다.

로렌은 파도가 전 세계를 뒤덮는 것처럼 젊은이들이 전도하는 환상을 본 후 젊은이들을 통한 세계 선교의 비전을 갖고 1960년 'Youth With A Mission(YWAM)' 이란 초교파 선교단체를 세웠습니다.

그러나 그가 헌신하는 데는 유혹과 시련이 있었습니다. 일찍부터 방직공업으로 큰 성공을 거둔 고모가 로렌에게 당시 수백만 달러를 투자하는 사업에 함께 하자고 제의한 것입니다. 부를 얻을 수 있는 좋은 기회였지만 로렌은 그것이 하나님이 주신 비전과 방향이 달랐기에 거절했습니다.

또 그가 속한 교단에서는 초교파적인 선교단체에 대한 그의 계획을 반대하며 목사직을 박탈하겠다고 위협했습니다. 하나님이 주신 비전을 포기할 수 없었던 로렌은 안정적인 교단 목회자로서의 자격을 포기해야만 했습니다. 목사직을 박탈당하고 집으로 돌아오는 길에 그의 아내(달린)가 운전을 하다 큰 사고가 났습니다. 몇 미터 떨어진 곳에 그의 아내가 죽어 있었습니다. '주님을 위해서 모든 것을 다 포기했는데 마지막 남은 아내마저 거두어 가시다니…' 흐느끼며 울부짖고 있을 때 한 음성이 들려왔습니다. "로렌, 이래도 여전히 나를 섬기겠니?" '왜 이렇게 물으시지? 이제 내겐 더 이상 남은 것이 없는데 오직 당신뿐인데.' "예, 주님. 그래도 당신을 섬기겠습니다." 주님은 그 즉시 죽은 아내를 위해 기도하라고 명령하셨고 그가 기도할 때 아내는 기적같이 살아났습니다. 주님을 위해 모든 것을 포기하고 내어 놓을 때 실제로 이 세상에는 잃어버릴 그 어떤 것도 없다는 것을 깨달은 한 사람에 의해서 젊은이의 부흥 파도가 일어났습니다.

YWAM(와엠)은 세상의 만연된 흐름에 정반대로 서는 반대정신을 강조합니다. 저들은 세상 흐름과 여파보다 성경이 말씀하시는 그 정신을 추구합니다. 또 그들은 사역의 재정을 하나님께 맡기며 헌신합니다. 그들의 사역은 훈련 구제와 전도 및 선교로 진행됩니다. DTS 등 사역자를 훈련(Training)시켜 모든 족속에게 복음을 효과적으로 전하고 있으며, 가난하고 소외된 사람들에게 구제(mercy)를 통해서 하나님의 말씀을 전(Evangelism & Mission)하고 있습니다.

YWAM은 예수 그리스도께 헌신된 사람들을 일으켜 모든 열방에 복음을 효과적으로 전하도록 훈련, 파송합니다. YWAM은 전 세계 135개국 800여 개의 지부에서 12,000명의 전임 사역자들이 세계 선교를 위해 자신의 삶을 드리며 헌신하고 있는 단체로 지상명령 성취를 위해 사역하고 있습니다.

한국 예수전도단은 19개 지부 및 열방대학에 790명의 전임 사역자들과 316명의 협동간사와 325명의 선교사들이 하나님의 부르심을 좇아 사역하고 있습니다. YWAM은 개인의 삶을 통해 이 세대에 예수님을 나타내고, 크리스천들이 주님이 명하신 대사명(the Great Commission)을 완수할 수 있도록 교육시키고 준비시키는 초교파, 국제적인 크리스천 단체입니다. 지금도 복음과 하나님의 사랑을 안고 젊은이들이 파도같이 세계를 덮고 있습니다.

부흥을 위한 기도

1. 하나님의 말씀을 붙잡읍시다.

지금까지 이사야 기도회를 하면서 여러분들에게 잉태한 말씀을 붙잡고 그것이 나에게 이루어지도록 기도합시다.

2. 임산케 하신, 즉 해산케 함을 믿읍시다.

하나님이 우리에게 주신 꿈은 반드시 성취됩니다.

나의 꿈, 나의 교회에 약속하신 부흥이 일어나도록 기도합시다.

3. 부흥의 파도를 일으킵시다.

로렌 한 사람에게 주신 구원파도가 우리 교회를 통하여 인류 구원으로 나가 선교하는 교회가 되도록 기도합시다.

묵상을 위한 질문

1. 참 부흥은 말씀을 듣는 것이라는 이사야의 말씀에 공감합니까?
2. 부흥의 지속적 유지를 위해서 당신이 해야 할 일이 있습니까?
3. 임산케 하신 하나님이 해산하게 하셔야 할 당신의 것이 있습니까?
4. 지금까지 이사야를 통해 깨달은 것은 무엇입니까?
5. 로렌과 같이 "그래도 하나님을 섬기겠습니다"라는 고백을 드리시겠습니까?
6. 부흥을 위해서 당신이 붙잡아야 할 말씀과 결단은 무엇입니까?

부록 1)

이사야의 Revival Story

내 용	이사야 1~39장 (B.C 743~587)	이사야 40~66장 (B.C 553~430)
중심구절	사 37:1~4	사 66:7~9
주위환경	산헤립 공격(환난과 책벌과 능욕)	포로, 성전, 고토가 황폐됨 "이 현상이 이미 오랬사오니"(사 64:5)
저들환경	해산할 능력이 없다	해산할 능력이 없다
반 응	남은자 – 하나님을 찾음 불신자 – 두려워 떪	남은자 – 하나님 의지, 기다림 불신자 – 말씀 거절, 우상화, 세속화
비전투여	메시지 – 하나님과 다윗을 위하여 너를 공격할 자 없으리라	하나님을 위해 회복 부흥(사 54:1~3, 60:1~22)
경 고	악인에게는 평강이 없다 남은자 – 구원	악인에게는 평강이 없다 반석이 없다(no rock), 심판 의인 – 구원과 의
부흥도구	뜻밖의 사람(풍문 – 구스 왕의 침공) 이스라엘의 남은자 하나님의 사자	뜻밖의 사람(고레스, 고난의 종) 이스라엘의 남은자 하나님의 신이 강림하심
부흥결과	적을 물리침(18만 5천 명의 죽음) 히스기야가 열방 가운데 존대해짐	백성의 대적이 떠남 하나님의 백성이 존귀해짐 열방이 구원을 받음
신 관	유일하신 하나님(사 37:16, 20)	온 세상의 하나님(사 52:10, 54:5)
외울말씀	오늘은 환난과 책벌과 능욕의 날이라 아이를 낳으려 하나 해산할 힘이 없음 같도다(사 37:3)	내가 임산케 하였은즉 해산케 아니하겠느냐 네 하나님이 가라사대 나는 해산케 하는 자인즉 어찌 태를 닫겠느냐 하시니라(사 66:9)

※ 방대한 이사야 66장의 중심 단어(key word)는 '해산' 입니다. 이사야 전체가 임신하여 해산해야 할 여인의 모습으로 그려지고 있습니다. 포로기 이전 열방의 각축전에서 시달린 위기와 포로기 이후 모든 것을 잃은 열악한 현실 속에서 해산할 힘을 상실했던 저들에게, 성경은 여호와만이 해산할 힘을 주신다는 사실을 알려주고 있습니다.

부록 2)

예루살렘 함락에서 느헤미야와 성령강림까지

(Military and Political Background B.C 587~A.D 29)

연 도 (Date)	세계의 맹주 (Emperors)	중요 사건 (Important Event)	유대 팔레스타인(Palestine)	
			총독(Governor)	제사장(Priest)
B.C 587	바벨론(Babylon 느부갓네살 –B.C 562) 서방 진출 메대(Mede)–러시아까지 진출	예루살렘 함락과 포로 메대가 바벨론보다 더 강력한 국가를 형성	유다 시드기야	유다 시드기야
B.C 553~522	페르시아(Persia) 봉주 고레스(Cyrus)	고레스 메대 정복(B.C 546)		
		바벨론 함락(벨사살–B.C 539) 유대 귀환(B.C 538)	세스바살 (Sheshbazzar)	요사다 (Josadah)
B.C 522~485	다리오 왕(Darius)	성전 일시 중지(? ~520) 스룹바벨 성전 봉헌(B.C 515)	스룹바벨 (Zerubbabel 520)	여호수아 (Joshua)
B.C 480~465	아하수에로 (Xerxes B.C 486~465)	희랍연합군에 패함 (B.C 480~479)	엘라단 (Elnathan)	여호아킴 (Jeoyahkim)
			여호에젤 (Jehoezer 477)	엘리아십 (Eliashib)
		Kimon 소아시아 해군 정복 (B.C 469)	아하잘 (Ahzal 5세기)	요하난1세 (Johanan I)
B.C 465	아닥사스다(Artaxerxes)	예루살렘 성벽 건축(B.C 445)	느헤미야 (Nehemiah)	에스라 (Ezra)
B.C 334	알렉산더	페르시아. 팔레스타인 정복		
B.C 323	셀루커스 왕조 안티오커스 4세 (B.C 175~164)	성경 70인역 완성 마카비 혁명과 성전 탈환	마카비의 하스몬 왕조	
B.C 63	폼페이우스	로마의 팔레스타인 정복	헤롯 왕	
B.C 4	아우구스투스 (클레오파트라와 안토니우스를 물리치고 로마 황제 등극)	팍스 로마 예수 탄생(때가 차매) (The Kingdom of God)	빌라도	안나스 가야바
A.D 29		성령 강림, 세계 선교	예루살렘 함락(A.D 70)	

※ 예수님이 빛이신 것을 보여주기 위하여 때론 하나님께서 우리를 어둠 속에 두기도 하신다.

부록 3)

생수의 물결

생수의 주 물결	성령의 흐름
오순절 성령운동	오순절운동 ➞ 근대 오순절운동(아주사) ➞ 캐더린 쿨만(신유물결) ➞ 오랄 로버츠, 베니힌 ➞ 조용기
성령의 새 물결	1차 물결(아주사운동) ➞ 2차 물결(카리스마운동) ➞ 3차 물결(토론토 블레싱)
웨일즈 부흥	웨일즈 부흥 ➞ 인도 맥티 부흥 ➞ 원산 · 평양 대부흥 ➞ 중국 산동 부흥
영적 대각성	느헤미야 대각성운동 ➞ 제1차 영적 대각성(조나단 에드워드) ➞ 제2차 영적 대각성(찰스 피니)
웨슬리 운동	웨슬리운동 ➞ 웨일즈운동 ➞ 아주사운동
성경의 부흥	니느웨 대각성 ➞ 이사야 부흥 ➞ 느헤미야 대각성 ➞ 오순절 성령강림 ➞ 에베소 성령강림
경건주의 운동	사막 교부 ➞ 플로렌스 개혁 ➞ 경건주의 ➞ 웨슬리운동
복음주의 운동	웨슬리운동 ➞ 무디운동 ➞ 빌리 그래함 복음주의
능력전도(영적전쟁)	아르헨티나 ➞ 과테말라 알모롱가
도시 성시화 운동	니느웨 회개운동 ➞ 에베소 성령물결 ➞ 플로렌스 개혁운동 ➞ 존 칼빈개혁 ➞ 과테말라 알모롱가
학생부흥 운동	인도네시아 자바물결 ➞ C.C.C(대학생선교)운동 ➞ YWAM(젊은이의 물결) ➞ 에즈베리대학 ➞ 휘튼대학

※ 각 시대에 일어났던 모든 성령의 물결들은 다음 시대 성령의 물결에 깊은 영향을 주었습니다. 위의 물결들은 ➞ 와 같이 흘러 직접 · 간접으로 영향을 주었습니다.

부록 4)

하나님의 부흥 다이어리

제 일 년 월 일

가장 감동적인 말씀

적 용

기도 제목

기 타

memo

28일 **이사야**
특별 새벽기도회

부흥

인도자용 최선순 지음

초판 1쇄 2007년 6월 20일
2쇄 2009년 1월 14일

발 행 인 | 신경하
편 집 인 | 김광덕

펴 낸 곳 | 도서출판 kmc
엮 은 곳 | 교육국 교재개발실
등록번호 | 제2-1607호
등록일자 | 1993년 9월 4일

(100-101) 서울특별시 중구 태평로1가 64-8 감리회관 16층
(재)기독교대한감리회 출판국

대표전화 | 02-399-2008 팩스 | 02-399-2085
홈페이지 | http://www.kmcmall.co.kr
http://www.kmc.or.kr

디자인 · 인쇄 | 리더스 커뮤니케이션 02)2123-9996

값 8,000원

ISBN 978-89-8430-357-7 04230
ISBN 978-89-8430-355-3(세트)